독자의 1초를 아껴주는 정성!

세상이 아무리 바쁘게 돌아가더라도
책까지 아무렇게나 빨리 만들 수는 없습니다.
인스턴트 식품 같은 책보다는
오래 익힌 술이나 장맛이 밴 책을 만들고 싶습니다.
길벗이지톡은 독자여러분이
우리를 믿는다고 할 때 가장 행복합니다.
나를 아껴주는 어학도서,
길벗이지톡의 책을 만나보십시오.

독자의 1초를 아껴주는 정성을 만나보십시오.

미리 책을 읽고 따라해본 2만 베타테스터 여러분과
무따기 체험단, 길벗스쿨 엄마 2% 기획단,
시나공 평가단, 토익 배틀, 대학생 기자단까지!
믿을 수 있는 책을 함께 만들어주신 독자 여러분께 감사드립니다.

(주)도서출판 길벗 www.gilbut.co.kr
길벗 이지톡 www.gilbut.co.kr
길벗 스쿨 www.gilbutschool.co.kr

5000번 소리내어 말했다

영어발화훈련
90일의 기적

1000

2000

3000

4000

5000

드디어 영어가 터졌다

영크릿(김태형) 지음

5000번 소리내어 말했다
드디어 영어가 터졌다

Read aloud 5000 times, then you can speak English

초판 발행 · 2023년 7월 30일
초판 3쇄 발행 · 2024년 1월 24일

지은이 · 영크릿(김태형)
발행인 · 이종원
발행처 · (주)도서출판 길벗
출판사 등록일 · 1990년 12월 24일
주소 · 서울시 마포구 월드컵로 10길 56(서교동)
대표 전화 · 02)332-0931 | **팩스** · 02)323-0586
홈페이지 · www.gilbut.co.kr | **이메일** · gilbut@gilbut.co.kr

기획 및 책임 편집 · 김지영(jiy7409@gilbut.co.kr) | **디자인** · 최주연 | **제작** · 이준호, 손일순, 이진혁
마케팅 · 이수미, 장봉석, 최소영 | **영업관리** · 심선숙 | **독자지원** · 윤정아

교정교열 · 오수민 | **전산편집** · 기본기획 | **오디오녹음** · 와이알미디어
CTP 출력 및 인쇄 · 금강인쇄 | **제본** · 금강인쇄

ISBN 979-11-407-0442-2 03740
(길벗 도서번호 301137)

정가 20,000원

독자의 1초까지 아껴주는 정성 길벗출판사
(주)도서출판 길벗 | IT교육서, IT단행본, 경제경영서, 어학&실용서, 인문교양서, 자녀교육서 www.gilbut.co.kr
길벗스쿨 | 국어학습, 수학학습, 어린이교양, 주니어 어학학습, 학습단행본 www.gilbutschool.co.kr

페이스북 · www.facebook.com/gilbutzigy
트위터 · www.twitter.com/gilbutzigy

잠깐! 학습 전 명심해주세요.

• 스펠링은 신경 쓰지 마세요 •

스펠링은 신경 쓰지 말고 문장을 눈으로 보고 소리내어 말해 익히세요. 스펠링은 틀려도 괜찮아요! 수많은 연구 결과에 의하면, 철자법에 대한 개별 학습의 효과는 무시해도 될 정도예요. 여러분은 지금 쓰는 것이 아니라 편하게 '말하는 것'을 목표로 합니다.

• 훈련 동영상을 소리내어 말하면 듣기도 저절로 됩니다 •

듣기가 되야 말하기가 된다고 하는데, 절대 아닙니다. 말하기가 돼야 듣기가 됩니다. 정확한 구조로 말하기가 안되는 듣기는 어렴풋이 감으로 때려 맞춰 이해할 뿐이에요. 훈련 동영상을 따라하며, 최대한 비슷한 발음으로 소리내어 크게 말해 주세요. 그러면 듣기는 자동으로 됩니다.

• 무조건 크게 소리내어 말해야 합니다 •

꼭 약속해 주셔야 합니다. 입 밖으로 소리내어 말하겠다고. 입 근육이 불편한 기분이 날 정도로 해 주겠다고요. 입 밖으로 뱉는 것이 진짜 영어 학습입니다. 입 밖으로 소리내어 학습할 때의 효과는 눈으로 읽을 때보다 10배 이상의 학습 효과가 있습니다.

• 해석이 쉽다고 만만하게 보지 마세요 •

이 책의 1000문장들은 '읽기' 영역에서 보면 조금 쉬울 수도 있어요. 하지만 착각하지 마세요. 해석이 된다고 말할 수 있는 것은 절대 아니니까요.

여러분의 목표는 해석은 쉬워 보이지만 막상 실전에서는 바로 안 나오는 문장들을 절차기억화하여 바로 튀어나오게 하는 겁니다. 그러니까 쉬워 보인다고 건너뛰지 말고 무조건 따라하세요. 여러분이 현재 훈련해야 할 문장은 어려운 문장들이 아니고, 따라 해볼만한 만만한 문장들입니다.

90일 영어발화훈련 일정표

Orientation

Course 1. 나의 상태를 말하는 훈련

Course 2. 동작을 말하는 훈련

Course 5. 시간을 오가며 말하는 훈련

Course 6. 비교, 과장, 가정하여 말하는 훈련

Course 7. 영어식 어순으로 말하는 훈련

Course 8. 교포처럼 말하는 훈련

ORIENTATION

흙수저, 국내파 호텔리어 지망생이
90일만에 교포라고 불리고,
25만 영어 전문 유튜버까지 된 비결

흙수저 국내파, 호텔리어가 되기 위해 영어를 시작하다.

학창시절 영포자, 흙수저 국내파 출신의 제가 전공을 살려 호텔에 취업하기 위해서는 꽤 영어를 잘해야 했습니다. 하지만 그 당시 가난했기에 장기간 학원을 다닐 돈도, 유학을 갈 돈도 없었습니다.

유학파 친구들 사이에서 자존감은 바닥을 쳤고, 솔직히 말하면 한국에서 태어난 것을 원망하기도 했습니다. 그렇게 패배감에 젖어 인터넷 서핑이나 하면서 살다가, 어느 날 인터넷에 어떤 글을 보게 되었는데요. 굉장히 담백한 말투의 그 글은 이런 내용이었습니다.

"영어는 오랜 기간에 걸쳐서 하는 것이 아니다. 내 주변에 원서를 5년간 200권 읽은 사람도 있고, 하루 10분씩 전화영어를 10년간 한 사람도 있다. 공통점은, 둘 다 영어로 말을 거의 못한단 것이다. 이 얼마나 시간의 낭비인가? 영어는 단기간에 해야 하는 것이다. 100일 정도 기간을 잡고 문장을 닥치는 대로 소리 내어 외워라. 그 후 궤도에 올라오면, 그제서야 천천히 시간을 두고 학습해도 된다. 영어는 이게 전부다. 고맙다는 말은 접어 둬라."

이름도 모르는 중년 아저씨 말투의 그 글이, 나조차도 갖고 있는지 몰랐던 제 안의 열정을 불러일으키기 시작했습니다. '나도 빡세게 하면 되지 않을까? 그래! 한 번 해 보자!'

저는 3개월 안에 호텔에서 이루어지는 모든 상황에서 원하는 말을 자유롭게 말할 정도로 영어를 끌어올리겠다고 다짐을 했습니다. 아주 빠른 시간 안에 영어로 말하는 능력이 필요했거든요. 이미 모든 곳에서 뒤쳐져 있는 제게는 상황을 역전 시킬 수 있는 한 방이 필요했던 거죠.

주변에서는요, "만년 영어 5등급인 네가 무슨 영어 공부를 해?", "다 큰 사람이 무슨? 어렸을 때 유학 안 가면 영어 절대 안 돼."라고 말하는 사람들도 있었죠. 하지만 저는 그 비웃음을 박살 내버렸습니다. 놀랍게도 해외에 나가지도 않고 단 3개월만에 "너, 어디 살다 왔어?", "걔 교포야?" 라는 소리를 들었기 때문이죠.

정말이냐고요? 네. 그 후 10주간 필리핀에서 난생 처음 어학 코스를 듣게 됐는데요. 만년 영포자였던 제가, (첫 날은 좀 긴장하긴 했지만) 10주 후에는 모두에게 당당히 교포 소리를 들으며 학원 설립 이래 최고 성적으로 졸업하게 됐어요.

이 모든 게, 어떻게 단 3개월, 90일 만에 가능했는지 궁금하시죠?

영어 롤모델을 만들다.

첫 단계는 바로 롤모델 설정이었습니다. 인생의 롤모델이 가치관 형성이나 성공여부에 큰 비중을 차지하듯이 영어에도 꼭 필요하다고 확신했습니다.

그 당시 때마침 패턴 책을 거의 다 외워가고 있었는데 효과도 크게 없었고, 흥미가 떨어지기도 했어요. 열정을 다시 불 태울 수 있는 공부 방법이 필요했죠. 저는 미드 프렌즈 챈들러의 말하기가 꽤 멋있어서 그를 롤모델로 삼기로 합니다. 황당하게도 저도 반드시, 100% 그렇게 말할 수 있다는 확신을 가졌어요. 의심은 없었습니다. 그냥 제 자신을 믿었죠.

그리곤 무조건적으로 많이 말했어요. 언어에는 절대적인 발화량이 뒷받침되어야 한다고 생각했고, 다른 방법은 몰랐어요. 위트 있는 챈들러의 화법을 따라하기 위해 프렌즈 대본을 따라하기 시작했죠. 프렌즈 대본은 다행히 어렵지 않고 재미있어서 꾸준히 따라할 수 있을 것 같았어요.

해석은 되는 문장이지만, 막상 말하라면 떠올리기 어려운 대본의 문장들. 그 문장들을 시간이 날 때마다 미친듯이 따라했어요. 너무 어려워서 내가 실생활에 쓸 일이 없겠다 싶은 문장은 과감히 뺐어요. 학습 감당할 수 있는 선을 제가 설정한 거죠.

영어를 미친듯이 소리내어 따라하다.

제가 프렌즈 대본을 따라한 10년 전에는 영어 컨텐츠에 대한 접근성이 떨어졌기 때문에 오히려 지금 학습하는 분들보다 유리했던 게 딱 하나 있었어요. 바로 내가 정한 학습법으로 우직하게 공부할 수 있었단 거에요. 요즘은 너무 많은 학습법들이 쏟아지듯 나오며 오히려 실행을 하기가 어려워지고 있죠.

“패턴으로 공부하면 망합니다. 그 학습법은 사기입니다. 무작정 말하기만 하면 망합니다.” 등등, 안되는 것들 투성이죠. 제가 해 보니까요, 망하지 않아요. 엄청나게 효과가 있어요. 이미 오랜 세월을 거쳐 전 세계 학습자에게 검증이 된 방법이 바로 제가 했던 따라 말하기, 쉐도잉 방법이에요. 거기에 롤모델까지 설정하면 효과가 배가 되죠.

이런 멋진 학습 방법이 있다면, 남들이 뭐라고 하든 실행력을 가지고 우선 시작해 보는 게 중요해요. 실행을 하면서 롤모델처럼 멋지게 영어를 하는 내 모습을 상상하며 동기부여 받을 수도 있고요, 영어가 조금씩 느는 모습에서 얻는 자신감으로 비로소 학습을 지속해 나갈 수 있어요.

나만의 스크립트를 만들다.

어느 정도 말하기 연습량이 쌓이면 서툴지만 나만의 문장을 만들어 볼 수 있게 되는데요, 연습한 문장들로 내 상황에 맞는 문장으로 조금씩 바꿔서 나만의 대본을 만들었어요.
마치 내가 내 롤모델이 된 양, 멋진 무대에서 영어로 발표하는 장면을 그리며 한 단락, 친구와 다투고 대인배처럼 화해하는 장면을 그리며 한 단락, 맛있는 음식을 먹고 만든 사람을 칭찬하는 장면을 그리며 한 단락. 모두 그간 연습한 프렌즈 속의 문장이었지만, 조금씩 내 상황에 맞게 변형하여 저만의 대본으로 만들어 둔 것이죠. 기분 좋은 상황을 상상하며 만든 대본들은 그야말로 머리 속에 '자동 저장' 됐어요.

말하기에서 문법은 무용하다. 소리내어 말하기의 효과는 폭발적이다.

그렇게 3개월 차, 원어민과 전화영어를 해 보니 놀랍게도 그 어떠한 사고의 과정도 없이 영어가 술술 나오는 경험을 하게 되죠. 머리 속에서 우리말을 영어로 바꾸는 과정이 생략되어 버렸어요.
그동안 연습했던 문장들이 쌓이고 쌓여서, 영어의 어순을 자연스레 이해하게 되고, 문장 구조와 문법 사항을 배운 적이 없음에도 불구하고 말이 계속 쏟아져 나왔어요. 전 그 당시 문법적으로 '관계대명사'는 커녕, '형용사'가 뭔지도 몰랐거든요. 그런데도 원어민과 1시간 가량 막힘없이 대화를 나누었어요. 그 때 확신을 가지게 되었죠. '아! 문법은 말하기와는 아무 관계가 없구나!' 나중에 책을 통해 알게 된 사실인데, 실제로 수많은 사례 연구를 통해 문법 학습 그 자체로는 말하기 능력과 무관하다는 것이 밝혀 졌다고 합니다. (크라센의 읽기 혁명 中)

스트레스를 줄이고 과정을 즐기다.

하지만 신기하게도 어려운 사람 앞이라 긴장하거나 스트레스를 받을 때는 영어가 입으로 좀처럼 나오지 않았어요. 원어민과 친구라는 생각으로 즐거운 마음으로 대화할 때에야 술술 영어가 나왔죠. 연습이나 대화할 때 스트레스가 0인 환경을 만드는 것도 중요하단 것도 깨달았어요.
영어가 매우 능통한 수준이 되었기에 몇몇 학생들에게 미드를 가지고 틈틈이 영어를 가르치기 시작했는데요. 그중 상당수가 결국 확신이 없으니 도중에 그만두더군요. 미드의 문장이 잘 와 닿지 않는다는 학생도 있었고요, 어떤 학생은 학교에서 배운 문법이 문장 속에서 어떻게 쓰인 건지 확인하고 싶어 했어요. 말하기에서 문법은 필요 없다고 아무리 말 해줘도 듣질 않았죠. 그 때 알았어요. '아, 누구에겐 미드는 흥미가 가지 않는 학습물일 수도 있구나! 또 다른 학습으로 인식하고 스트레스가 될 수도 있겠다!'
그래서 실전 중심 학습법을 조금 수정하게 되었죠. 왜 그 문장이 그렇게 생긴 건지(이론)는 최소로 알려주고, 그 후 여러 가지의 관련 문장들을 제시해 주며 반복 말하기(실전)에 들어가는 거에요.
탁구를 배우러 가서 바로 실전 연습을 하는 것보다, 간단한 배경 설명이나 탁구채 잡는 법 등 이론적인 부분을 먼저 가볍게 배우면 더욱 몰입하여 칠 수 있는 것처럼요. 이론의 비중이 1이라면 말하기 연습에는 비중을 9 정도를 두는 거죠.
학습물은 꼭 미드가 아니어도 됐어요. 그 어떤 것이 되었든 내 수준에 맞는, 즐거운 마음으로 말하기 연습을 할 수 있는 컨텐츠라면 말이죠.
이 방법으로 문장 발화량이 쌓인 학생들은 그야말로 영어 날개로 날아 다니기 시작 했어요. 영어로 프레젠테이션을 하고, 호주에서 최고의 직장을 구하고, 각종 말하기 시험에서 고득점이 마구 터져 나왔죠. 마치 제가 그랬던 것처럼요.

25만 영어 전문 유튜버, CLASSU 베스트 강사가 되다.

제 영어 실력을 살려 영포자, 수능5등급, 흙수저에서 25만 영어 전문 유튜버가 되었어요. 1억 조회수를 돌파하고, CLASSU 베스트 강의에 오르고, 결국 수천 명의 학생들에게 영어를 가르치기까지. 제 영어 성장기를 한 문장으로 정리해 보면 다음과 같아요.
'영어는 내가 이해할 수 있는 수준의, 나에게 와 닿는 문장들을, 긍정적인 마음을 가지고 즐겁게, 반복적으로 말하는 것으로 그 누구든 습득할 수 있다!'
그런데! 이 방법대로 학생들을 가르치길 수 년째, 제가 간과하고 있던 게 있었어요. 제가 정말 유창하게 영어를 하게 된 데에는, 이 모든 것을 뛰어넘는 '단 하나의 비결'이 있었단 것이죠.

영어 학습의 절대적인 비결을 깨닫다.

수만 번 고민해봤어요. '내가 단 3개월만에 비약적으로 영어가 성장한 비결은 무엇일까?'

제가 내린 결론은 이래요. 지금은 과거 책이나 콘텐츠가 없어 공부 못하던 시절과는 다르죠. 우리는 이미 영어 콘텐츠의 바다에 놓여있어요. 그런데 차이는 어디서 나느냐? 바로 '영어는 어렵다, 못하겠다'는 부정의 마음을 없애고 '할 수 있다고 믿는 것'에서 실력 차이가 시작됩니다. 무슨 말도 안되는 소설 '시크릿'같은 얘기냐고요? 저를 비롯한 수천 명의 학생을 가르친 데이터를 통해 확신하게 되었어요. 긍정적인 학생의 몇 개월 후 학습 효과는 어마어마하게 차이가 나요.

나도 할 수 있다는 자신감, 롤모델처럼 언젠가 될 수 있다는 확신이 꾸준히 영어 공부를 하게 해주는 모터 역할을 합니다. 그리고 그 모터는 지치지 않는 학습으로 연결되고, 학습을 통해 영어가 향상되면서 느끼는 성장감과 자신감으로 다시 학습을 하게 되는 선순환의 구조가 일어나요. 결국 학습 효용은 상상할 수 없을 만큼 올라가죠.

그러니까요. 일단 할 수 있다는 믿음에서 시작하세요. 그 믿음으로 외국인 앞에서면 입도 뻥긋 못하던 제가 구독자 25만의 영어 전문 유튜버가 되었고요. 지금까지 가르친 학생이 무려 5000명이 넘어요. 학생들도 이 방법으로 한결같이 놀라운 변화를 경험하고 있다고 말해요.
저는 학습 콘텐츠로 프렌즈 대본을 선택했지만 본인의 수준에서 꾸준히 재미있게, 또 어렵지 않게 학습할 수 있는 것이면 어떤 것이든 좋아요. 그리고 그것을 절대적으로 반복 발화하면 됩니다.
마치 아기가 '엄마'라는 단어를 수백 번 반복하다가 어느 날 정확히 말할 수 있게 되고, 아빠가 하는 문장을 따라하다 그대로 말할 수 있는 것은 물론 응용해 말할 수 있는 것처럼요.
여러분은 영어 신생아가 되었다고 생각하고 여러 번, 조금 지겨울 정도로 반복 발화 훈련을 하면 됩니다. 솔직히 제 비법은 별게 없어요. 바로 중독된 것처럼 한 발화 훈련입니다.

발화 훈련으로 영어가 몸에 배다. 절차기억화의 힘!

그럼 왜 발화 훈련이 중요할까요? 발화 훈련은 서술기억을 절차기억으로 전환시키기 때문이에요.
서술기억은 금방 잊어버리는 지식으로 수학 공식, 과학 상식, 전화번호 같은 것이고요. 절차기억은 운전, 자전거, 모국어, 타자 치기처럼 몸에 배어 절대 잊혀지지 않고 오랜만에 해도 금방 떠오르는 기억입니다. 저는 발화 훈련 과정을 통해, 복잡한 문법 학습 없이도 영어를 모국어처럼 절차기억화 하는데 성공한 거죠.
이렇게 중요한 발화 훈련, 그런데도 우리가 무시하게 되는 이유는 간단해요. 바로 '안다는 느낌'때문이에요. 이게 무슨 얘기냐면, 보통 강의나 유튜브 영상을 통해 새로운 표현이나 단어, 문장을 배우게 되면 기존에 몰랐던 것을 알게 된 뿌듯한 기분과 함께 '안 것 같은 느낌'을 받죠. 그런데 진짜 알게 된 것일까요?

아니죠. 얻은 게 있다면 '안다는 느낌'뿐이에요. 실제로는 말할 수 없는 서술기억을 하나 더 추가한 거예요. 이렇게 계속해서 강의를 보면서 안다는 느낌만을 축적해 나가면, 내가 원하는 영어 말하기는 절대 불가능해요. 서술기억에 저장된 지식을 꺼내서 천천히 문장을 작문해 볼 수는 있겠지만, 습관적이고 몸에 배어 무의식적으로 나오는 영어 말하기와는 완전 동떨어지죠.

그러니까 발화 훈련이 없는, 말하기 연습 절대량이 충족되지 않는 영어 학습은 아무리 해도 제자리 걸음일 뿐이에요.

학생 중에 원서 50-100권을 읽은 분이 물어 보더라고요. "영쌤, 대체 영어는 언제쯤 말할 수 있는 걸까요?" 저는 "오디오를 구해서 소리내어 따라 읽어 보고 한달 뒤에 다시 찾아오세요."라고 했어요. 보통은 소리내어 읽는 것이 귀찮고 눈으로만 읽는 것보다 진행이 느려서 결국 포기하게 되는 경우가 많은데요. 그럼에도 불구하고 원서를 소리내어 읽는 분들은 조금씩 자연스러운 말하기가 가능해지는 것을 자주 보았어요. 또다시 발화 훈련의 중요성을 알 수 있었죠.

90일 완성, 5000번 발화 훈련 프로그램을 개발하다.

초보 학생들이 발화 훈련하기에 딱 맞는, 이해가 가능한 짧은 단위의 양질의 문장들이 절실하게 필요했는데, 시중에서 찾기가 힘들었죠. 그래서 이 책을 개발하게 되었어요. 이 책의 예문들은 지난 7년간 수천 명의 학생들의 학습 순서를 고려하여 체계적으로 쌓아 온 문장의 결정체에요. 일상에서 빈번하게 접할 수 있는 1000문장을 5회씩 총 5000번, 90일동안 완벽하게 절차 기억화 할 수 있게 구성했어요. 본격적인 발화 훈련 전에는 이론을 제가 직접! 간략히! 핵심만! 설명하는데요. 그 후에는 계속 강조했던 반복, 또 반복 발화 연습입니다.

혼자 연습하면 지칠 수 있기 때문에 훈련 동영상을 따라하며 함께 하도록 설계했어요. 이 동영상은 이동하거나 운전할 때, 설거지 할 때, 청소 할 때조차 청취하며 따라할 수 있어요. 혼자 공부하는 것이 외로울 때는 유튜브 커뮤니티를 통해 저나 다른 훈련생들과 소통하고 응원해 줄 수 있고요. 책 마지막 코스에서는 제가 강조한 만능 스크립트 작성법이 첨부되어 있어요. 시대가 좋아져서 내가 짠 만능 스크립트는 ChatGPT를 이용해서 첨삭 받을 수 있어요. 다년간의 연구 끝에 체계적이고 치밀하게 계산하여 만들어진 책과 훈련 프로그램. 이것이야말로 현존 최고의 영어 공부 콘텐츠라고 자부할 수 있어요.

전 지금 영어로 말할 때, 한국어를 말할 때처럼 그 어떠한 사고의 과정을 거치지 않아요. 그냥 영어로 생각하고, 영어로 말하죠. 여러분도 90일 후 교재를 마무리 할 때는, 제2 언어로 소통하는 즐거움과 성취감을 반드시 맛볼 수 있을 거에요.

이건 단순한 바람(wish)이 아니에요. 그럴 것이라는 것을 알아요(know). 제가 이 모든 것의 산 증인이니까요.

네이티브는 아니어도 영크릿만큼은 할 수 있다.

고백하건데 저는 외국에서 태어난 네이티브도 아니고, 통번역 대학을 나와 영어를 전문적으로 하는 사람도 아닙니다. 롤모델로 잡은 챈들러처럼 되기까지 아직 70% 밖에 도달하지 못했어요. 여전히 공부하는 중이고 30%가 남았어요.

하지만 한 문장 조차도 겨우 말했던 수준에서 지금의 수준까지 도달한 과정을 여러분께 알려줄 가이드 역할은 충분히 할 수 있어요. 제가 영어를 끌어올린 과정에서 자존감은 200% 상승했고, 더불어 어마어마한 기회의 장이 열렸기에 많은 분들에게 이 책을 통해 비법을 공유하려 합니다.

제가 연구한 바로는 영어를 절차기억화 하기 위해서는 최소 1000문장, 5번의 반복 훈련은 필요합니다. 이 수치는 저와 수천 명의 수강생들이 직접 경험하며 실력의 변화를 느끼게 되는 최소치였어요. 강조하지만 이 숫자는 최소치입니다. 더 많이 말하면 더 빨리 절차기억화가 일어나요. 그러니까 할 수 있으면 더 연습하세요. 다시 말하지만 5번은 최소한입니다.

훈련 동영상을 시간이 될 때마다, 의지에 불타오를 때마다 따라하세요.

그리고 믿으세요. 이 책 한 권을 완독하면요. 여러분도 멋진 롤모델처럼 될 수 있다고요. 5000번의 반복 발화 훈련을 한 결과는 확실합니다. 여러분의 영어는 꼭 성공할 수 있습니다.

영어 시크릿

영크릿

영어 말하기가 안되는 3가지 이유

학창시절 10수년이 넘는 영어 정규과정을 거쳤음에도 불구하고 막상 영어 말하기는 힘들었다면 아래 이유 때문인지 체크해 보세요.

1. 영어 말하기는 할 수 없다고 포기해버린다.

십수 년의 영어 정규 과정을 거쳤음에도 외국인 앞에서 입이 잘 안 떨어지는 경험 몇 번 했다고, '나는 역시 안돼,'라는 생각에 주눅들어 있나요?
요즘 영어 콘텐츠의 홍수 속에 자극적인 문구로 영어 말하기 학습의 의지를 꺾곤 하는데요. '성인이 되면 절대 영어를 유창하게 할 수 없습니다.', '영어 말하기 무작정하면 망합니다.' 등의 문구로 성인이 되어 영어를 독학한다고 말하기가 제대로 되지 않는다는 생각을 심어주는 컨텐츠가 정말 많죠.
하지만 이런 할 수 없다는 생각부터 뿌리 뽑아야 해요. 높은 자존감 갖기, 할 수 있다는 믿음 갖기는 언어를 포함한 각종 학습에서 가장 효과적인 방법입니다. 이는 이미 수많은 연구에 의해 '피그말리온' 효과라고 불리며 모두 인정하는 정설이 되었죠. 그러니까 일단 할 수 있다는 믿음에서 시작하세요. 그러면 노력과 몰입은 따라오게 되어 있습니다.

2. 안다는 느낌에 중독되어 있다.

요즘 영어 강의들이 많죠. 이런 강의들을 보면서 새로운 표현이나 문법들을 알게 되면 뿌듯하고 성취감이 들기도 합니다. 그런데 이건 진짜로 알게 된 것이 아니에요. 적어도 절차기억 관점에서 말이죠. 이건 단지 단편적인 새로운 지식을 쌓은 것에 불과하죠. (절차기억은 다음 '비법 소개'에서 자세히 설명할게요.) 냉정하게 말해 영어 강의를 보기만 해서는 즉흥적인 영어 말하기는 할 수 없어요. 무조건 소리내어 연습해야만 말 할 수 있어요. 아마 이 사실을 아는 분이 많지만 귀찮아서, 힘들어서 건너 뛰는 분도 있을 겁니다. 그러면 영어 말하기는 계속 그자리 입니다. 강의만 들으며 가짜 성취감에 중독되지 말고 집중 발화 훈련과정을 반드시 거쳐야 합니다.

3. 수준에 맞는 자료가 없다.

집중 발화 연습으로 영어를 말 할 수 있다는 확신과 다짐을 한 다음에는요. 내 수준에서 말 할 수 있는 문장들을 찾아야 해요. 중요한 점은 절대 어려운 문장이어서는 안된다는 점이에요. 실험에 따르면 단순 청취만으로도 외국어 말하기 실력이 향상된다는 것이 검증이 되었는데요. 여기에 한 가지 전제 조건에 따르죠. 바로 내가 이해할 수 있는 수준의 비교적 쉬운 자료를 가지고 청취를 해야 한다는 겁니다. 오랜 기간 동안 수준에 맞지 않는 어려운 자료를 청취한 A 그룹과 그 반대 B 그룹 사이에서는 유창성에서 엄청난 차이가 났어요. B 그룹이 오히려 엄청난 말하기 실력이 향상이 있었죠. 따라서 어떤 자료든 내 수준에 맞는 어렵지 않은 문장들로 충분히 발화 연습을 해야합니다. 말 할 정도가 되면 덤으로 청취 실력은 자연스럽게 따라와요.

* 문제점과 해결책 요약

문제점	해결책
영어 말하기는 할 수 없다고 포기해버린다.	모델링을 통해 할 수 있다고 믿는다.
안다는 느낌에 중독되어 있다. (해석할 수 있으면 말할 수 있다고 착각한다.)	새로운 강의를 듣기보단 발화 훈련에 집중한다.
수준에 맞는 자료가 없다.	이해 가능한(조금 쉬운) 자료로 발화 훈련을 한다.

영어 말하기 향상의 비법 3단계

본격적인 발화 훈련 전에 영어 말하기 실력이 비약적으로 향상되는 3단계의 순환 구조를 반드시 이해해야 해요. 꼼꼼히 비법 3단계를 읽어보세요.

영어 향상의 3단계의 순환 구조

1단계 모델링과 목표설정을 통한 높은 자존감 갖기

인생에 닮고 싶은 롤모델을 설정한 적이 있나요? 롤모델은 가치관 형성이나 목표 달성에 엄청난 동기부여를 합니다. 영어도 마찬가지죠. 영어로 비슷하게 말하고 싶은 멋진 인사를 설정해보세요. 외국 기자들 앞에서 전혀 주눅 들지 않고 격식을 갖춰 말하는 손흥민 선수, 전 세계인 앞에서 진지하게 유엔 연설을 한 BTS의 RM일 수도 있고요.

그렇게 설정한 영어 롤모델의 영상을 자주 보면서 나도 저렇게 멋지게 말할 수 있다는 자신감을 가져보세요. 영어를 학습할 때마다 그의 화법이나 어투를 따라 하기도 하고 그처럼 당당하게 말할 수 있는 날이 반드시 온다는 믿음이 학습의 시작입니다.

롤모델을 설정했다면 그 다음으로 구체적인 목표 설정을 합니다. 현재 여러분이 영어를 하는 목적은 무엇이고, 목표는 어떠한지 구체적으로 설정하세요. 이 목표 설정 과정에 Reverse Engineering(완성된 시스템을 역으로 추적하여 단계를 구체화하는 기법)을 적용해 보세요. 최종적인 나만의 영어 말하기 목표를 정하고, 이를 역단계로 각 날짜 마다 할 내용을 구체적으로 계획하는 것입니다.

그 점에서 이 책은 총 3개월, 90일의 과정으로 커리큘럼이 짜여 있고요. 각 코스마다 구체적인 목표를 설정했어요. 한 코스를 끝낼 때마다 배치된 성취도 평가(Inbody Checks)와 동기부여를 주는 연사들의 명문장(Role Model Training)은 3개월 동안 지치지 않고 책을 완독할 확률을 높여줘요.

이번에는 반드시 책 한 권을 끝내서 누가 봐도 멋지고, 스스로도 자랑스러운 영어를 한다고 다짐해보세요. 다음의 Reverse Engineering을 써보는 것으로 학습을 시작해보세요.

* Reverse Engineering

자신의 목표를 자세하게 적고, 상상하고, 이뤄졌을 때의 기분을 느껴보세요. 그리고 일단 믿으세요. 이 책을 완독한다는 목표를 반드시 이룰 수 있다고요. 아래 빈칸을 채우고 소리 내어 말해보세요.

나 ______________ 는/은 ______ 월 ______ 일까지, 이 책을 완독한다

그로 인해 나의 목표인 ______________ 을 성취할 것이다.

나의 롤모델인 ______________ 처럼 멋지게 말 할 것이다.

이 모든 것을 성취한 나는 무엇이든 할 수 있다는 자신감이 생긴다.

내가 꿈꾸는 모습은 반드시 이루어진다!

2단계 이해 가능한 문장의 반복적 입력과 절차 기억화

언어 학습에서는 '서술기억'과 '절차기억'의 개념을 꼭 알아야 합니다.

서술기억은 단기기억으로 주소, 전화번호, 나라 수도, 수학 공식 같은 지식으로 몇 번 외워도 금방 까먹는 경향이 있어요. 반면 절차기억은 오랜 반복 훈련으로 몸이 기억하는(습득하는) 장기 기억으로 운전, 자전거타기, 모국어, 키보드 타이핑 같은 것이 있는데, 절대 까먹지 않고, 오랜만에 해도 금방 다시 떠오르죠.

서술기억

VS.

절차기억

우리가 영어로 말할 때에, 머리 속에서 암기한 단어들을 문법에 따라 이리저리 끼워 맞추느라 한참을 답답하게 서 있는 것은 영어가 아직 서술기억이기 때문이에요.

영어 학습은 서술기억으로 시작할 수 있지만 연습 과정을 통해 절차기억이 되는 과정이 필요해요. 그러면 고민하지 않아도 무의식적으로 영어가 튀어나오죠. 모국어를 할 때에는 절차기억을 관장하는 뇌 부분이 활성화 되지만, 제 2 외국어를 할 때는 서술기억 관련 뇌 부분이 활성화 되는데요. 영어가 마구 튀어나오는 경지에 오르면 절차기억 관련 뇌가 활성화 되겠죠.

그런데요, 아쉽게도 자주 접하며 영어 공부 했다고 위안을 얻는 유튜브 영어 영상이나 각종 책들도 아직 서술기억 뇌 안에 있어요. 이 서술기억들을 절차기억으로 치환하기 위해서는 반드시 수많은 훈련 과정을 거쳐야 하는데요, 헌데 많은 분들이 이 과정을 스킵하고, 영어를 학습했다고 착각을 하죠.

여러분이 원하는, 또 목표로 하는 영어 회화가 상황에 맞게 자연스럽게 튀어나오게 하려면 반드시 발화 훈련을 통한 절차기억화 과정을 거쳐야 합니다. 그러면 이미 다 자란 우리들은 얼마 만에 영어를 절차기억으로 바꿀 수 있을까요?

KBS의 유명 다큐멘터리에서 다양한 연령군을 상대로 실시한 영어 훈련 프로그램 결과, 12주만에 참가자들 대부분은 영어로 말을 전혀 할 수 없는 상태에서 의사 소통을 자연스럽게 할 수 있는 단계로 발전했어요. 더욱 놀라운 것은, 실험 마지막 즈음 영어 회화를 할 때 이들의 뇌는 원어민과 같이 절차기억이 아닌, 서술기억을 담당하는 부분이 활성화 되었다는 것이죠.

그럼 그 훈련은 무엇이었을까요? 간단해요. 매일 소리내어 미친듯이 영어 문장들을 반복 말하는 것이었어요. 이때 문장들은 어렵지 않은 수준의 문장들이었죠. 보기에 해석하기도 벅찬 그런 복잡한 문장들 말고요. 딱 보기에 해석은 쉽지만 막상 그 상황에서 바로 튀어 나오지 않은 그런 문장들이요.

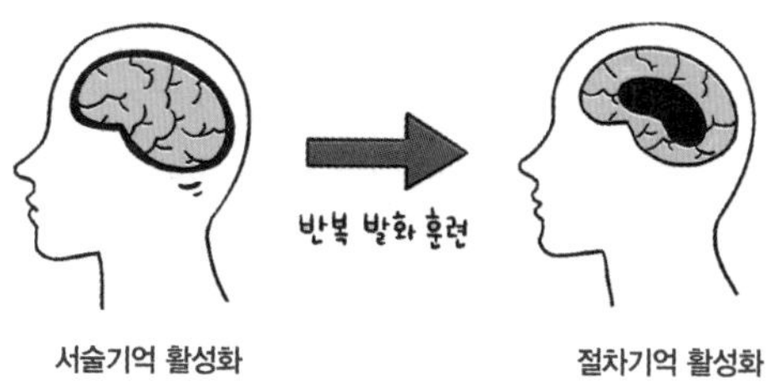

지금 '난 거한 아침을 먹어서, 오늘 점심은 건너 뛸래.'를 바로 영어로 말해보세요.' 망설임 없이 문장이 튀어나오나요? I had a heavy breakfast, so I need to skip lunch today.가 해석이 된다고 여러분이 이 문장을 말할 수 있는 것은 아닙니다. 이 문장을 안다고 착각하지 말고, 절차기억 영역에서 필요할 때 바로 튀어나오게 충분한 훈련 과정을 거쳐야 합니다. 그러니까 보기에 조금은 쉬운 문장으로 반복 발화하세요.

지금까지 우리의 영어 학습은 문법과 단어 같은 단편적인 서술기억을 쌓는 데에만 집중하거나 시험을 위해 평소 사용하지도 않는 어렵고 복잡한 해석 훈련에만 집중했죠. 이제는 습관적이고 실생활에 필요한 절차기억의 회화로서 바꾸는 연습을 하는 거예요. 5000번의 발화 훈련을 통해서요.

이 책에서는 일상 회화와 맞닿아 있는 상호 유기적인 예문들 1000문장을 5번씩 반복하여 총 5000번의 영어 발화 훈련을 하게 돼요. 5000번은 최소한의 횟수이고 더 많이 할수록 절차기억화는 빨리 일어나고, 여러분의 목표는 더 쉽게 달성 가능해집니다.

3단계 엄청난 재미 느끼기

영어 학습을 지치지 않고 꾸준히 하기 위해서는 재미있어야 합니다. 운동을 좋아하면 학창시절 체육시간이 제일 신나고 기다려지는 시간이지만, 싫어하면 체육이 있는 날은 학교도 가기 싫은 것처럼요.

영어에서 재미를 느끼는 방법은 2가지가 있어요. 학습하는 콘텐츠가 재미있거나, 영어를 통해 성장하는 재미를 느끼는 것이죠. 이 책의 훈련 과정은 두 번째인 '성장의 재미'에 초점을 맞추었어요.

이 책의 문장들은 미드나 영화처럼 위트 있고 자극적인 내용들은 아닙니다. 하지만 실생활에 맞닿아 있는 가장 사용 빈도 높은 표현들을 모았어요. 그리고 10년간 수천 명의 학생들을 가르치며 쌓은 빅데이터를 통해 초보자가 가장 이해하기 쉬운 순서로 정리했죠. 이 1000문장은 유기적으로 연결되어 있어서 필요할 때 자연스럽게 조합해 말할 수 있어요. 익힌 문장들을 성취도 측정을 통해 성장하는 재미를 느낄 수 있도록 구성했고요.

1000문장들을 차근차근 훈련하며 어느 순간 상황에 맞는 영어 문장이 저절로 떠오르는 모습, 어느 때보다 더 열심히 영어 학습을 하며 성장하는 자신의 모습을 발견하게 될 겁니다. 그러면 한껏 높아진 자신감이 큰 동기부여가 되어 더 열심히 다음 영어 훈련을 하게 되는 선순환이 일어나죠.

혹시 혼자 하면 의지가 약해질까봐 따라만 하면 훈련이 저절로 되는 PT 선생님 같은 유튜브 훈련 동영상을 제공합니다. QR 코드를 찍어 언제 어디서든 편하게 따라하세요.

또 혼자 학습이 외롭다면 유튜브 커뮤니티를 통해 의지를 다지는 댓글을 달아 보거나, 다른 훈련생들과 서로 소통하고 응원해보세요. 그렇게 하루하루 연습량을 쌓으며 이 책을 완독하는 순간, 이미 영어 말하기는 절차기억화 되어 있을 겁니다.

성인이 된 여러분은 더 이상 시험 점수를 위해 억지로 쓰이지도 않는 영어를 할 필요가 없습니다. 그러니까 이번에는 스트레스 받지 말고 즐기며 소리내어 영어를 말해보세요. 여러분의 롤모델처럼 멋있게 말하는 그날을 떠올리며 말이죠. 그러면 90일 후 드디어 영어가 될 것입니다.

영어발화훈련 프로그램 구성

각 날짜 마다 간단한 이론과 1000문장 발화 훈련으로 구성되어 있습니다. 이론은 영크릿 쌤이 강의하는 짤막한 영상으로 배우고요. 1000문장은 발화 훈련 동영상을 따라하도록 합니다. 한 문장을 5번씩 반복하여 총 5000번의 발화 훈련을 하게 됩니다. 이론이 10%의 비중이고, 실습(발화 훈련)이 90%인 구성입니다. 이론보다는 발화 훈련에 집중하세요.

핵심 이론과 1000문장 발화 훈련

'이론 영상' QR 찍어보세요.
핵심 이론만 간결히 알려줍니다!

'1000 문장 발화 훈련'에 들어갑니다.
QR코드를 찍으면 훈련 동영상이 재생됩니다.

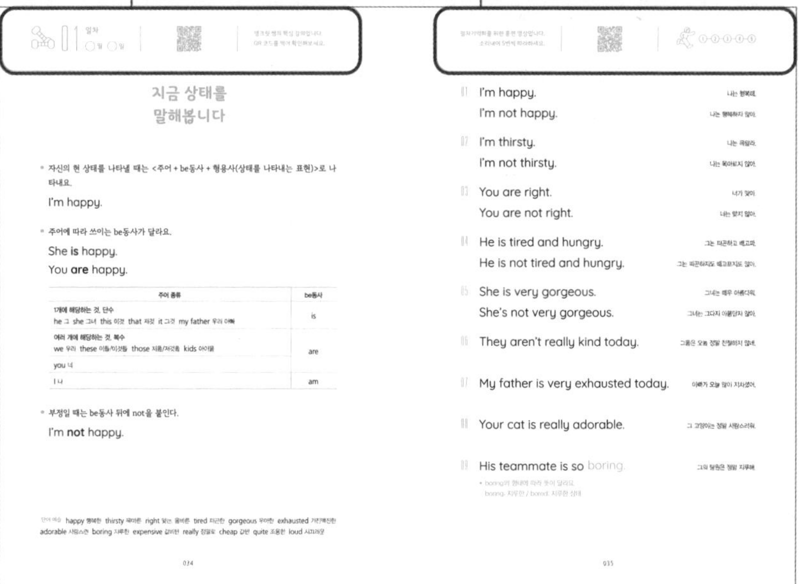

01 일차 ○월 ○일

영크릿 쌤의 핵심 강의입니다
QR 코드를 찍어 확인해보세요.

지금 상태를
말해봅니다

- 자신의 현 상태를 나타낼 때는 <주어 + be동사 + 형용사(상태를 나타내는 표현)>로 나타내요.

I'm happy.

- 주어에 따라 쓰이는 be동사가 달라요.

She **is** happy.
You **are** happy.

주어 종류	be동사
1개에 해당하는 것, 단수 he 그 she 그녀 this 이것 that 저것 it 그것 my father 우리 아빠	is
여러 개에 해당하는 것, 복수 we 우리 these 이들/이것들 those 저들/저것들 kids 아이들	are
you 너	are
I 나	am

- 부정일 때는 be동사 뒤에 not을 붙인다.

I'm **not** happy.

단어 예습 happy 행복한 thirsty 목마른 right 맞은, 올바른 tired 피곤한 gorgeous 우아한 exhausted 기진맥진한 adorable 사랑스런 boring 지루한 expensive 값비싼 really 정말로 cheap 값싼 quite 조용한 loud 시끄러운

034

01 I'm happy. 나는 행복해.
I'm not happy. 나는 행복하지 않아.

02 I'm thirsty. 나는 목말라.
I'm not thirsty. 나는 목마르지 않아.

03 You are right. 너가 맞아.
You are not right. 너는 맞지 않아.

04 He is tired and hungry. 그는 피곤하고 배고파.
He is not tired and hungry. 그는 피곤하지도 배고프지도 않아.

05 She is very gorgeous. 그녀는 매우 아름다워.
She's not very gorgeous. 그녀는 그다지 아름답지 않아.

06 They aren't really kind today. 그들은 오늘 정말 친절하지 않네.

07 My father is very exhausted today. 아빠가 오늘 많이 지치셨어.

08 Your cat is really adorable. 그 고양이는 정말 사랑스러워.

09 His teammate is so boring. 그의 팀원은 정말 지루해.

035

이 책의 혜택

영크릿 쌤의 포인트 이론 강의 76강

QR코드를 찍으면 이론 강의를 바로 들을 수 있어요. 각 날짜 별로 1강씩, 총 76강이 제공되며 강의는 10분 내외로 비교적 짧아 부담없이 들을 수 있어요.

QR코드를 찍어 영크릿 쌤의 오리엔테이션 영상을 확인해 보세요.

Inbody Checks

각 코스가 끝날 때마다 발화 훈련 결과를 측정하고 복습이 필요한지 판단합니다.

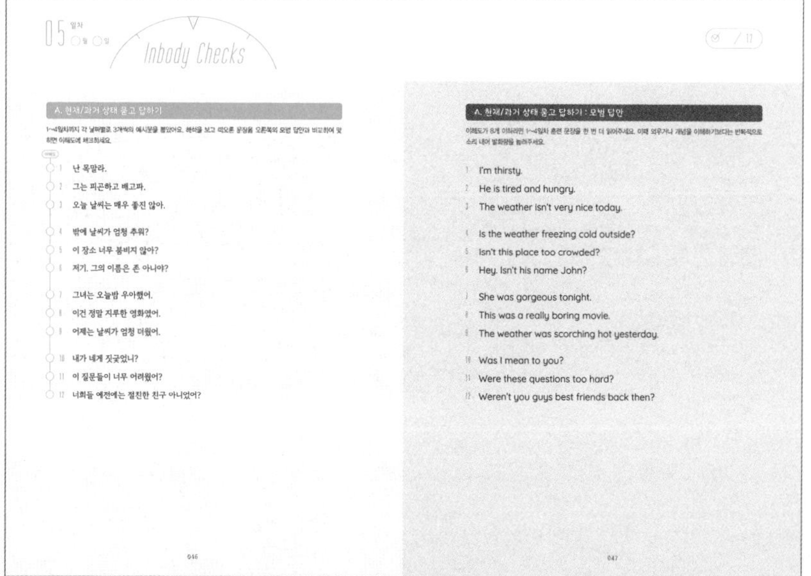

05 일차 ◯월 ◯일

Inbody Checks

A. 현재/과거 상태 묻고 답하기

1~4일차까지 각 날짜별로 3개씩의 예시문을 뽑았어요. 해석을 보고 떠오른 문장을 오른쪽의 모범 답안과 비교하여 맞히면 이해도에 체크하세요.

이해도

1 난 목말라.
2 그는 피곤하고 배고파.
3 오늘 날씨는 매우 좋진 않아.

4 밖에 날씨가 엄청 추워?
5 이 장소 너무 붐비지 않아?
6 저기. 그의 이름은 존 아니야?

7 그녀는 오늘밤 우아했어.
8 이건 정말 지루한 영화였어.
9 어제는 날씨가 엄청 더웠어.

10 내가 네게 짓궂었니?
11 이 질문들이 너무 어려웠어?
12 너희들 예전에는 절친한 친구 아니었어?

046

◯ / 12

A. 현재/과거 상태 묻고 답하기 : 모범 답안

이해도가 8개 이하라면 1~4일차 훈련 문장을 한 번 더 읽어주세요. 이때 외우거나 개념을 이해하기보다는 반복적으로 소리 내어 발화량을 늘려주세요.

1 I'm thirsty.
2 He is tired and hungry.
3 The weather isn't very nice today.

4 Is the weather freezing cold outside?
5 Isn't this place too crowded?
6 Hey. Isn't his name John?

7 She was gorgeous tonight.
8 This was a really boring movie.
9 The weather was scorching hot yesterday.

10 Was I mean to you?
11 Were these questions too hard?
12 Weren't you guys best friends back then?

047

1000문장 발화 훈련 동영상 70강

따라만 하면 훈련이 저절로 되는 동영상이 제공됩니다. '1000문장' 부분의 QR코드를 찍으면 자동 재생됩니다. 더 많이 따라 할수록 절차기억은 빨리 활성화 됩니다.

Role Model Training

동기부여를 위해 여러 연사의 명문장을 모았습니다. 이 중 한 명을 여러분의 롤모델로 삼아도 좋습니다.

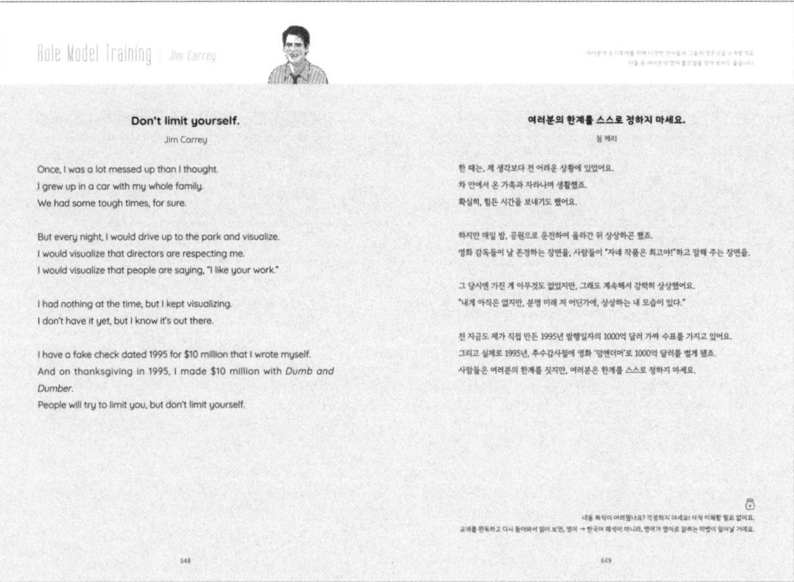

Role Model Training | *Jim Carrey*

Don't limit yourself.

Jim Carrey

Once, I was a lot messed up than I thought.
I grew up in a car with my whole family.
We had some tough times, for sure.

But every night, I would drive up to the park and visualize.
I would visualize that directors are respecting me.
I would visualize that people are saying, "I like your work."

I had nothing at the time, but I kept visualizing.
I don't have it yet, but I know it's out there.

I have a fake check dated 1995 for $10 million that I wrote myself.
And on thanksgiving in 1995, I made $10 million with *Dumb and Dumber*.
People will try to limit you, but don't limit yourself.

048

여러분의 한계를 스스로 정하지 마세요.

짐 캐리

한 때는, 제 생각보다 전 어려운 상황에 있었어요.
차 안에서 온 가족과 자라나며 생활했죠.
확실히, 힘든 시간을 보내기도 했어요.

하지만 매일 밤, 공원으로 운전하여 올라간 뒤 상상하곤 했죠.
영화 감독들이 날 존경하는 장면을, 사람들이 "자네 작품은 최고야!"하고 말해 주는 장면을.

그 당시엔 가진 게 아무것도 없었지만, 그래도 계속해서 강력히 상상했어요.
"내게 아직은 없지만, 분명 미래 저 어딘가에, 상상하는 내 모습이 있다."

전 지금도 제가 직접 만든 1995년 발행일자의 1000억 달러 가짜 수표를 가지고 있어요.
그리고 실제로 1995년, 추수감사절에 영화 '덤앤더머'로 1000억 달러를 벌게 됐죠.
사람들은 여러분의 한계를 짓지만, 여러분은 한계를 스스로 정하지 마세요.

내용 해석이 어려웠나요? 걱정하지 마세요! 아직 이해할 필요 없어요.
교재를 완독하고 다시 돌아와서 읽어 보면, 영어 → 한국어 해석이 아니라, 영어가 영어로 읽히는 마법이 일어날 거예요.

049

1000문장 연속 mp3

발화 훈련용 1000문장을 반복없이 연속으로 듣고 싶은 분은 mp3를 활용하세요. 길벗 홈페이지(gilbut.co.kr)에 접속하여 검색 창에 '5000번 영어' 검색 후 자료실로 들어가면 mp3를 실시간 재생하거나 기기에 다운로드할 수 있습니다.

COURSE

나의 상태를 말하는 훈련

이제부터 영어 신생아가 되실 여러분, 환영합니다!

여러분이 아기라면, 가장 먼저 어떤 말이 하고 싶으세요?

"응애. 배고파. 졸려. 목말라." 맞습니다.

상태 표현이 모든 언어의 시작입니다!

ACHIEVE

나 ____________ 는/은 5일 후인 ______ 월 ______ 일까지, 이 코스를 완독한다.

그로 인해 상태 표현을 나타내는 문장을 자유롭게 만들며 성취감을 느낄 것이다.

내가 설정한 목표는 반드시 이룬다!

지금 상태를 말해봅니다

- 자신의 현 상태를 나타낼 때는 <주어 + be동사 + 형용사(상태를 나타내는 표현)>로 나타내요.

I'm happy.

- 주어에 따라 쓰이는 be동사가 달라요.

She **is** happy.

You **are** happy.

주어 종류	be동사
1개에 해당하는 것, 단수 he 그 she 그녀 this 이것 that 저것 it 그것 my father 우리 아빠	is
여러 개에 해당하는 것, 복수 we 우리 these 이들/이것들 those 저들/저것들 kids 아이들	are
you 너	
I 나	am

- 부정일 때는 be동사 뒤에 not을 붙인다.

I'm **not** happy.

단어 예습 happy 행복한 thirsty 목마른 right 맞는, 올바른 tired 피곤한 gorgeous 우아한 exhausted 기진맥진한 adorable 사랑스런 boring 지루한 expensive 값비싼 really 정말로 cheap 값싼 quite 조용한 loud 시끄러운

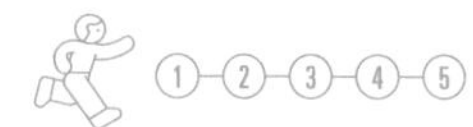

01 I'm happy. 나는 행복해.
I'm not happy. 나는 행복하지 않아.

02 I'm thirsty. 나는 목말라.
I'm not thirsty. 나는 목마르지 않아.

03 You are right. 너가 맞아.
You are not right. 너는 맞지 않아.

04 He is tired and hungry. 그는 피곤하고 배고파.
He is not tired and hungry. 그는 피곤하지도 배고프지도 않아.

05 She is very gorgeous. 그녀는 매우 아름다워.
She's not very gorgeous. 그녀는 그다지 아름답지 않아.

06 They aren't really kind today. 그들은 오늘 정말 친절하지 않네.

07 My father is very exhausted today. 아빠가 오늘 많이 지치셨어.

08 Your cat is really adorable. 그 고양이는 정말 사랑스러워.

09 His teammate is so boring. 그의 팀원은 정말 지루해.

- boring의 형태에 따라 뜻이 달라요.
  boring: 지루한 / bored: 지루한 상태

10 Her sweater is too small. 그녀의 스웨터는 너무 작아.

11 This is a very expensive bicycle. 이것은 매우 비싼 자전거야.

12 That fridge isn't really cheap. 저 냉장고는 그다지 저렴하지 않아.

13 The weather isn't very nice today. 오늘 날씨는 그다지 좋지 않아.

14 Hi, my name is John. I'm 20. 안녕, 내 이름은 존이야. 나는 20살이야.

- 일반적인 상황의 나이 표현은 뒤에 years old까지 말하지 않는 것이 자연스러워요.

15 Hello. I am Sarah. This is Jenny. 안녕, 나는 사라야. 여긴 제니고.

16 Jenny is my best friend. We are very close.

제니는 내 제일 친한 친구야. 우린 진짜 친해.

- close는 '닫다'라는 동작 표현도 있지만, '가까운'이라는 상태 표현으로도 쓸 수 있어요.

17 Be quiet, please. You are too loud. 조용히 해. 너는 너무 시끄러워.

- be동사의 원형으로 문장을 시작하면, 명령문을 만들 수 있어요. '~해, 해요.'

18 Please be careful. It is dangerous. 제발 조심해. 그거 위험해.

this(이것), that(저것), these(이것들), those(저것들) 은, 지시대명사라고 해요.
용어는 알 필요 없어요! 간단히 대상을 손가락으로 가리키는 것을 떠올려 보세요.

영크릿 쌤의 핵심 강의입니다.
QR 코드를 찍어 확인해보세요.

지금 상태를 물어봅니다

- be동사 의문문은 be동사와 주어의 자리를 바꿔요.

You **are** hungry.

Are you hungry?

- 답변은 <Yes, 주어 + be동사> 또는 <No, 주어 + be동사 + not>으로 해요.

Yes, I am.

No, I am not.

- 부정의문문은 Isn't ~, Aren't ~로 문장을 시작해요.

Isn't it very nice here?

단어 예습 late 늦은 nervous 불안한 free 자유로운, 공짜의 famous 유명한 pretty 꽤 too 너무 crowded 복잡한 popular 인기 많은 cheap 저렴한 freezing cold 매우 추운 possible 가능한 close 가까운

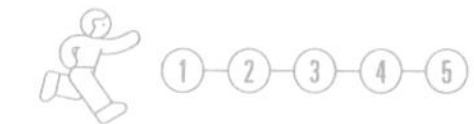

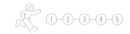

19 Am I late? 나 늦었어?

Yes, you are late. 응, 너 늦었어.

No, you aren't late. 아니, 너 안 늦었어.

20 Are you nervous now? 너 지금 긴장돼?

Yes, I am nervous now. 응, 나 지금 긴장돼.

No, I'm not nervous now. 아니, 나 지금 긴장 안돼.

21 Are you free now? 너 지금 시간 돼?

Yes, I am free now. 응, 나 지금 시간 돼.

No, I'm not free now. 아니, 나 지금 시간 안돼.

22 Is he really sick today? 그는 오늘 정말 아파?

Yes, he is. 응, 아파.

No, he is not. 아니, 안 아파.

• 답변 시엔, 상태 표현(형용사)를 생략해 줘도 돼요. 단, 축약형은 쓰지 않아요!
ex) Yes, we're. X / Yes, we are. O

23 Aren't they really famous here? 그들은 여기서 정말 유명하지 않아?

• '~지 않니?'와 같은 질문을 할 때는, be동사 뒤에 not을 붙여줘요.

Yes, they are. 응, 유명해.

No, they are not. 아니, 안 유명해.

• 한국어와 달리, 영어는 질문의 의도와 관계없이 내 입장에서 사실을 말해 줘요. 유명하지 않니?로 부정형으로 물어봤지만, 유명할 경우 Yes, 아닌 경우 No이죠.

24 Aren't you a student? 너 학생 아니야?

25 Isn't it very nice here? 여기 정말 좋지 않아?

26 Isn't the food here pretty good? 여기 음식 꽤 좋지 않아?

27 Isn't this place too crowded? 이 장소 너무 붐비지 않아?

28 Isn't K-pop pretty popular these days? 요즘 케이팝이 꽤 인기 있지 않아?

29 Is that fridge really heavy? 저 냉장고 정말 무겁니?

30 Aren't these tomatoes pretty cheap? 이 토마토들 꽤 싸지 않아?

31 Is the weather freezing cold outside? 밖에 날씨가 엄청 추워?

32 Hey. Isn't his name John? 저기. 그의 이름은 존 아니야?

33 Hello. I'm Sarah. Is John here? 안녕하세요. 전 사라예요. 존 있어요?

34 Is it really possible? 그게 정말 가능해?

35 Aren't you guys close? You and Jenny are best friends. 너희들 가까운 사이 아니야? 너랑 제니는 절친한 친구잖아.

발화 연습할 때 포인트는 문장을 외울 것을 목표로 하지 않는 것이에요.
스트레스 받지 말고 오디오 음성에 맞추어 성대모사 하듯 따라 읽어 보세요.
유튜브 훈련을 통한 반복 발화를 통해 자연스레 입에 붙게 돼요!

영크릿 쌤의 핵심 강의입니다.
QR 코드를 찍어 확인해보세요.

과거 상태를 말해봅니다

- 자신의 과거 상태를 나타낼 때는 <주어 + be동사의 과거형 + 형용사>로 나타내요.

I was young.

- 주어에 따라 쓰이는 be동사의 과거형이 달라요.

I **was** tired this morning.

You **were** wrong this time.

We **were** so busy yesterday.

주어 종류	be동사
1개에 해당하는 것, 단수 he 그 she 그녀 this 이것 that 저것 it 그것 my father 우리 아빠	was
여러 개에 해당하는 것, 복수 we 우리 these 이들/이것들 those 저들/저것들 kids 아이들	were
you 너	
I 나	was

- 부정일 때는 be동사 뒤에 not을 붙여요.

I was **not** young.

단어 예습 wrong 틀린 warm 따듯한, 상냥한 gorgeous 우아한 terrible 끔찍한 reaction 반응 successful 성공적인 boring 지루한 bad 나쁜, 좋지 않은 favorite 가장 좋아하는 scorching hot 매우 뜨거운 still 아직

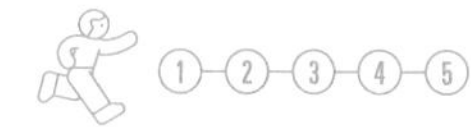

36 I was young. 나는 어렸어.

I was not young. 난 어리지 않았어.

37 I was tired this morning. 난 오늘 아침에 피곤했어.

I wasn't tired this morning. 난 오늘 아침에 피곤하지 않았어.

38 You were wrong this time. 너 이번엔 틀렸었어.

You weren't wrong this time. 너 이번엔 틀리지 않았었어.

39 He was kind and warm. 그는 친절하고 따뜻했어.

He wasn't kind and warm. 그는 친절하고 따뜻하지 않았어.

40 She was gorgeous tonight. 그녀는 오늘밤 우아했어.

She wasn't gorgeous tonight. 그녀는 오늘 밤 우아하지는 않았어.

41 We were so busy yesterday. 우린 어제 정말 바빴어.

42 My boyfriend was late again. 내 남자 친구는 또 늦었었어.

43 Your idea wasn't that terrible. 네 생각은 그렇게 끔찍하진 않았어.

- 부정문에서 상태 표현 앞에 that을 쓰면 '그렇게 까지는'이라는 뜻으로 '정도'를 나타내요.

44 His boss was very scary last night.

그의 상사는 어젯밤 매우 무서웠어.

45 Her reaction was pretty good. 그녀의 반응은 꽤 좋았어.

46 Our businesses weren't very successful.

우리의 사업은 매우 성공적이지는 않았어.

47 This was a really boring movie.

이건 정말 지루한 영화였어.

48 That scene wasn't so bad.

저 장면은 그렇게 나쁘지 않았어.

49 Those American TV shows were my favorites.

이 미국 TV 쇼들은 내가 가장 좋아하는 것들이었어.

50 That wasn't my favorite Netflix series.

그 넷플릭스 시리즈는 내가 가장 좋아하는 것은 아니었어.

51 The weather was scorching hot yesterday.

어제는 날씨가 엄청 더웠어.

52 His name was John. He was in his 30s.

그의 이름은 존이었어. 그는 30대였어.

- be in one's 숫자s: 숫자만큼의 나이 대에 있다는 것을 의미해요.

ex) He is in his 30s. 그는 30대이다.

53 I was in my 20s. I was still very young.

난 20대였어. 난 여전히 매우 어렸어.

54 John was my close friend.
John and I were best friends.

존은 내 가까운 친구였어. 존과 나는 절친한 친구였어.

과거형을 쓰는 순간, 과거에 대한 얘기를 하는 것이므로, 현재는 그렇지 않다는 뜻이 되니 주의해야 해요.

A: 자기야, you were so beautiful. (넌 너무 예뻤어)

B: 뭐? 지금은 안 예쁘단 거야? 찰싹!

영크릿 쌤의 핵심 강의입니다.
QR 코드를 찍어 확인해보세요.

과거 상태를 물어봅니다

- be동사 과거 의문문은 was/were와 주어의 자리를 바꿔요.

You **were** hungry.

Were you hungry?

- 답변은 <Yes, 주어 + be동사 과거형> 또는 <No, 주어 + be동사 과거형 + not>입니다.

Yes, he was here.

No, he wasn't here.

- 과거 부정의문문은 Wasn't ~, Weren't ~로 문장을 시작해요. (be동사 과거형 + not)

Wasn't she there 2 hours ago?

단어 예습 mean 짓궂은 different 다른 back then 예전에는 a while ago 방금 전에 impossible 불가능한 back in the day 예전에는 hard 어려운 easy 쉬운 difficult 어려운 hot 더운, 뜨거운 humid 습한

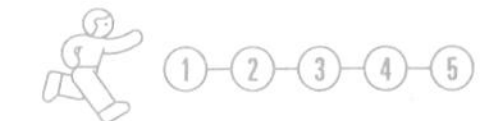

55 Was I mean to you? 내가 네게 짓궂었니?

Yes, you were mean to me. 응, 너 나에게 짓궂었어.

No, you weren't mean to me. 아니, 너 나한테 안 짓궂었어.

56 Were you different back then? 너 예전에는 달랐어?

Yes, I was different back then. 응, 나 예전에는 달랐어.

No, I wasn't different back then. 아니, 나 예전에도 안 달랐어.

57 Was he here a while ago? 그가 방금 전에 여기 있었어?

Yes, he was here. 응, 그는 여기 있었어.

No, he wasn't here. 아니, 그는 여기 없었어.

58 Wasn't she there 2 hours ago? 그녀가 2시간 전에 거기 있지 않았어?

Yes, she was here. 응, 그녀는 여기 있었어.

No, she wasn't here. 아니, 그녀는 여기 없었어.

- 한국어와 달리, 영어는 질문의 의도와 관계없이 내 입장에서 사실을 말해 줘요. 그녀가 있었다면 Yes, 없었다면 No.이죠.

59 Weren't they sick 2 weeks ago? 그들은 2주 전에 아프지 않았어?

Yes, they were. 응, 아팠어.

No, they weren't. 아니, 안 아팠어.

60 Was it possible back then? 예전에는 그게 가능했어?

61 Wasn't this impossible back in the day? 예전에는 이거 불가능하지 않았어?

62 Were these questions too hard? 이 질문들이 너무 어려웠어?

63 Was this easy 10 years ago? 이거 10년 전에는 쉬웠어?

64 Wasn't that pretty difficult in the past?
과거에는 그거 꽤 어렵지 않았어?

65 Was the weather hot and humid over there?
그쪽은 날씨가 덥고 습하니?

66 Wasn't John in his 20s? 존은 20대 아니었어?

67 John wasn't here. Was Sarah there?
존은 여기 없었어. 사라는 거기 있었어?

68 Weren't you guys best friends back then?
너희들 예전에는 절친한 친구 아니었어?

어때요, 상태를 나타내는 표현들, 정말 여러 가지 표현이 가능하죠?
예문들이 어느 정도 입에 붙었다면, 다음 문장을 읽어 보세요!

This are hot. / They was good. / He are tall. / It were cool.

보자마자 '이상한데?' 하는 느낌이 드셨다면, 정말 잘하셨습니다!
주체 별로 올바른 be동사가 짝지어 입에 붙기 시작한 거랍니다. 정말 신기하죠?

05 일차 ◯월 ◯일

Inbody Checks

A. 현재/과거 상태 묻고 답하기

1~4일차까지 각 날짜별로 3개씩의 예시문을 뽑았어요. 해석을 보고 떠오른 문장을 오른쪽의 모범 답안과 비교하여 맞히면 이해도에 체크하세요.

이해도

◯ 1 난 목말라.

◯ 2 그는 피곤하고 배고파.

◯ 3 오늘 날씨는 매우 좋진 않아.

◯ 4 밖에 날씨가 엄청 추워?

◯ 5 이 장소 너무 붐비지 않아?

◯ 6 저기. 그의 이름은 존 아니야?

◯ 7 그녀는 오늘밤 우아했어.

◯ 8 이건 정말 지루한 영화였어.

◯ 9 어제는 날씨가 엄청 더웠어.

◯ 10 내가 네게 짓궂었니?

◯ 11 이 질문들이 너무 어려웠어?

◯ 12 너희들 예전에는 절친한 친구 아니었어?

✓ / 12

A. 현재/과거 상태 묻고 답하기 : 모범 답안

이해도가 8개 이하라면 1~4일차 훈련 문장을 한 번 더 읽어주세요. 이때 외우거나 개념을 이해하기보다는 반복적으로 소리 내어 발화량을 늘려주세요.

1 I'm thirsty.
2 He is tired and hungry.
3 The weather isn't very nice today.

4 Is the weather freezing cold outside?
5 Isn't this place too crowded?
6 Hey. Isn't his name John?

7 She was gorgeous tonight.
8 This was a really boring movie.
9 The weather was scorching hot yesterday.

10 Was I mean to you?
11 Were these questions too hard?
12 Weren't you guys best friends back then?

Don't limit yourself.

Jim Carrey

Once, I was a lot messed up than I thought.
I grew up in a car with my whole family.
We had some tough times, for sure.

But every night, I would drive up to the park and visualize.
I would visualize that directors are respecting me.
I would visualize that people are saying, "I like your work."

I had nothing at the time, but I kept visualizing.
I don't have it yet, but I know it's out there.

I have a fake check dated 1995 for $10 million that I wrote myself.
And on thanksgiving in 1995, I made $10 million with *Dumb and Dumber*.
People will try to limit you, but don't limit yourself.

여러분의 한계를 스스로 정하지 마세요.

짐 캐리

한 때는, 제 생각보다 전 어려운 상황에 있었어요.
차 안에서 온 가족과 자라나며 생활했죠.
확실히, 힘든 시간을 보내기도 했어요.

하지만 매일 밤, 공원으로 운전하여 올라간 뒤 상상하곤 했죠.
영화 감독들이 날 존경하는 장면을, 사람들이 "자네 작품은 최고야!"하고 말해 주는 장면을.

그 당시엔 가진 게 아무것도 없었지만, 그래도 계속해서 강력히 상상했어요.
"내게 아직은 없지만, 분명 미래 저 어딘가에, 상상하는 내 모습이 있다."

전 지금도 제가 직접 만든 1995년 발행일자의 1000억 달러 가짜 수표를 가지고 있어요.
그리고 실제로 1995년, 추수감사절에 영화 '덤앤더머'로 1000억 달러를 벌게 됐죠.
사람들은 여러분의 한계를 짓지만, 여러분은 한계를 스스로 정하지 마세요.

내용 해석이 어려웠나요? 걱정하지 마세요! 아직 이해할 필요 없어요.
교재를 완독하고 다시 돌아와서 읽어 보면, 영어 → 한국어 해석이 아니라, 영어가 영어로 읽히는 마법이 일어날 거예요.

학습 이해도를 체크해야 하는 이유는?

메타인지
Metacognition

메타인지(metacognition)는 내가 어떠한 사항에 대하여 아는지 모르는지를 인식하는 인지 능력으로, 학습 습득 능력과 밀접한 관계가 있어요.
한 실험에서 전국 0.1% 석차의 학생들과 일반 학생들 800명을 대상으로 테스트를 치른 후, 결과를 예측하게 했더니 상위 0.1% 석차 학생들은 정확하게 본인이 맞춘 문제와 틀린 문제를 구별해 냈고, 일반 학생들은 그러지 못 했어요. (두 학생 군의 맞힌 문제의 차이는 크지 않았다고 해요.)
영어 공부도 똑같습니다. 계속해서 이해도를 체크하는 과정이 반드시 필요해요. 자꾸만 틀려서 속상하시다고요? 괜찮아요. 틀리는 과정에서도 본인이 아는 것과 모르는 것을 정확히 알고 호기심을 가지고 연습하는 게, 메타인지가 발전하는 과정이니까요.
이해도가 완벽하지 않아서 좌절할 필요도 없어요! 교재 전체에 걸쳐서 앞서 배운 개념이 계속해서 중첩되게끔, 문장들이 치밀하게 짜여 있으니까 지금 걱정할 필요 전혀 없이 끝까지 책을 완독하기만 하면 됩니다. 그럼 가벼운 마음으로 코스 2로 넘어갈까요?

출처: Lisa Son - Professor, Columbia University

COURSE

2

동작을 말하는 훈련

나 목말라. 배고파. 심심해.

이제 상태 표현으로 질문과 답변이 가능한 여러분, 멋집니다!

다음은, '물 마시고, 밥 먹고, 노는' 동작 표현으로 기본 문장을 만들어 볼까요?

FULFIL

나 ______________는/은 11일 후인 ______월 ______일까지, 이 코스를 완독한다.

그로 인해 동작 동사를 이용한 문장을 자유롭게 만들며 성취감을 느낄 것이다.

내가 설정한 목표는 반드시 이룬다!

하는 것을 말해봅니다

- 일반적인 동작을 표현할 때는 be동사가 아닌 일반 동사를 사용해요.

I **study** English.

- 주어에 따라 동사 뒤에 's'가 붙어요.

He **sings** very well.

주어 종류	일반/부정형
1개에 해당하는 것, 단수 he 그 she 그녀 it 그것 this 이것 that 저것 my father 우리 아빠	일반: 일반 동사+s 부정: 주어+does not+동사원형
여러 개에 해당하는 것, 복수 we 우리 they 그들 these 이것들 those 저것들 kids 아이들	일반: 일반 동사의 원형 부정: 주어+do not+동사원형
you 너	
I 나	일반: 일반 동사의 원형 부정: 주어+do not+동사원형

- 부정일 때는 일반 동사 앞에 do not/does not을 붙여요.

I **don't** agree.

단어 예습 agree 동의하다 study 공부하다 eat 먹다 sing 노래하다 speak 말하다 like 좋아하다 call 전화하다 watch 보다, 시청하다 work 일하다, 작동하다 open 열다 close 닫다 start 시작하다 have 갖다 mind 신경 쓰다 turn on 켜다 air conditioner 에어컨 enjoy 즐기다

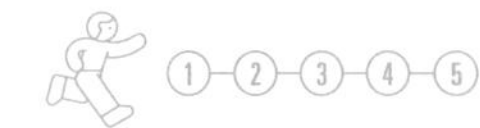

69 I agree. 난 동의해.
I don't agree. 난 동의하지 않아.

70 I study English. 난 영어를 공부해.
I don't study English. 난 영어를 공부하지 않아.

71 You eat very fast. 너 매우 빨리 먹는다.
You don't eat very fast. 너 매우 빨리 먹지 않는다.

72 He sings very well. 그는 노래를 매우 잘해.
He doesn't sing very well. 그는 노래를 매우 잘하지 않아.

73 She speaks English fluently. 그녀는 영어를 유창하게 해.
She doesn't speak English fluently. 그녀는 영어를 유창하게 하지 않아.

74 We like it very much. 우린 그거 정말 좋아.

75 Your friend doesn't like me so much.
네 친구는 날 그렇게 좋아하진 않아.

76 Her boyfriend doesn't call her every day.
그녀의 남자 친구는 그녀에게 매일 전화하지 않아.

77 Their friends watch a movie every night.
그들의 친구들은 매일 밤 영화를 봐.

78 It usually works. 보통은 효과가 있어.

79 This coffeeshop always opens at 5:00.

이 커피숍은 항상 5시에 열어.

• 시각 앞에는 at을 써 줘요.

80 These stores don't normally close at 9:00.

이 가게들은 보통 9시에 닫지 않아.

81 That movie starts soon. Let's watch it.

저 영화 곧 시작해. 저거 보자.

82 Those restaurants have bad reviews. Please don't go.

저 음식점들은 리뷰가 좋지 않아. 가지 마.

83 Let's go and eat something.

뭔가 먹으러 가자.

84 Mind your own business.

네 일에나 신경 써.

• 동사(동작)을 문장 맨 앞에 쓰면, '~해, ~하세요'라는, 명령문이 돼요.

85 Don't open the window. Just turn on the air conditioner.

창문을 열지 마. 그냥 에어컨 켜.

86 Please have a seat and enjoy your meal.

자리에 앉으시고 맛있게 드세요.

• 명령문이 강하게 느껴질 땐, 마법의 단어 please(부탁해요)를 써 보세요!

대상(명사) 앞에 오는 'a', 'the'는 현재로선 크게 신경 쓰지 마세요. (코스2 학습 예정)
'a'는 그 대상이 불특정한 한 개라는 것, 'the'는 특정한 것이란 정도만 알아 두세요!

영크릿 쌤의 핵심 강의입니다.
QR 코드를 찍어 확인해보세요.

하는 것을 물어봅니다

- 의문(질문)형일 때는 do동사가 주어 앞으로 와요.

Do you understand?

- 주어에 따라 do동사의 형태 또한 달라져요.

Do you work tomorrow?

Does Jenny exercise regularly?

주어 종류	일반/부정형
1개에 해당하는 것, 단수 he 그 she 그녀 it 그것 this 이것 that 저것 my father 우리 아빠	Does + 주어 + 동사원형
여러 개에 해당하는 것, 복수 we 우리 they 그들 these 이것들 those 저것들 kids 아이들	Do + 주어 + 동사원형
you 너	
I 나	Do + 주어 + 동사원형

- 부정의문문은 Don't, Doesn't로 문장을 시작해요.

Don't I always tell you everything?

단어 예습 know 알다 understand 이해하다 smoke 흡연하다 regularly 규칙적으로 sometimes 가끔 skip 건너뛰다 tell 말하다 usually 보통 buy 사다 give 주다 bonus 보너스 performance review 고과 평가 right now 지금 당장 trust 믿다

87 Do I know you? 내가 너를 아니?

Yes, I know you. 응, 나 널 알아.

No, I don't know you. 아니, 나 널 몰라.

88 Do you understand? 너 이해하니?

Yes, I understand. 응, 나 이해해.

No, I don't understand. 아니, 나 이해 안돼.

89 Do you work tomorrow? 너 내일 일하니?

Yes, I work tomorrow. 응, 나 내일 일해.

No, I don't work tomorrow. 아니, 나 내일 일 안 해.

90 Does John smoke very often? 존은 담배를 매우 자주 피우니?

Yes, he smokes very often. 응, 그는 담배를 매우 자주 피워.

No, he doesn't smoke very often. 아니, 그는 담배를 매우 자주 피우지 않아.

91 Does Jenny exercise regularly? 제니는 운동을 규칙적으로 하니?

Yes, she does. 응, 규칙적으로 해.

No, she doesn't. 아니, 규칙적으로 안 해.

- 동작(일반 동사) 질문에 대한 답할 때, 동작을 생략해서 축약형으로 답변할 수 있어요.

92 Do your children sometimes skip breakfast? 네 아이들은 가끔씩 아침을 건너 뛰니?

93 Don't I always tell you everything? 내가 네게 항상 모두 말하지 않니?

94 Don't you usually tell your husband everything?

너 보통 네 남편에게 모두 말하지 않니?

95 Doesn't he usually buy his son toys?

그가 보통 그의 아들에게 장난감들을 사 주지 않니?

96 Doesn't your boss sometimes buy you dinner?

네 상사가 가끔씩 너에게 저녁 사 주지 않니?

97 Do you usually give your children a goodnight kiss?

너 보통 네 아이들에게 굿나잇 뽀뽀해 주니?

98 Does your company sometimes give you a bonus?

네 회사가 가끔씩 네게 보너스 주니?

99 Do you often give your employees a performance review?

너 종종 네 직원들 고과 평가하니?

100 Do you have time right now?

너 지금 시간 있니?

- Do you have the time? '지금 몇 시예요?'와 헷갈리지 않게 조심해요.

101 Why don't we get him some help?

우리 그에게 도움을 주는 게 어떨까?

- Why don't ~ 으로 시작하는 문장은 '~건 어떨까?'라는, 제안의 뜻이에요.

102 Why don't I get you some coffee?

커피 좀 줄까?

103 Never trust a stranger. Do you get it?

낯선 이를 믿지 마. 알겠니?

- Never를 이용하여 부정문 없이도 '강한 부정'의 뉘앙스를 줄 수 있어요. (절대로 ~않다)

일반 동사 학습 시엔, 주체에 알맞은 동사의 형태를 체화시키는 것이 핵심이에요.

I like this. / You like this. / He likes this.

I don't like this. / You don't like this. / He doesn't like this.

Do I like this? / Do you like this? / Does he like this?

영크릿 쌤의 핵심 강의입니다.
QR 코드를 찍어 확인해보세요.

했던 것을 말해봅니다

- 동사의 과거형은 일반 동사 뒤에 -ed를 붙여요.

I just **finished** work.

- 일부 동사는 불규칙하게 형태가 변화하니 익혀 두세요.

His daughter **taught** herself English.

주어 종류	과거/과거 부정형
1개에 해당하는 것, 단수 he 그 she 그녀 it 그것 this 이것 that 저것 my father 우리 아빠	과거: 주어+동작+ed 과거 부정: 주어+did not+동사원형
여러 개에 해당하는 것, 복수 we 우리 they 그들 these 이것들 those 저것들 kids 아이들	
you 너	
I 나	

- 부정일 때는 did 뒤에 not을 붙여요.

I **didn't** just finish work.

단어 예습 sleep 자다 finish 끝내다 just 그냥, 막 pretty 예쁜 opportunity 기회 client 고객 last 마지막 chance 기회 weird 이상한 ask 묻다, 요청하다 colleague 동료 question 질문 interesting 흥미진진한 teach 가르치다 important 중요한

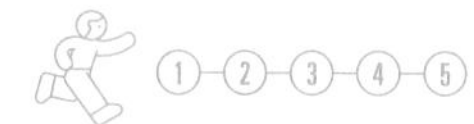

104 I slept. 난 잤어.

I didn't sleep. 난 안 잤어.

105 I just finished work. 난 지금 막 일을 끝냈어.

I didn't just finish work. 난 지금 막 일을 끝내지 않았어.

106 You gave me a pretty doll. 넌 내게 예쁜 인형을 줬어.

You didn't give me a pretty doll. 넌 내게 예쁜 인형을 주지 않았어.

107 She gave me many opportunities. 그녀는 내게 많은 기회를 줬어.

She never gave me many opportunities.

그녀는 내게 많은 기회를 전혀 주지 않았어.

- never를 이용한 부정문을 만들 때는 동사를 시제에 맞춰 써 줘야 해요.

ex) She never give me. X / She never gave me. O

108 Our clients gave us a last chance.

우리 고객들이 우리에게 마지막 기회를 줬어.

Our clients didn't give us a last chance.

우리 고객들이 우리에게 마지막 기회를 주지 않았어.

109 I had a very weird dream last night. 난 어젯밤 매우 이상한 꿈을 꿨어.

110 I asked you first. 내가 네게 먼저 물어봤어.

111 He didn't ask his colleagues any questions.

그는 그의 동료들에게 어떤 질문도 묻지 않았어.

- 부정문에서 'any + (대상)'을 써 주면 '어느 것도'라는 뉘앙스를 줄 수 있어요.

112 She asked her professor a difficult question.

그녀는 그녀의 교수에게 어려운 질문을 했어.

113 I told you already.

내가 너한테 이미 말했잖아.

114 My grandmother told me a very interesting story.

내 할머니가 내게 매우 흥미로운 이야기를 말해 줬어.

115 Her YouTube channel didn't tell us any new information.

그녀의 유튜브 채널은 우리에게 어떤 새로운 정보도 주지 않았어.

116 It really taught me an important lesson.

그건 내게 정말 중요한 교훈을 가르쳐 줬어.

117 His daughter taught herself English.

그의 딸이 영어를 독학했어.

118 Thank you, guys. I had a great time.

고마워, 얘들아. 정말 좋은 시간 보냈어.

- 비격식 자리에서 한 명 이상일 때 쓸 수 있어요. 이때, 그룹 내에 여성이 있어도 'you guys'로 써 줘요.

비규칙적인 과거의 형태는 아직 신경 쓰지 마세요! (told/gave/had/taught)
현재로선 각각의 단어가 어떤 동사의 과거형인지 느껴만 주세요!

영크릿 쌤의 핵심 강의입니다.
QR 코드를 찍어 확인해보세요.

했던 것을 물어봅니다

- 동작의 과거 의문형은 do동사의 과거형(did)이 주어 앞으로 와요.

Did I tell you?

- 주어와 동작에 상관없이 did를 써 주세요.

Did you see that?

주어 종류	과거 의문형
1개에 해당하는 것, 단수 he 그 she 그녀 it 그것 this 이것 that 저것 my father 우리 아빠	Did + 주어 + 동사원형 ~?
여러 개에 해당하는 것, 복수 we 우리 they 그들 these 이것들 those 저것들 kids 아이들	
you 너	
I 나	

- 부정일 때는 did 뒤에 not을 붙여요.

No, you **didn't** tell me.

단어 예습 learn 배우다 nothing 아무것도 memorize 암기하다 everything 모두 link 링크 already 이미 send 보내다 yet 아직 truth 사실, 진실 news 소식 package 소포, 패키지 arrive 도착하다 come 오다 together 다 함께, 같이 each other 서로

119 Did I tell you? 내가 네게 말했니?

Yes, you told me. 응, 네가 내게 말했어.

No, you didn't tell me. 아니, 네가 내게 말 안했어.

120 Did you see that? 너 저거 봤니?

Yes, I saw that. 응, 나 저거 봤어.

No, I didn't see that. 아니, 나 저거 못 봤어.

121 Did he learn nothing? 그는 아무것도 배우지 못 했니?

Yes, he learned something. 응, 그는 무언가 배웠어.

No, he didn't learn anything. 아니, 그는 아무것도 배우지 않았어.

- 긍정문에서는 something(무언가)를, 부정문에서는 anything(아무것도, 무엇도)을 써 줘요.

122 Did you memorize everything? 너 모든 걸 암기했니?

Yes, I memorized everything. 응, 나 모든 걸 암기했어.

No, I didn't memorize anything. 아니, 나 아무것도 암기하지 않았어.

123 Didn't I send you the link already? 내가 이미 네게 링크 보내 주지 않았니?

Yes, you sent me the link already. 응, 네가 이미 내게 링크 보내 줬어.

No, you didn't send me the link yet. 아니, 너 내게 아직 링크 보내 주지 않았어.

- already는 '이미'라는 뜻이고, yet은 '아직은'이라는 의미예요.

124 Didn't you send me an email yet? 너 아직 내게 이메일 보내지 않았니?

125 Didn't he tell you the truth already?

그가 네게 그 진실을 이미 말해 주지 않았니?

126 Didn't they tell you the news yet?

그들이 네게 그 뉴스를 아직 말해 주지 않았니?

127 Did this package arrive yesterday?

이 소포가 어제 도착했니?

128 Did these packages come together?

이 소포들이 같이 왔니?

129 Did you watch that new Netflix series yet?

너 그 새로운 넷플릭스 시리즈 벌써 봤니?

130 Did Tom and Jenny already have dinner together?

톰과 제니가 저녁을 이미 같이 먹었니?

131 Did you guys already know each other?

너희들 이미 서로 알고 있었니?

132 Did you guys have a great time together?

너희들 함께 좋은 시간 보냈니?

영크릿 쌤의 핵심 강의입니다.
QR 코드를 찍어 확인해보세요.

필요한 것을 말해봅니다

- need to, want to, have to와 같은 표현 뒤에는 동사원형을 써 주세요.

I need to **lose** weight.

- 상태 표현일 경우에는 be동사의 원형(be)를 써 주세요.

He needs to **be** happy and healthy.

<table>
<tr><th>종류</th><th colspan="3">동작/상태 표현</th></tr>
<tr><td>want to
~고 싶다</td><td rowspan="3">want to
need to
have to
have got to</td><td rowspan="3">+</td><td rowspan="3">동사의 원형 = 동작
be동사의 원형 + 상태 표현 = 상태</td></tr>
<tr><td>need to
~야 한다 (할 필요가 있다)</td></tr>
<tr><td>have to/have got to (gotta)
~야만 한다</td></tr>
</table>

- 부정일 때는 <do동사 + not = don't>을 써 주세요.

You **don't** need to gain any weight.

단어 예습 lose weight 살 빼다 gain weight 살 찌다 healthy 건강한 special 특별한 lawyer 변호사 go on a diet 다이어트하다 wake up 일어나다 awake 깨어있는 stop 멈추다 immediately 즉시 work out 운동하다 consistently 꾸준하게 exhausting 지치는, 몹시 기운 빠지는 break 휴식

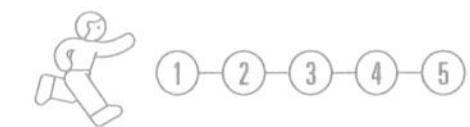

133 I need to lose weight. 난 체중을 빼야 돼.

I don't need to lose weight. 난 체중을 안 빼도 돼.

134 You need to gain some weight. 넌 체중을 좀 찌워야 돼.

You don't need to gain any weight. 넌 체중을 조금도 찌우지 않아도 돼.

- 긍정문에서는 some(좀)을, 부정문에서는 any(조금도)을 써서 뉘앙스를 살릴 수 있어요.

135 He needs to be happy and healthy. 그는 행복하고 건강해야 돼.

He doesn't need to be sad and depressed.

그는 슬프고 우울하지 않아도 돼.

- need to 뒤에 상태 표현을 쓰고 싶다면, 그 앞에는 be동사의 원형을 써 주면 돼요.

136 She needed to teach me everything.

그녀는 내게 모든 걸 가르쳐 줘야 했어.

She didn't need to teach me everything.

그녀는 내게 모든 걸 가르쳐 주지 않아도 됐어.

137 They want to tell him everything. 그들은 그에게 모든 걸 말하고 싶어.

They don't want to tell him anything.

그들은 그에게 아무것도 말하고 싶지 않아.

- 부정문에서 anything은 '아무것도, 무엇도', 평서문에서는 '무엇이든'이란 뜻이죠.

138 My parents want to give you something special.

내 부모님은 네게 무언가 특별한 걸 주고 싶어 해.

139 Jenny wants to give you something nice.

제니는 네게 무언가 좋은 걸 주고 싶어 해.

140 My daughter wanted to be a great lawyer.

내 딸은 훌륭한 변호사가 되고 싶어 했어.

141 I have to go on a diet. 나는 다이어트를 해야 해.

142 He has to wake up early in the morning.
그는 아침에 일찍 일어나야 해.

143 She doesn't have to be awake all night.
그녀는 밤새 깨어있지 않아도 돼.

• have to 뒤에 상태 표현을 쓰고 싶다면, 그 앞에는 be동사의 원형을 써 주면 돼요.

144 It had to stop immediately. 그건 즉시 멈춰야 했어.

145 You didn't have to do that. 너 그러지 않아도 됐는데.

146 I need you to work out more consistently.
난 네가 더 꾸준하게 운동했으면 해.

147 I needed you to be there for me. 난 네가 날 위해 거기 있어 줬으면 했어.

148 She wants them to tell her their stories.
그녀는 그들이 그녀에게 그들의 이야기를 말해 주기를 원해.

149 The work was so exhausting that they wanted their boss to give them a break.
일에 너무 지쳐서 그들은 그들의 상사가 그들에게 휴식을 주기를 원했다.

150 The book was so good I didn't want it to end.
책이 너무 좋아서 책이 끝나지 않기를 원했어.

기본 발음이 충분히 익숙해 졌다면, 다음 대표적인 축약 발음도 연습해 보세요!
want to → wanna / need to → neeta, needa / have to, has to → hafta, hasta

필요한 것을 물어봅니다

- need to, want to, have to 표현의 의문형은 주어 앞에 do동사를 써 주세요.

Do you want to grab a bite?

- 동작 표현이므로 상태 표현에 사용하는 be동사를 쓰지 않도록 유의하세요.

I need to go.

Do I need to go? (Am I need to go? ×)

- 부정일 때 <do동사 + not = don't>을 쓰고, 과거 부정일 때는 <did + not = didn't>을 써 줍니다.

No, I **didn't** want to be successful.

단어 예습 grab a bite 먹을 것을 먹다 successful 성공한 play games 게임하다 all the time 항상 cruel 잔인한 answer 답변 leave 떠나다 part-time job 아르바이트 come in 들어오다, 출근하다 see a doctor 병원 가다 work out 운동하다 receptionist 접객 직원 call a taxi 택시 부르다 passenger 승객

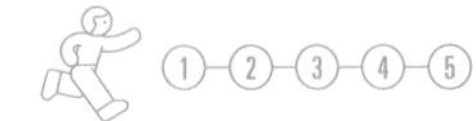

151 Do you want to grab a bite? 뭐 좀 먹을래?

Yes, I want to grab a bite. 응, 뭐 좀 먹고 싶어.

No, I don't want to grab a bite. 아니, 뭐 좀 먹고 싶지 않아.

152 Did you want to be successful? 너 성공하고 싶었니?

Yes, I wanted to be successful. 응, 나 성공하고 싶었어.

No, I didn't want to be successful. 아니, 나 성공하고 싶지 않았어.

153 Does he need to play video games all the time?
그는 항상 비디오게임을 해야 되니?

Yes, he needs to play video games all the time.
응, 그는 항상 비디오게임 해야 돼.

No, he doesn't need to play video games all the time.
아니, 그는 항상 비디오게임 하지 않아도 돼.

- need to를 사용하면 have to보다 약한 필요를 나타내니 의무를 강조하는 뉘앙스를 살짝 뺄 수 있겠죠!

154 Did she really need to be that cruel?
그녀는 정말 그렇게 잔인해야 됐니?

Yes, she needed to be that cruel. 응, 그녀는 그렇게 잔인해야 됐어.

No, she didn't need to be that cruel.
아니, 그녀는 그렇게 잔인하지 않아도 됐어.

155 Do I have to give you an answer right now?
내가 지금 당장 네게 답변을 줘야 하니?

Yes, you do. 응, 그래야 돼.

No, you don't. 아니, 그러지 않아도 돼.

156 Mom, do we have to leave soon? 엄마, 우리 곧 떠나야 돼요?

157 Don't I have to come back later? 나 이따가 다시 돌아와야 하지 않나?

158 Did your dad want you to get a part-time job this semester? 네 아빠는 네가 이번 학기에 아르바이트 구하길 원했니?

159 Didn't the manager need you to come in early tomorrow? 매니저가 네게 내일 일찍 오라고 요구하지 않았니?

160 Did you tell your grandfather to see a doctor this week? 너 너희 할아버지께 이번 주에 병원 가시라고 말했니?

161 Did the doctor tell you to work out more regularly? 의사가 네게 더 규칙적으로 운동하라고 말했니?

162 Did you ask the hotel receptionist to call a taxi? 호텔 리셉션 직원에게 택시 잡아 달라고 요청했니?

163 Didn't the flight attendant ask all the passengers to be seated? 승무원이 모든 승객들에게 앉을 것을 요청하지 않았니?

4형식 구조를 많이 연습해 보았어요.
이 구조가 무엇인지는 사실 크게 중요하지 않으니 자세히 설명하지 않을게요.
문법적 이론말고 여러분은 발화 훈련을 통해 입에 익히는 것만 해 주면 됩니다.

헷갈려요!

Do you인가요, Are you인가요?

- 상태와 동작을 확실히 구분하는 복습을 해볼게요. be동사는 상태를 나타내는 표현 앞에 와요. 일반 동사는 동작을 나타내는 표현 그 자체로 be동사가 필요 없어요.

<table>
<tr><th>종류</th><th colspan="2">be동사 (상태 표현: ~한 상태이다, ~이다)</th></tr>
<tr><td>일반형</td><td>주어+am/are/is</td><td rowspan="6">+상태 표현
(~는, ~하는: 형용사/
직업, 정체성: 명사)</td></tr>
<tr><td>과거형</td><td>주어+was/were</td></tr>
<tr><td>부정형</td><td>주어+am/are/is+not</td></tr>
<tr><td>과거 부정형</td><td>주어+was/were+not</td></tr>
<tr><td>의문형</td><td>Am/Are/Is+주어</td></tr>
<tr><td>과거 의문형</td><td>Was/Were+주어</td></tr>
</table>

종류	일반 동사 (동작 표현: ~하다)
일반형	주어+동사(s)
과거형	주어+동사(ed)
부정형	주어+do/does+not+동사
과거 부정형	주어+did+not+동사
의문형	Do/Does+주어+동사
과거 의문형	Did+주어+동사

- 위 표는 배운 내용을 복기하는 정도로만 참고하고 달달 외우지 마세요. 1000문장 연습을 통해 자연스럽게 입에 붙게 됩니다.

Quiz 다음의 문장을 소리 내어 읽어보고, 어색한 것을 고르세요.

1 Are you tired? (　)

2 Do you tired? (　)

3 He hungry. (　)

4 He is hungry. (　)

5 I work. (　)

6 I am work. (　)

7 Is she want to meet him? (　)

8 Does she want to meet him? (　)

2, 3, 6, 7번 문장이 틀린 문장이에요.
상태를 나타내는 표현 앞에는 상태를 나타내는 be동사를 쓰지만, 동작 동사 앞에는 쓰지 않아요.
tired(피곤한), hungry(배고픈)은 동작이 아니라, 피곤하고 배고픈 상태이죠.
따라서 앞에 be동사가 와야 해요.
반대로, work(일하다), want(원하다)는 어떠한 상태가 아니라, 동작 그 자체죠.
따라서 be동사를 사용하지 않아요.

만능 동작 표현을 말해봅니다

- take, get, do, have와 같은 동사들은 각각 고유한 느낌을 가지고 있으며 다른 단어들과 어울려 다양한 표현을 만들어 내요.

  I took a break.

- 본 책에서는 이를 '만능 동사'로 칭하며, 이들 각자가 가지는 뉘앙스 습득에 주력할게요. 이때, 하나의 표현이 마치 한 단어라고 생각하며 한 호흡으로 여러 번 발음해 보세요.

take (취하여) 가져온다	Take a break 휴식을 취하다.
get (얻어서) 가져온다	Get some rest 휴식을 얻다.
do 한다	Do the dishes 설거지를 하다.
have 갖는다	Have a conversation 대화를 가지다.
go 간다	Go to bed 잠자리에 가다.

단어 예습 take a break 휴식 취하다 take a taxi 택시 타다 get a job 취직하다 get promoted 승진되다 get fired 해고되다 get married 결혼하다 get ready 준비되다 do the laundry 빨래하다 have a conversation 대화를 하(갖)다 take a shower 샤워하다 get some rest 휴식을 좀 갖다 go out with A A와 데이트하다 do one's homework 숙제하다 do one's hair 머리하다

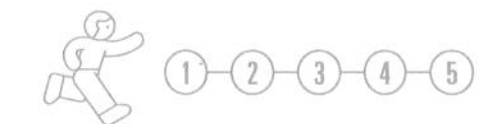

164 I took a break. 난 휴식을 취했어.

I didn't take a break. 난 휴식을 안 취했어.

165 I took a taxi this morning. 난 오늘 아침 택시를 탔어.

I didn't take a taxi this morning. 난 오늘 아침 택시를 타지 않았어.

166 Did she get a new job last year? 그녀가 작년에 새로운 직장을 구했니?

Yes, she got a new job last year. 응, 그녀는 작년에 새로운 직장을 구했어.

No, she didn't get a new job last year. 아니, 그녀는 작년에 새로운 직장을 구하지 않았어.

167 His boss got promoted last month. 그의 상사는 지난달에 승진했어.

His boss didn't get promoted last month. 그의 상사는 지난달에 승진하지 않았어.

168 Did they get fired last week? 그들은 지난주에 해고됐니?

Yes, they did. 응, 해고됐어.

No, they didn't. 아니, 해고 안됐어.

169 I want to get married soon. 난 곧 결혼하고 싶어.

170 She wants to get ready soon. 그녀는 곧 준비하고 싶어 해.

171 My roommate wants me to do the laundry this week. 내 룸메이트는 내가 이번 주에 빨래를 하기 원해.

172 Do you want me to have a conversation with him?

너 내가 그와 대화하길 원하니?

173 She told her kids to take a shower many times.

그녀는 그녀의 아이들에게 샤워하라고 여러 번 말했다.

174 Jenny asked him to get some rest.

제니는 그에게 휴식을 좀 가지라고 요청했어.

175 Did John ask her to go out with him?

존이 그녀에게 데이트 요청했니?

176 I got my daughter to do her homework.

난 내 딸이 그녀의 숙제를 하게 했어.

177 Does your mom get you to study every day?

네 엄마는 네가 매일 공부하게 하니?

178 I had my barber do my hair. 난 내 이발사에게 이발을 했다.

- '~에게 ~를 하도록 하다'라는 뜻으로도 have, make, let를 쓸 수 있어요. 이때, 뒤따르는 동사는 원형을 써요.

179 I made him brush his teeth 3 times a day.

난 그가 하루에 그의 이를 3번 닦도록 했다.

180 I helped my sister do the dishes once a week.

난 일주일에 한 번 내 여동생이 설거지하는 걸 도와줬어.

181 Do you let your kids have ice cream once a month?

넌 네 아이들이 한 달에 한 번 아이스크림 먹는 걸 허락해 주니?

만능 동사 중 have, make, let은 '~에게 ~를 하도록 하다'라는 뜻으로 쓸 수도 있어요.

<주어 + have/make/let + 상대방 + 동사원형>

입에 충분히 익숙해지도록, 178, 180, 181번을 몇 번 더 발화 연습해 보세요!

불규칙 과거 동사를 말해봅니다

- 일반적으로 동작의 과거형은 동사 뒤에 ed를 붙여 줍니다.

I helped my sister do the dishes once a week.

- 단, 아래와 같이 과거형이 불규칙하게 변하는 동사들이 있으므로 별도로 익혀 주세요.

come → came	make → made
feel → felt	say → said
get → got	see → saw
go → went	take → took
have → had	tell → told
know → knew	think → thought

- 대표적인 동작 12가지를 문장 속에 넣어서 발화해 보세요.

① I **go** to a café. 난 카페에 가.

I **went** to a café. 난 카페에 갔어.

이때, 부정문, 의문문은 앞의 'do동사'가 시제를 나타내기에 동사는 현재형 그대로 써요.
Do you went to a cafe? X / Did you go to a cafe? O

② He **comes** to Jim's house. 그는 짐의 집에 와.

He **came** to Jim's house. 그는 짐의 집에 왔어.

③ She **tells** you a story. 그녀는 네게 이야기를 해 줘.

She **told** you a story. 그녀는 네게 이야기를 해 줬어.

④ They **say** many things. 그들은 많은 것을 말해.
They **said** many things. 그들은 많은 것을 말했어.

⑤ I **see** a picture. 난 사진이 보여.
I **saw** a picture. 난 사진을 봤어.

⑥ It **feels** like home here. 여기 집처럼 편한 느낌이야.
It **felt** like home there. 거긴 집처럼 편한 느낌이었어.

⑦ I **know** the right person. 난 알맞은 사람을 알아.
I **knew** the right person. 난 알맞은 사람을 알았어.

⑧ I **think** that Jenny is a great artist. 난 제니가 훌륭한 아티스트라 생각해.
I **thought** that Jenny was a great artist.
난 제니가 훌륭한 아티스트였다고 생각했어.

⑨ He **has** great potential. 그는 큰 잠재력을 가졌어.
He **had** great potential. 그는 큰 잠재력을 가졌었어.

⑩ She always **takes** selfies. 그녀는 항상 셀카를 찍어.
She always **took** selfies. 그녀는 항상 셀카를 찍었어.

⑪ She **gets** angry all the time. 그녀는 항상 화가 나.
She **got** angry yesterday. 그녀는 어제 화가 났어.

⑫ My mom **makes** delicious cookies. 내 엄마는 맛있는 쿠키들을 만들어.
My mom **made** delicious cookies. 내 엄마는 맛있는 쿠키들을 만들었어.

영크릿 쌤의 핵심 강의입니다.
QR 코드를 찍어 확인해보세요.

감각을 말해봅니다

- 동작 동사 중, 감각과 오감을 나타내는 동작들은 독특한 구조로 사용돼요.

I **heard** a weird noise.

- 내가 주체로서 감각기관을 통해 대상을 인식하는 것은 '지각 동사', 단순히 감각이 느껴지면 '감각 동사'로 보면 됩니다.

지각 동사	
see 보다 watch 시청하다 look at 쳐다보다 hear 듣다 listen to 듣다 feel 느끼다	I **saw** him run/running. 난 보았어 그가 뛰는 것을. I **heard** someone shout/shouting. 난 들었어 누군가가 소리 지르는 것을.
감각 동사	
smell 냄새 나다 feel 느껴지다 taste 맛나다 look 보이다 sound 들리다	This **smells** good. 이것은 좋은 냄새가 나. That **sounds** good. 그것은 좋게 들려(좋은 생각이야).

단어 예습 noise 소리, 소음 shout 소리 지르다 pain 고통 shake 흔들다, 흔들리다 amazing 끝내주는 awful 끔찍한 awesome 끝내주는, 멋진

182 I saw it. (지각) 난 그것을 봤어.

I look at it. 난 그것을 봐.

• see는 내 감각을 이용하여 보는 것을, look at은 내 신경을 집중하여 쳐다보는 것을 의미해요.

183 I saw him run/running. (지각) 난 그가 뛰는 것을 봤어.

I watched him play/playing the piano. 난 그가 피아노를 치는 것을 봤어.

184 I heard a weird noise. (지각) 난 이상한 소리를 들었어.

I listen to music. 난 노래를 들어.

• hear는 내 감각을 이용하여 듣는 것을, listen to는 내 신경을 집중하여 듣는 것을 의미해요.

185 I heard somebody shout/shouting. (지각) 난 누군가 소리 지르는 것을 들었어.

I listened to Jenny sing/singing. 난 제니가 노래 부르는 것을 들었어.

186 I watched the sun go/going down. (지각) 난 해가 지는 것을 봤어.

I watched the kids play/playing soccer. 난 아이들이 축구하는 것을 봤어.

187 I felt pain. (지각) 난 고통을 느꼈어.

I felt the house shake/shaking. 난 집이 흔들리는 것을 느꼈어.

• 각각 '고통'과 '집이 흔들리는 것'을 감각을 이용하여 주체적으로 인지하며 느낀 것이므로, 지각 동사로 쓰였어요.

188 It feels so amazing. (감각) 느낌이 좋아.

It feels like soft cotton. 느낌이 마치 부드러운 솜 같아.

• 각각 '엄청난 느낌'과 '부드러운 코튼 같은 느낌'이 느껴진 것이므로, 감각 동사로 쓰였어요.

189 It smells really good. (감각) 냄새가 정말 좋아.

It smells like peanut butter. 냄새가 땅콩 버터 같아.

• smell은 냄새가 느껴지는 것이므로 감각 동사죠.

190 It smelled awful. (감각) 냄새가 끔찍했어.

It smelled like garbage. 냄새가 쓰레기 같았어.

191 This tastes pretty good. (감각) 이거 맛이 꽤 좋아.

It tastes like dark chocolate. 맛이 다크 초콜릿 같아.

192 They look awesome. (감각) 그들은 끝내주게 멋지게 보여.

They look like movie stars. 그들은 영화 배우들처럼 보여.

193 This sounds great. (감각) 이거 좋게 들리는데.

It sounds like a good idea. 좋은 생각처럼 들려.

182~187번 문장은 지각 동사, 188~192번 문장은 감각 동사로 분류돼요.
지각 동사는 내가 주체로서 느끼는 것! 감각 동사는 느껴지는 것이라고 생각하면 간단해요.
이 두 동사는 사용되는 구조가 다르니, 차이를 느끼며 충분히 발화 연습해 주세요.

영크릿 쌤의 핵심 강의입니다.
QR 코드를 찍어 확인해보세요.

진행중인 동작을 말해봅니다

- 진행 중인 동작을 나타낼 때 <be동사 + 일반 동사의 -ing> 형태를 써 주세요.

I **am running**.

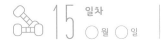

- 이는 동작을 하는 중인 '상태'를 말하는 것으로 앞에 상태를 나타내는 be동사를 써요.

You are doing great.

주어 종류	be동사	일반 동사의 -ing형태
1개에 해당하는 것, 단수 he 그 she 그녀 it 그것 this 이것 that 저것 my father 우리 아빠	is	동사+-ing
여러 개에 해당하는 것, 복수 we 우리 they 그들 these 이것들 those 저것들 kids 아이들	are	
you 너		
I 나	am	

- 부정일 때는 be동사 뒤에 not을 붙여요.

I am **not** running.

단어 예습 run 뛰다 do great 잘하다 have a meeting 미팅하다 coworker 직장 동료 try on 시착해 보다 outfit 옷, 의복 have fun 즐거운 시간을 갖다 take an online class 온라인 수업을 듣다 totally 완전히 get out of control 통제를 벗어나다 try out 시험해 보다 get cold 추워지다 get to know 알아가다, 친해지다 get along 친하게 지내다

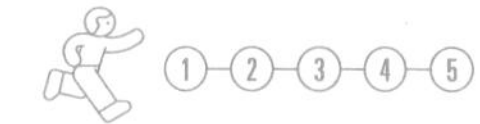

194 I am running. 난 뛰는 중이야.

I am not running. 난 뛰고 있지 않아.

- run이라는 동작에 -ing를 붙이니 능동적이고 주체적이고 움직이는 듯한 장면이 그려져요.

195 You are doing great. 넌 잘하고 있어.

You are not doing great. 넌 잘하고 있지 않아.

196 He is having a meeting with his coworkers.
그는 그의 동료들과 미팅을 하고 있어.

He isn't having a meeting with his coworkers.
그는 그의 동료들과 미팅을 하고 있지 않았어.

197 Is she going to church next weekend?
그녀는 다음 주에 교회에 갈 거니?

Yes, she is going to church next weekend.
응, 그녀는 다음 주에 교회에 갈 거야.

No, she isn't going to church next weekend.
아니, 그녀는 다음 주에 교회에 가지 않을 거야.

198 Were you trying on different outfits? 넌 다른 옷을 입어보고 있었니?

Yes, I was. 응, 그러고 있었어.

No, I wasn't. 아니, 그러고 있지 않았어.

199 She was having fun with her friends.
그녀는 그녀의 친구들과 재미난 시간을 보내고 있었다.

200 John and I were taking online classes together.
존과 나는 같이 온라인 수업을 듣고 있었어.

201 It is totally getting out of control. 이거 완전히 통제 불능이 되고 있어.

202 Are you getting hungry? 너 배고파지고 있니?

203 Aren't you wearing any socks? 너 아무 양말도 안 신고 있니?

204 Weren't they trying out the new coffee machine?
그들은 새 커피머신을 테스트해 보고 있지 않았니?

205 Is this working all right? 이거 잘 작동하고 있니?

206 Isn't it totally getting cold out here? 여기 완전히 추워지고 있지 않니?

207 Are you guys getting to know each other?
너희들 서로 알아가는 중이니?

208 Weren't you guys getting along? What's wrong?
너희들 잘 지내고 있지 않았니? 뭐가 문제니?

대화에서 '나 ~하는 중이야'라는 말은 수시로 등장하죠?
실제 회화에서 높은 빈도로 쓰이는 현재 진행형, 집중적으로 연습해 봐요!

16 일차 ○월 ○일

Inbody Checks

✓ / 18

A. 다양한 주체의 동작을 묻고 답하기

6~11일차까지 각 날짜별로 3개씩의 예시문을 뽑았어요. 해석을 보고 떠오른 문장을 다음 쪽의 모범 답안과 비교하여 맞히면 이해도에 체크하세요.

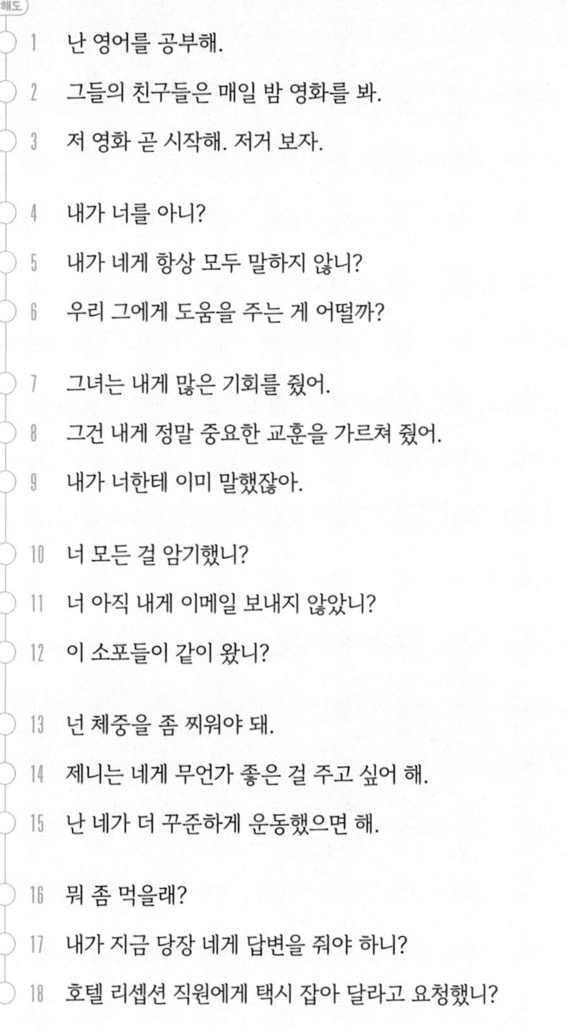

이해도

○ 1 난 영어를 공부해.
○ 2 그들의 친구들은 매일 밤 영화를 봐.
○ 3 저 영화 곧 시작해. 저거 보자.

○ 4 내가 너를 아니?
○ 5 내가 네게 항상 모두 말하지 않니?
○ 6 우리 그에게 도움을 주는 게 어떨까?

○ 7 그녀는 내게 많은 기회를 줘어.
○ 8 그건 내게 정말 중요한 교훈을 가르쳐 줘어.
○ 9 내가 너한테 이미 말했잖아.

○ 10 너 모든 걸 암기했니?
○ 11 너 아직 내게 이메일 보내지 않았니?
○ 12 이 소포들이 같이 왔니?

○ 13 넌 체중을 좀 찌워야 돼.
○ 14 제니는 네게 무언가 좋은 걸 주고 싶어 해.
○ 15 난 네가 더 꾸준하게 운동했으면 해.

○ 16 뭐 좀 먹을래?
○ 17 내가 지금 당장 네게 답변을 줘야 하니?
○ 18 호텔 리셉션 직원에게 택시 잡아 달라고 요청했니?

A. 다양한 주체의 동작을 묻고 답하기 : 모범 답안

이해도가 12개 이하라면 6~11일차 훈련 문장을 한 번 더 읽어주세요. 이때 외우거나 개념을 이해하기보다는 반복적으로 소리 내어 발화량을 늘려주세요.

1 I study English.

2 Their friends watch a movie every night.

3 That movie starts soon. Let's watch it.

4 Do I know you?

5 Don't I always tell you everything?

6 Why don't we get him some help?

7 She gave me many opportunities.

8 It really taught me an important lesson.

9 I told you already.

10 Did you memorize everything?

11 Didn't you send me an email yet?

12 Did these packages come together?

13 You need to gain some weight.

14 Jenny wants to give you something nice.

15 I need you to work out more consistently.

16 Do you want to grab a bite?

17 Do I have to give you an answer right now?

18 Did you ask the hotel receptionist to call a taxi?

✓ / 9

B. 동작, 감각 동사와 진행형 문장 말하기

12~15일차까지 각 날짜별로 3개씩의 예시문을 뽑았어요. 해석을 보고 떠오른 문장을 다음 쪽의 모범 답안과 비교하여 맞히면 이해도에 체크하세요.

이해도

○ 1 난 휴식을 취했어.

○ 2 그의 상사는 지난달에 승진했어.

○ 3 제니는 그에게 휴식을 좀 가지라고 요청했어.

○ 4 난 이상한 소리를 들었어.

○ 5 난 고통을 느꼈어.

○ 6 냄새가 정말 좋아.

○ 7 넌 잘하고 있어.

○ 8 그녀는 그녀의 친구들과 재미난 시간을 보내고 있었다.

○ 9 이거 잘 작동하고 있니?

B. 동작, 감각 동사와 진행형 문장 말하기 : 모범 답안

이해도가 6개 이하라면 12~15일차 훈련 문장을 한 번 더 읽어주세요. 이때 외우거나 개념을 이해하기보다는 반복적으로 소리 내어 발화량을 늘려주세요.

1 I took a break.

2 His boss got promoted last month.

3 Jenny asked him to get some rest.

4 I heard a weird noise.

5 I felt pain.

6 It smells really good.

7 You are doing great.

8 She was having fun with her friends.

9 Is this working all right?

keep in mind

영어에 스트레스 받지 마세요!

낮은 긴장감 갖기
Low Anxiety Level

"영어? 난 누워서 미드 보면서 배웠는데." "난 술 마시며 놀면서 배웠어."
이해가 되지 않는 영어 고수들의 영어 습득 배경에는 사실 과학적인 이유가 있어요.
언어 습득을 좌우하는 여러 가지 요인 중에서도 가장 중요한 요소는 무엇이든 할 수 있다는 높은 자존감과(high self-esteem), 스트레스 ZERO의 환경(low anxiety level)이에요.
언어학자 크리스 론스데일에 따르면, 배운 내용이 100% 이해가 되지 않을 때 스트레스를 받는 성격이라면 언어를 습득하기가 어렵다고 해요. 하지만 문제는 한국인들은 시험을 위해 영어를 접해온 탓에 열에 아홉은 위와 같은 성격이라는 것이죠.
이제는 모르는 것에 대해 관용하는 자세로, 스트레스를 더 이상 받지 마세요!
맛있는 커피를 한 잔 준비하세요. 따듯한 차도 괜찮아요. 향을 들이쉬고, 긴장감을 낮추며 릴렉스해 봐요.
꼭 완벽히 표현을 익히지 않아도 되니까 즐기면서 하자고요. 그럼 다음 코스로 넘어가 볼까요?

Nothing is impossible.

Nick Buichichi

A lot of people put me down. People told me
"Nick, you're weird." "Just give up. You will never get a job."

I started to believe I was a failure. I started to believe there was no hope.
I couldn't change anything.
I asked my dad, "Why did this happen, Dad? Why?"

Sometimes in life, you fall down. You want to get up, but you don't have the strength.
You have two choices.
Either you give up or keep on going.

I might fall down, but as long as I try,
there is always going to be a chance for me to get back up.

I want you guys to know nothing is impossible.

여러분의 동기부여를 위해 다양한 연사들과 그들의 명문장을 소개할게요.
이들 중 여러분의 영어 롤모델을 찾아 보아도 좋습니다.

불가능은 없습니다.

닉 부이치치

많은 사람들이 절 좌절시켰어요. 사람들이 제게 말하길
"닉, 넌 이상해." "그냥 포기해. 넌 직업을 절대 구하지 못할 거야."

전 제가 실패자라고 믿기 시작했어요. 희망이 없다고 믿기 시작했어요.
바꿀 수 있는 건 아무것도 없었죠.
아빠에게 물어보길, "왜 이런 일이 일어난 거죠, 아빠? 왜?"

가끔씩 인생에서, 넘어지기도 하죠. 일어나고 싶지만, 그럴 힘이 없고요.
두 가지 선택지가 있어요.
포기하거나, 계속 정진하거나.

넘어질 지도 모르죠. 하지만 계속해서 시도하는 한,
항상 다시 일어날 기회는 있는 거예요.

모두들 알았으면 합니다. 불가능은 없다는 걸.

내용 해석이 어려웠나요? 걱정하지 마세요! 아직 이해할 필요 없어요.
교재를 완독하고 다시 돌아와서 읽어 보면, 영어 → 한국어 해석이 아니라, 영어가 영어로 읽히는 마법이 일어날 거예요.

COURSE

3

길게 말하는 훈련

나도 한 문장 이상으로 말할 수 있다!

열심히 반복 발화 연습했는데도,
단순히 패턴을 외우는 것 같은 느낌이 들었다면, 걱정 NO, NO!
다져진 기본 문장으로 이제는 내 생각을 문장 단위로 만들어 볼 수 있어요.

"나 어젯밤 너무 배가 불렀어. 산책을 했어."를
"나 어젯밤 너무 배가 불러서 산책을 좀 했어!"라고 얘기해 보는 거죠.
본격적인 회화의 즐거움 속으로 들어가 볼까요?

COME TRUE

나 ______________ 는/은 10일 후인 ______ 월 ______ 일까지, 이 코스를 완독한다.
그로 인해 문장을 자유자재로 늘려가며 성취감을 느낄 것이다.
내가 설정한 목표는 반드시 이룬다!

앞뒤 문장을 연결해 말해봅니다 1

- 문장 2개를 인과 관계에 맞추어서 연결 지어 줘요.

I am tired, **and** I have to go to bed now.

- 앞선 상황과 연결 지을 때는 and, so를, 내용을 반전시키고자 할 때는 but을 써 줘요.

Were you nervous **and** worried?
Jenny was thirsty, **so** she drank some water.
It's so difficult, **but** I don't need your help.

구분	접속사 표현
앞선 내용과 연결 짓는 경우	and 그리고 so 그래서 that's why 그래서
앞선 내용을 뒤집고자 할 경우	but 하지만 however 하지만

단어 예습 go to bed 잠자리에 들다 nervous 긴장된 worried 불안한 stay up 깨어있다 go for a drink 술 마시러 가다 tough 거친, 힘든 heavy breakfast 거한 아침 skip 건너 뛰다 hangover 숙취 증상 broke 깨진, 빈털터리인 everybody 모두들 report 보고서

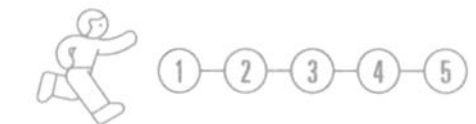

209 I am tired, and I have to go to bed now.

난 피곤하고 지금 잠자리에 들어야 해.

I am not tired, and I don't have to go to bed now.

난 피곤하지 않고 지금 잠자리에 들지 않아도 돼.

210 Jenny was thirsty, so she drank some water.

제니는 목이 말라서, 물을 좀 마셨어.

Jenny wasn't thirsty, so she didn't drink any water.

제니는 목이 마르지 않아서, 물을 아예 안 마셨어.

211 It's so difficult, but I don't need your help.

정말 어렵지만, 네 도움은 필요 없어.

It's not that difficult, but I need your help.

그렇게 어렵진 않지만, 네 도움이 필요해.

212 Were you nervous and worried? 긴장되고 걱정됐었니?

Yes, I was. 응, 그랬어.

No, I wasn't. 아니, 안 그랬어.

213 Did he stay up all night? Is that why he is tired?

그가 밤새 깨어 있었니? 그래서 그는 피곤한 거니?

Yes, that's why he's tired. 응, 그래서 그는 피곤해.

No, that's not why he's tired. 아니, 그래서 그가 피곤한 게 아니야.

214 Jenny came home early, but she went out for a drink. 제니는 집에 일찍 왔지만, 술을 마시러 나갔어.

215 It was a very tough day, so I want to get some drinks right now. 정말 힘든 하루여서, 지금 당장 무얼 좀 마시고 싶어.

216 I am sleepy, but I don't want to drink too much coffee. 난 졸리지만, 너무 많은 커피를 마시고 싶지 않아.

217 I had a heavy breakfast, so I need to skip lunch today. 난 거한 아침을 먹어서, 오늘 점심은 건너 뛰어야겠어.

218 I had too much to drink last night, so now I have a hangover. 난 어젯밤 너무 많이 마셔서, 지금 숙취가 있어.

- 접속사로 이어진 문장이어도 인과 관계에 따라 시제를 정해요.

219 Did you drink too much coffee? Is that why you can't sleep? 너 커피를 너무 많이 마셨니? 그래서 잠을 못 자는 거니?

220 I'm broke. That's why I don't want to lose my job now. 난 빈털터리야. 그래서 지금 직장을 잃고 싶지 않아.

- '그래서 그런 거야'라는 이유를 나타내므로, so로 바꿔 써보아도 되겠죠?

221 I have an important meeting today. And that's why I went to bed early yesterday. 난 오늘 중요한 미팅이 있어. 그래서 어제 일찍 잠자리에 든 거야.

222 Everybody loved my report, but my boss didn't like it. 모두가 내 보고서를 좋아했지만, 내 상사는 좋아하지 않았어.

접속사는 단순히 문장을 붙이는 게 아니라, 앞뒤 문장의 인과 관계를 완성해 줘요! 문장 발화 시에 앞의 문장의 내용을 반전시킬 것인지, 이어갈 것인지를 고려해 보며 접속사를 집중 연습해 주세요.

18 일차
◯월 ◯일

영크릿 쌤의 핵심 강의입니다.
QR 코드를 찍어 확인해보세요.

앞뒤 문장을 연결해 말해봅니다 2

- that을 이용하여 앞뒤 문장을 연결 지어 줘요.

I think **that** you are doing great.

- 용법에 따라 구분 짓고 있으나 용어 사용을 지양하고 실제로 어떻게 쓰이는지 의미를 통해 학습해요.

구분	접속사 표현
'무엇'을 연결 지어 설명	I know **that** you like it. 난 알아 네가 이것을 좋아하는 걸.
'이유'를 연결 지어 설명	I am glad **that** you like it. 난 기뻐 네가 좋아해서.

단어 예습 great 좋다, 잘하다 suck 아주 나쁘다 fiancé 약혼자 idea 생각, 아이디어 get promoted 승진되다 anymore 더 이상 glad 기쁜 hard 열심히, 단단한 fail the test 시험에 떨어지다

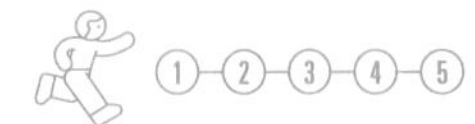

223 I think that you are doing great. 난 네가 잘하고 있다고 생각해.

I don't think that you are doing great. 난 네가 잘하고 있다고 생각하지 않아.

224 Do you think that this job sucks? 이 직장이 아주 별로라고 생각하니?

Yes, I think it does. 응, 아주 별로 같아.

No, I don't think it does. 아니, 아주 별로 같진 않아.

225 He thinks (that) he knows everything. 그는 그가 모든 걸 안다고 생각해.

He doesn't think (that) he knows everything. 그는 그가 모든 걸 안다고 생각하지 않아.

• think 다음의 that은 생략해 줘도 좋아요.

226 My fiancé knew that I had nothing. 내 약혼자는 내가 아무것도 가진 게 없는 걸 알았어.

My fiancé didn't know I had nothing. 내 약혼자는 내가 아무것도 가진 게 없는 걸 몰랐어.

227 Did you think that this was a great idea? 너 이게 좋은 생각이라고 생각했니?

Yes, I knew this was a great idea. 응, 이게 좋은 생각인 걸 알았어.

No, I didn't know this was a great idea. 아니, 이게 좋은 생각인지 몰랐어.

228 I guess that he got promoted. 아무래도 그가 승진된 것 같아.

229 I guess I don't want to do this anymore.

아무래도 난 이걸 계속하고 싶지 않아.

• guess 다음의 that은 생략해도 좋아요.

230 Did you know that Jenny is a singer? 너 제니가 가수인 걸 알았니?

231 I believe that he is telling the truth. 난 그가 진실을 말하고 있다고 믿어.

232 I'm happy that you are here. 난 네가 여기 있어서 기뻐.

233 I'm glad that you liked it. 난 네가 그걸 좋아해서 기뻐.

234 I'm surprised you said that. 난 네가 그걸 말해서 놀랐어.

235 The movie was so good that I want to watch it again.

영화가 너무 좋아서 다시 보고 싶어.

• '너무(so) ~해서, that 하다'는 뜻이에요.

236 The weather was so cold that I had to stay home.

날씨가 너무 추워서 집에 머물러야 했어.

237 I studied hard so that I don't have to fail the test.

난 시험에 낙방하지 않게 공부를 열심히 했어.

• so that을 붙여 쓰면 '그래서(so) that하게'라는 뜻이에요.

238 I slept early so that I don't need to drink coffee.

난 커피를 마시지 않아도 되게 일찍 잤어.

접속사 that이 목적어로서 명사절을 수식, 형용사 뒤에서 부사절로 수식... 으악! 머리 아프죠?
연습 시, 문법을 깊게 파고 들지 말고 그 시간에 입 밖으로 연습하세요!
다양한 예문을 통해 어순과 발화에 대한 감을 익히면, 자연스럽게 체득하게 돼요.

특정 대상을 말해봅니다

- 대상이 한 개인지, 특정한 대상인지를 나타내는 것을 '관사'라고 해요.

I am **a** student.

- 관사의 본질적인 특징은 다음과 같아요.

관사의 종류	예시
a/an 불특정한, 한 개의 대상	a banana, a pencil, a book, an orange etc.
the 너와 내가 아는, 특정한 대상 앞서 언급하여 알게 된 특정한 대상 언급하지 않아도 모두가 아는, 특정한 대상	the sky, the mountain, the river etc.
관사 없음 개념과 같은 추상적인 대상 이름과 같은 고유한 대상 소유격/지시대명사 뒤의 대상	love, hate, money, Monday, nature Jenny, Korea, Starbucks, McDonald's my pen, her car, this book, that orange

- 예외 및 규칙이 매우 많으니, 본질적인 특징만 이해하고 발화 연습으로 습득하는 것이 중요해요.

단어 예습 engineer 엔지니어, 기술자 cashier 계산원 office 사무실 account 계좌 throw a party 파티를 열다 the other night 지난번 저녁 lame 구린, 별로인 bar 술집 remove 제거하다, 벗다 make sure 확실히 하다 a lot of 많은 beauty 아름다움 last 지속되다 forever 영원히

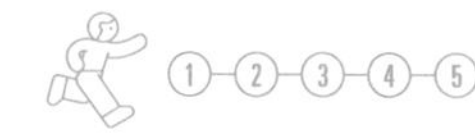

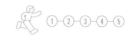

239 I am a student. 난 학생이야.

I am not a student. 난 학생이 아니야.

240 I ate an apple this afternoon. 난 오늘 오후에 사과를 한 개 먹었어.

I didn't eat an apple this afternoon.

난 오늘 오후에 사과를 하나 먹지 않았어.

• 관사(a) 다음에 오는 단어 첫음절이 모음(a, e, i, o, u)일 땐, 'an'으로 써 줘요.

241 She bought a banana yesterday. The banana was very cheap. 그녀는 어제 바나나 한 개를 샀어. 그 바나나는 매우 쌌어.

She didn't buy a banana yesterday. The banana was too expensive. 그녀는 어제 바나나 한 개를 사지 않았어. 바나나는 너무 비쌌어.

• 앞에선 불특정한 '한 개의' 바나나 a, 뒤 문장에선 이미 언급한 '특정한' 바나나를 말하기에 the를 써 주었어요.

242 Are you working as an engineer here?

넌 여기서 기술자로 일하고 있니?

Yes, I am working as an engineer. 응, 난 기술자로 일하고 있어.

No, I am working as a cashier. 아니, 난 계산원으로 일하고 있어.

243 Did you watch a movie last weekend?

지난 주말에 영화 한 편 봤니?

Yes, the movie was great. 응, 영화는 훌륭했어.

No, I didn't watch a movie. 아니, 영화 한 편 안 봤어.

• 이미 본 '특정한 그 영화'라면 the를, 보지 않은 '불특정한 한 편의 영화'는 a를 써 줘요.

244 Jenny left the office and went to a restaurant.

제니는 사무실을 떠나서 음식점에 갔어.

• 제니가 일하는 '특정한(the) 사무실', 어떤 레스토랑인지 모르는 불특정한 하나(a)의 레스토랑이죠.

245 I went to the bank and made a new account.

난 은행에 가서 새 계좌 하나를 만들었어.

246 Jan threw a party the other night. The party was lame.

잰은 요 전날 밤에 파티를 열었어. 그 파티는 정말 구렸어.

247 The weather is perfect. The sky, the clouds, everything.

날씨가 완벽해. 하늘, 구름, 모든 것이.

248 Let's go out and get a drink. I know a good bar.

한 잔 하러 나가자. 나 좋은 술집을 알아.

249 Please go and do your homework. First things first.

가서 네 숙제를 해. 먼저 할 거 먼저 해야지.

• 소유격 '너의' 뒤에 오는 대상이니 관사를 쓰지 않아요.

250 Why did you remove your mask?

너 왜 마스크를 벗었어?

251 Why do you go to school on Saturday?

너 왜 토요일에 학교 가?

• 실체적인 특정 장소가 아닌, 통학하는 '개념적인 학교'를 뜻하는 것이므로, 관사를 쓰지 않았어요.

252 Make sure you drink a lot of water.

물 많이 마시는 거 잊지 마.

253 Beauty doesn't last long. Love lasts forever.

아름다움은 오래 지속되지 않아. 사랑은 영원해.

• 아름다움과 사랑, 추상적인 개념으로 쓰였으니 관사를 쓰지 않죠.

원어민도 왕왕 틀리는 관사 붙이기, 개념 이해가 꽤 복잡하죠?
다행인 점은 모든 예외를 외우려 하지 않는 게 오히려 좋다는 것이에요.
교재 전반에 사용된 관사들을 발화 연습을 통해 익숙하게 만드는 게 포인트예요.

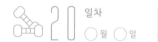

20 일차 ◯월 ◯일

영크릿 쌤의 핵심 강의입니다.
QR 코드를 찍어 확인해보세요.

전치사를 이미지로 알아봅니다

- 대상의 위치를 나타내 줄 수 있는 전치사 표현을 이미지와 연결 지어 연상해 보세요.

1. on

2. over

3. above

4. in

5. to

6. out

7. into

8. near

9. under

10. up

11. down

12. behind

13. beside

14. between

15. in front of

16. around

17. along

18. away from

19. past

20. through

21. off

22. at

23. across

- 한국어와 1대1 매칭하려 하기보다는, 각 전치사가 가지는 고유한 이미지를 곱씹어 보세요.

(Quiz) 앞 페이지의 이미지에 해당하는 번호를 아래 빈칸에 넣어 보세요.

1. 위에 있는	[ ]	2. 아래로	[ ]
3. 위로 넘어감	[ ]	4. 주위에	[ ]
5. ~를 따라, 나란히	[ ]	6. 안에	[ ]
7. 아래에	[ ]	8. 위로	[ ]
9. 위에	[ ]	10. 뒤에	[ ]
11. ~으로	[ ]	12. 안으로	[ ]
13. 가까이	[ ]	14. ~를 관통하는	[ ]
15. 떨어진	[ ]	16. 밖으로	[ ]
17. ~를 지나	[ ]	18. 사이에	[ ]
19. ~으로부터 멀어짐	[ ]	20. 앞에	[ ]
21. 옆에	[ ]		

정답 1. on 2. down 3. over 4. around 5. along 6. in 7. under 8. up 9. above 10. behind 11. to 12. into 13. near 14. through 15. off 16. out 17. past 18. between 19. away from 20. in front of 21. beside

일차

◯월 ◯일

영크릿 쌤의 핵심 강의입니다.
QR 코드를 찍어 확인해보세요.
20강 동영상 후반부에서 강의합니다.

위치를 말해봅니다 1

- 전치사는 일반적으로 대상 앞에 위치하여 대상과의 관계를 나타내 줘요.

I sat **on** a box.

- 위치 관계를 나타내는 전치사에 대해 다시 한 번 학습해 보세요. 단순 암기는 No! 앞 단원 전치사의 이미지를 시각화하여 습득해 보세요.

전치사 + 대상
on 위에 over 위로 넘어가는 above 위에 있는 in 안에 to ~으로 at 지점에 out 밖으로 into 안으로 near 가까이 under 아래에 up 위로 down 아래로

단어 예습 be on one's way 오는(가는) 중이다 salary 급여 average 평균 put 놓다 leftover 먹다 남긴 음식 rock music 록 음악 delivery guy 배달원 entrance 출입구 train station 철도, 기차역 pressure 압박, 압력 stairs 계단

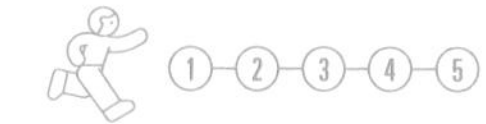

254 I sat on a box. 난 박스 위에 앉았어.

I didn't sit on a box. 난 박스 위에 앉지 않았어.

255 My boyfriend is on his way now. 내 남자 친구가 지금 오는 길이야.

My boyfriend isn't on his way now. 내 남자 친구는 지금 오는 길이 아니야.

256 Are you over there? 너 거기 있니?

Yes, I am over here. 응, 나 여기 있어.

No, I am not. 아니.

257 Do you think your salary is above average? 네 급여가 평균 이상이라고 생각하니?

Yes, I think my salary is above average. 응, 내 급여는 평균 이상이라고 생각해.

No, I don't think my salary is above average. 아니, 내 급여는 평균 이상이라고 생각하지 않아.

258 Did you put the leftovers in the fridge? 너 남은 음식 냉장고 안에 넣었니?

Yes, I did. 응, 넣었어.

No, I didn't. 아니, 안 넣었어.

259 I am sending an email to my boss. 난 내 상사에게 이메일을 보내고 있어.

260 I was listening to rock music. 난 록 음악을 듣고 있었어.

261 A delivery guy is at the door. 배달원이 문 앞에 있어.

262 Do you want to take a look at the place?
너 그 장소를 살펴보고 싶니?

263 Go out the front entrance and turn right. It's on your right. 정문으로 나가서 오른쪽으로 도세요. 오른쪽에 있어요.

264 She looked into the mirror. 그녀는 거울 속을 들여다 봤어.

265 Is the post office near the train station?
우체국이 기차역 근처에 있나요?

266 I was under a lot of stress back in school.
난 예전에 학교에서 스트레스를 많이 받았어.

- 이렇게 대상이 물체가 아닌 경우에도 전치사로 위치 관계를 나타내 줄 수 있어요.
스트레스 아래 있다는 것은 결국 스트레스가 많다는 뜻이겠죠?

267 I am working under a lot of pressure.
난 많은 압박 아래서 일하고 있어.

268 Look up at the sky and see above the clouds.
하늘을 올려보고, 구름 위를 봐.

269 Just go down the stairs and out the front door.
그냥 계단을 내려가서, 정문으로 나가세요.

전치사는 한국어에는 없는 개념이기 때문에,
한국어와 1대1 매치하여 단순 암기하면 안 돼요. 대상과의 위치 관계가 어떻게 되는지,
각각의 전치사가 가지는 이미지를 떠올리며 익숙해지는 것이 포인트예요.

위치를 말해봅니다 2

- 전치사는 일반적으로 대상 앞에 위치하여 대상과의 관계를 나타내 줘요.

Look **behind** you.

- 위치 관계를 나타내는 전치사에 대해 다시 한 번 학습해 보세요.
앞 단원 전치사의 이미지를 시각화하여 습득해 보세요.

전치사 + 대상
behind 뒤에 beside 옆에 between 사이에 in front of 앞에 around 주위에 along ~따라 away from ~로부터 떨어진 past 지나치는 through 관통하여 지나가는 off 떨어진 across 건너에

단어 예습 true 사실인 stand 서다 have a walk 산책하다 situation 상황 midnight 자정 struggle 고생, 고난 pass 통과하다 seriously 진지하게 day off 쉬는 날 street 거리, 도로 church 교회

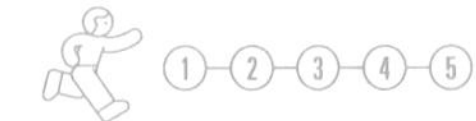

270 Look behind you. 네 뒤를 봐.

Don't look behind you. 네 뒤를 보지 마.

271 I am always beside you. 난 항상 네 옆에 있어.

I am not always beside you. 난 항상 네 옆에 있지 않아.

272 Why do you always have to come between us?
왜 항상 넌 우리 사이에 끼어들어야만 하니?

• 사이에 오는 것이니 '끼어들다'라는 뜻이 돼요.

That's not true. 그건 사실이 아니야.

I don't think that's true. 그렇지 않다고 생각해.

273 Were they standing in front of the bus stop?
그들은 버스 정류장 앞에 서 있었니?

Yes, they were standing in front of the bus stop.
응, 그들은 버스 정류장 앞에 서 있었어.

No, they weren't standing in front of the bus stop.
아니, 그들은 버스 정류장 앞에 서 있지 않았어.

274 Do you want me to show you around Seoul?
너 내가 서울 주변 좀 보여주길 원하니?

Yes, please. 응, 부탁해.

No, it's okay. 아니, 괜찮아.

275 Jim and I are having a nice walk along the river.
짐과 나는 강을 따라 멋진 산책을 하고 있어.

276 Why did you want to run away from the situation?

왜 넌 그 상황에서 달아나고 싶었니?

277 Jake worked past midnight at work yesterday.

제이크는 어제 자정 넘게 직장에서 일했어.

278 I went through a lot of struggles as a kid.

난 어렸을 때 많은 역경을 거쳤어.

279 A tour bus is passing through the tunnel.

관광 버스 한 대가 터널을 지나고 있어.

280 I really need you to take your hands off me.

난 정말 네가 나에게서 손을 떼어 줬으면 해.

281 I seriously want to take a day off. 난 진심으로 하루 쉬고 싶어.

282 The restaurant across the street is open from 9:00 a.m. to midnight. 길 건너 음식점은 아침 9시부터 자정까지 열어.

283 I was walking past the church across the street.

난 길 건너 교회를 지나쳐 걸어가고 있었어.

- 어순을 주목하세요! 나를 시작으로 지나치는 것은 교회(작은 개념) → 교회는 건너에 있는 → 거리(큰 개념)

전치사는 한 문장에도 여러 개 사용하며, 디테일을 추가할 수 있어요.
이때, 일반적으로 나를 중심으로 '작은 개념 → 큰 개념 순서'로 말해 주면 돼요.

I talked to him at the dinner table on the 4th floor of the building in Korea.
내가 말했다 → 그에게 → 저녁 상에서 → 4층에 있는 → 빌딩의 → 한국에 있는

영크릿 쌤의 핵심 강의입니다.
QR 코드를 찍어 확인해보세요.

관계를 말해봅니다

- 전치사는 대상 앞에 위치하여 대상과의 관계를 나타내 줘요.

  I want to get married **to** her.

- 대상과의 관계를 나타내는 전치사를 학습해 보세요. 위치를 나타내는 전치사와 마찬가지로, 이미지와 예문을 통하여 느낌을 익혀 보세요.

with 같이(붙는 느낌)	for ~를 위하여(대가의 느낌)
go out with ~와 사귀다	wait for my turn 내 차례를 위해 기다리다
a guy with a hat 모자 쓴 남자	buy 1, get 1, for 1$ 1개 사면 1개를 1달러에

단어 예습 Sales 영업 부서 Human Resources 인사부 get married to ~와 결혼하다 the king of ~의 황제 take a picture of ~의 사진을 찍다 experience 경험 first impression 첫인상 have a conversation with ~와 대화하다 go out with ~와 외출하다, 데이트하다

about ~에 관해(주변 느낌)	of ~의(전체의 일부 느낌)
talk about ~에 관해 이야기하다	1st of October 10월의 1일
sit about 주변에 앉아 미적거리다	one of the reasons 이유들 중의 하나

284 Are you working with Jenny from Sales?
너 영업부의 제니와 일하고 있니?

Yes, I am. 응, 일하고 있어.

No, I am working with Sarah from Human Resources. 아니, 난 인사부의 사라와 일하고 있어.

285 I want to get married to her. 난 그녀와 결혼하고 싶어.

I don't want to get married to her. 난 그녀와 결혼하고 싶지 않아.

286 Are you guys waiting for the concert?
너희들 콘서트를 기다리고 있니?

Yes, we are. 응, 맞아.

No, we are not. 아니, 아니야.

287 I talked about Korean culture with her.
난 그녀와 한국 문화에 대해 얘기했어.

I didn't talk about Korean culture with her.
난 그녀와 한국 문화에 대해 얘기하지 않았어.

288 Did you guys think about the offer?
너희들 그 제안에 대해 생각해 봤니?

Yes, we thought about it already. 응, 우리 이미 생각해 봤어.

No, we didn't think about it yet. 아니, 아직 생각 안 해 봤어.

289 I think Michael Jackson was the king of pop music.
내 생각엔 마이클 잭슨이 팝 음악의 왕이었다고 생각해.

- The king of 뒤에 유능한 분야를 넣어 보세요! (코미디, 골프, 여름 과일...)

290 Jenny took pictures of the food at the restaurant.

제니는 음식점에서 음식 사진들을 찍었어.

291 I paid 50,000 won for a leather jacket at the department store.

난 백화점에서 가죽 재킷에 5만원을 지불했어.

292 Did I tell you about my experience in South Korea?

내가 너에게 한국에서의 내 경험을 말해 줬니?

293 My first impression of him wasn't very good.

내 그의 첫인상은 그렇게 좋지 않았어.

294 I was having an interesting conversation about K-pop with Jenny.

난 제니와 케이팝에 대해서 흥미로운 대화를 하고 있었어.

295 I went out with Sarah for a glass of wine.

난 사라와 함께 와인 한 잔 하러 나갔어.

전치사 학습 시에는 전치사를 억지로 넣어 문장을 만들려고 하면 안 돼요!
어울려 다니는 단어와 문장이 정해져 있기 때문이에요.
발화 연습을 하며, 문장 속에서 세트로 연결 지어 익숙하게끔 만드는 게 핵심이에요.

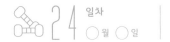

영크릿 쌤의 핵심 강의입니다.
QR 코드를 찍어 확인해보세요.

짝지 동사와 전치사를 알아봅니다

- 전치사는 자주 사용하는 동작들과 짝을 지어 특정 표현들을 만들어 내요.

Please just **stick to** your original plan.

- 이를 '구동사'라고 하며 각 동작과 전치사의 뉘앙스가 그대로 살아있어요.

to ~에 (방향)	stick to 고수하다, 지키다 talk to 얘기하다 lie to 거짓말하다
at ~에 (지점)	aim at 조준하다 look at 쳐다보다 laugh at 웃다
on 위에	depend on ~에 달리다 put on 입다 check on 살피다
with 함께	agree with 동의하다 flirt with 치근덕대다 go out with 데이트하다
about 관하여	think about 생각하다 talk about 말하다 hear about 듣다
out 밖으로	hang out 놀다 go out 나가다 ask out 데이트 요청하다
over 넘어가는	get over 극복하다, 잊다 take over 이어 받다 go over 검토하다
up 위로	show up 나타나다 catch up 만나다, 따라잡다 break up 헤어지다
down 아래로	calm down 진정하다 cut down 줄이다 slow down 속도 줄이다
for ~를, ~를 위해	look for 찾다 seek for 찾다 reach for 뻗다

- 표현을 익힐 때 구동사가 하나의 단어라고 생각하여 입에 통째로 붙이는 게 중요해요.

단어 예습 original 원래의, 원조의 joke 농담 interviewer 면접관, 인터뷰 진행자 résumé 이력서 interviewee 면접자 job interview 취업 면접 personal trainer 개인 트레이너 sweets 단것 like ~같은

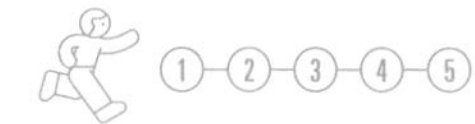

296 Please just stick to your original plan.

제발 그냥 너의 원래 계획대로만 해.

Please don't just stick to your original plan.

제발 그냥 너의 원래 계획대로만 하지 마.

- 문맥에 따라 '그냥, 단지, 지금 막'이란 뜻으로 사용해요.

297 I think Jenny lied to you about it.

내 생각에 제니가 네게 그것에 대해 거짓말한 것 같아.

I don't think Jenny lied to me about it.

난 제니가 나에게 그것에 대해 거짓말했다고 생각하지 않아.

298 Were you just laughing at his joke? 너 지금 그의 농담에 웃고 있었니?

Yes, it was funny. 응, 웃겼어.

No, it wasn't funny at all. 아니, 하나도 웃기지 않았어.

- funny(웃긴)를 fun(즐거운)과 헷갈리지 않게 주의하세요.

299 It depends on me, doesn't it? 그거 나한테 달렸지, 그렇지 않니?

- 일반형으로 말한 후 되묻는 질문으로 질문할 수 있어요.

Yes, it does. 응, 맞아.

No, it doesn't. 아니, 그렇지 않아.

300 That guy was just flirting with you, wasn't he?

저 남자가 지금 막 너에게 치근덕대고 있었지, 그렇지 않니?

Yes, he was. 응, 그러고 있었어.

No, he wasn't. 아니, 그렇지 않았어.

301 Let's not talk about Jake. I broke up with him last week.
제이크에 대해 말하지 말자. 나 지난주에 그와 헤어졌어.

302 Did you hang out with your friends yesterday?
너 어제 네 친구들과 놀았니?

303 I wanted to go out with Jenny, so I just asked her out.
난 제니와 데이트하고 싶었고, 그래서 그녀에게 데이트 신청했어.

304 You really just need to get over Sarah.
넌 정말 그냥 사라를 잊어야 해.

305 The interviewer was going over Jenny's résumé.
면접관이 제니의 이력서를 검토하고 있었어.

306 Some interviewees didn't show up for their job interviews.
몇몇 면접자들은 그들의 취업 면접에 나타나지 않았어.

307 My personal trainer wanted me to cut down on sweets.
내 개인 트레이너는 내가 단것을 줄일 것을 원했어.

308 I was looking for a person like you for the job.
난 이 일에 너 같은 사람을 찾고 있었어.

구동사 표현, 유용하지만 정말 개수가 많죠?
이 모든 표현을, 한번에 외우려 하지 않는 것이 좋아요.
구동사 표현을 익힐 때에는 그것을 접할 때마다
각각의 전치사의 이미지를 떠올리며 익혀 나가는 것이 핵심이에요.

꾸며서 말해봅니다

- 부사는 일반적으로 '~로, ~하게'로 해석해요.

- 위치에 따라 동작, 상태(형용사), 문장 전체를 꾸며 주기도 해요. 본 단원에서는 가장 대표적인 형태의 부사들을 위주로 습득해요.

부사의 종류	
형용사+-ly, -ily, -ally	suddenly 갑작스럽게 slowly 느리게 honestly 솔직하게 truly 진실되게 luckily 운 좋게 automatically 자동적으로
-ly가 필요 없는 부사	fast 빠르게 (fastly X) late 늦게 long 길게 enough 충분하게
-ly가 붙으면 뜻이 달라지는 부사	highly 매우 (높게 X) lately 최근에 hardly 거의 ~ 않는 shortly 곧

단어 예습 realize 깨닫다 know 알다 recognize 알아차리다 be familiar with ~와(에) 익숙하다 application 어플, 앱 find out 알아 내다 discover 발견하다, 알게 되다 weakness 약점 strength 강점 necessarily 반드시, 꼭 consistently 꾸준하게 go up 올라가다 lovely 사랑스러운

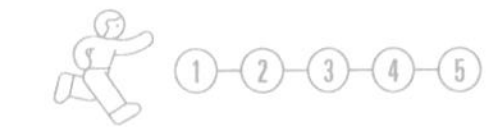

309 Suddenly, I realized it. 갑자기, 난 깨달았어.

Slowly, I realized it. 서서히, 난 깨달았어.

310 Actually, I know the direction. 사실, 나 길을 알아.

Actually, I don't know the direction. 사실, 나 길을 몰라.

311 Do you finally notice the difference? 너 마침내 차이를 알아챘니?

Yes, I finally do. 응, 마침내.

No, I actually don't. 아니, 사실 모르겠어.

312 Did you honestly recognize me at first?

너 솔직히 날 처음에 알아봤니?

Honestly, yes. I did. 솔직히, 응, 알아봤어.

No, I honestly didn't recognize you at first.

아니, 나 솔직히 널 처음에 알아보지 못 했어.

- 부사의 위치에 따라 문맥상 미묘하게 달라지는 뉘앙스를 느껴 보세요.

313 Are you really familiar with this application?

너 정말 이 어플 익숙하니?

Yes, I am. 응, 익숙해.

No, I am not. 아니, 안 익숙해.

314 Fortunately, my daughter eventually passed the exam. 다행히도, 내 딸이 결국 시험을 통과했어.

315 Unfortunately, I found out that I failed the test.

불행히도, 내가 시험을 탈락한 것을 알게 됐어.

316 I recently discovered that K-drama is popular in Indonesia. 난 한국 드라마가 인도네시아에서 인기 있는 걸 최근에 알게 됐어.

317 Ironically, my weaknesses were actually my strengths. 아이러니하게, 내 약점들이 사실 내 강점이었어.

318 You don't necessarily have to know everything. 넌 반드시 모든 걸 알아야 되는 건 아니야.

319 My high school teacher hardly recognizes me. 내 고등학교 선생님이 날 거의 못 알아봐.

320 I finally realized that I got a job too fast. 난 마침내 내가 취업을 너무 빨리한 걸 깨달았어.

321 I knew that my older sister was consistently working out. 난 내 누나가 꾸준히 운동하고 있던 걸 알고 있었어.

322 We noticed that the prices on the menu suddenly went up. 우린 메뉴의 가격들이 갑자기 올라간 걸 알아챘어.

323 Isn't she lovely? 그녀가 사랑스럽지 않니?

- -ly로 끝나는 단어들이 부사가 아닐 때도 있어요.

ex) lovely 사랑스러운, manly 남성스러운

같은 '알다(know, notice...)'에도 다양한 문맥에 따라서 사용하는 단어가 다르죠?
이 또한, 표로 정리해 두고 외우는 것보다 실제 문맥 속에서 발화 연습하는 게 좋아요.
외운 것은 까먹고 습득한 것은 이해한다! 기억해 주세요.

Inbody Checks

A. 접속사와 관사의 사용

17~19일차까지 각 날짜별로 3개씩의 예시문을 뽑았어요. 해석을 보고 떠오른 문장을 오른쪽의 모범 답안과 비교하여 맞히면 이해도에 체크하세요.

이해도

◯ 1 제니는 목이 말라서, 물을 좀 마셨어.

◯ 2 긴장되고 걱정됐었니?

◯ 3 난 졸리지만, 너무 많은 커피를 마시고 싶지 않아.

◯ 4 난 네가 잘하고 있다고 생각해.

◯ 5 너 이게 좋은 생각이라고 생각했니?

◯ 6 영화가 너무 좋아서 다시 보고 싶어.

◯ 7 난 오늘 오후에 사과를 한 개 먹었어.

◯ 8 지난 주말에 영화 한 편 봤니?

◯ 9 잰은 요 전날 밤에 파티를 열었어. 그 파티는 정말 구렸어.

A. 접속사와 관사의 사용 : 모범 답안

이해도가 6개 이하라면 17~19일차 훈련 문장을 한 번 더 읽어주세요. 이때 외우거나 개념을 이해하기보다는 반복적으로 소리 내어 발화량을 늘려주세요.

1 Jenny was thirsty, so she drank some water.

2 Were you nervous and worried?

3 I am sleepy, but I don't want to drink too much coffee.

4 I think that you are doing great.

5 Did you think that this was a great idea?

6 The movie was so good that I want to watch it again.

7 I ate an apple this afternoon.

8 Did you watch a movie last weekend?

9 Jan threw a party the other night. The party was lame.

B. 대상의 위치와 관계

21~23일차까지 각 날짜별로 3개씩의 예시문을 뽑았어요. 해석을 보고 떠오른 문장을 오른쪽의 모범 답안과 비교하여 맞히면 이해도에 체크하세요.

이해도

1 내 남자 친구가 지금 오는 길이야.

2 너 남은 음식 냉장고 안에 넣었니?

3 난 많은 압박 아래서 일하고 있어.

4 난 항상 네 옆에 있어.

5 그들은 버스 정류장 앞에 서 있었니?

6 난 진심으로 하루 쉬고 싶어.

7 너 영업 부서의 제니와 일하고 있니?

8 너희들 콘서트를 기다리고 있니?

9 제니는 음식점에서 음식 사진들을 찍었어.

C. 구동사와 부사

24~25일차까지 각 날짜별로 3개씩의 예시문을 뽑았어요. 해석을 보고 떠오른 문장을 오른쪽의 모범 답안과 비교하여 맞히면 이해도에 체크하세요.

이해도

1 너 지금 그의 농담에 웃고 있었니?

2 제이크에 대해 말하지 말자. 나 지난주에 그와 헤어졌어.

3 내 개인 트레이너는 내가 단것을 줄일 것을 원했어.

4 갑자기, 난 깨달았어.

5 너 솔직히 날 처음에 알아봤니?

6 내 고등학교 선생님이 날 거의 못 알아봐.

B. 대상의 위치와 관계 : 모범 답안

이해도가 6개 이하라면 21~23일차 훈련 문장을 한 번 더 읽어주세요. 이때 외우거나 개념을 이해하기보다는 반복적으로 소리 내어 발화량을 늘려주세요.

1 My boyfriend is on his way now.

2 Did you put the leftovers in the fridge?

3 I am working under a lot of pressure.

4 I am always beside you.

5 Were they standing in front of the bus stop?

6 I seriously want to take a day off.

7 Are you working with Jenny from Sales?

8 Are you guys waiting for the concert?

9 Jenny took pictures of the food at the restaurant.

C. 구동사와 부사 : 모범 답안

이해도가 6개 이하라면 24~25일차 훈련 문장을 한 번 더 읽어주세요. 이때 외우거나 개념을 이해하기보다는 반복적으로 소리 내어 발화량을 늘려주세요.

1 Were you just laughing at his joke?

2 Let's not talk about Jake. I broke up with him last week.

3 My personal trainer wanted me to cut down on sweets.

4 Suddenly, I realized it.

5 Did you honestly recognize me at first?

6 My high school teacher hardly recognizes me.

There's no such thing as failure.

Oprah Winfrey

If you are constantly pushing yourself higher and higher,
you will at some point fall. You will make mistakes.
Some people call them failures.

But when you do, I want you to know, remember this.
There is no such thing as failure.

Sometimes, you get in the wrong marriage, the wrong relationship,
you take the wrong job.
But it's all leading to the same path.

Learn from every mistake. Mistakes are there to teach you.
There's no such thing as failure.

It's just an experience. Just an experience.

실패라는 것은 존재하지 않는 것입니다.

오프라 윈프리

만약 당신이 계속해서 높은 위치로 자신을 몰아 붙인다면,
어느 순간에는, 당신은 넘어지게 될 겁니다. 실수를 할 것입니다.
몇몇 사람들은 이를 실패라고 부르죠.

하지만 넘어졌을 때, 항상 이걸 기억하세요.
실패란 것은 없는 것입니다.

가끔씩은, 잘못된 결혼을 하거나 잘못된 관계를 맺거나 잘못된 직업을 구할 수도 있죠.
하지만 이 모든 것은 한 가지로 귀결됩니다.

모든 실수에서 배우세요. 실수는 당신을 가르쳐 주기 위해 있는 것입니다.
실패란 것은 없는 것입니다.

그저 경험일 뿐, 그저 경험일 뿐입니다.

내용 해석이 어려웠나요? 걱정하지 마세요! 아직 이해할 필요 없어요.
교재를 완독하고 다시 돌아와서 읽어 보면, 영어 → 한국어 해석이 아니라, 영어가 영어로 읽히는 마법이 일어날 거예요.

문법 공부는 따로 안 해도 되나요?

이해 가능한 입력
Comprehensible Input

"문법의 직접 교습을 통해 언어를 습득한 사람은 단언컨대 없다"

외국어 습득 이론을 정립한 언어학자, 스티븐 크라센 박사의 주장입니다. 이렇게 확신에 차서 주장할 수 있는 이유는 오랜 기간에 걸친 수많은 사례 연구가 뒷받침하는 이론에 기반하기 때문이에요.

실제로 문법은 그 규칙의 복잡성과 양의 방대함 때문에 제 아무리 문법 학자라도 모든 것을 알 수 없고 이것을 일반 학습자가 습득하여 회화에서 적용하는 것은 불가능에 가까워요.

연구 결과에서도 증명하듯, 오히려 다양한 읽기 연습을 한 학생들이 직접 문법 교습을 받은 학생들보다 복잡한 문법을 훨씬 정확하고 빠르게 회화에서 사용해냈어요. 전체적인 개념에 대한 감만 잡고 실제 습득은 많은 양의 읽기를 통하여 일어나는 것이죠.

이 과정에서 학습자는 스트레스를 느끼면 안 되고 즐거워야 하는 것이 핵심인데요, 여러분의 영어 목표가 달성된 것을 상상하며 즐거운 마음으로 다음으로 넘어가 볼까요?

COURSE

4

시간을 강조해 말하는 훈련

밥 먹기 전에 운동하고, 그 후에는...

시간 순서대로, '오늘은 뭐 했는지, 내일은 뭘 할 건지.'
설명해 보려면 어떻게 할까요?

현재 배운 내용에 미래 시제와 시간 표현을 얹어 주면 된답니다!

영어식 어순에 본격적으로 적응해 볼까요?

REACH

나 ______________는/은 6일 후인 ______월 ______일까지, 이 코스를 완독한다.

그로 인해 시간 순서대로 문장을 자유롭게 만들며 성취감을 느낄 것이다.

내가 설정한 목표는 반드시 이룬다!

의지나 계획을 말해봅니다

- 미래에 대해 말하는 방법은 2가지(will, be going to)예요.

I **will** do it later.

Jenny **is going to** go to the States next semester.

- will과 be going to는 한국어로는 둘 다 동일하게 해석되나 각각의 뉘앙스에 차이가 있어요. 실제 회화에서는 종종 둘을 바꾸어 쓰기도 하나, 본질적인 뉘앙스 차이는 알아두는 것이 좋아요.

미래 표현의 종류	뉘앙스 차이
will + 원형 ~할 것이다 (의지)	보다 즉흥적인, 화자의 의지에 대한 뉘앙스
be going to + 원형 ~할 것이다 (계획)	미래 계획에 대한 뉘앙스

단어 예습 out of A ~가 부족하다, 바보 같은 apply to ~에 지원하다 make it 해내다 confident 확신하는 all right 괜찮은 invite 초대하다 grocery store 식료품점, 마트 fall asleep 잠에 들다, 빠지다 go camping 캠핑 가다 vacation 휴가

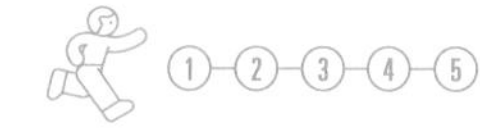

324 I will do it later. 그거 내가 이따가 할게.

I will not do it later. 그거 나 이따가 하지 않을 거야.

325 Will you get some milk? We are out of milk. 우유 좀 사 줄래? 우리 우유가 다 떨어졌어.

Yes, I will. 응, 그럴게.

No, I won't. 아니, 그러지 않을래.

- will not을 축약하여 won't로 나타내요.

326 Jenny is going to go to the States next semester. 제니는 다음 학기에 미국에 갈 거야.

Jenny isn't going to go to the States next semester. 제니는 다음 학기에 미국에 가지 않을 거야.

- 미국(the United States of America)을 줄여서, the States라고 할 수 있어요.

327 Are you going to apply to a university in the U.S.? 너 미국의 대학에 지원할 거니?

Yes, I am. 응, 할 거야.

No, I am not. 아니, 안 할 거야.

328 Will you get the door for me, please? 문 좀 열어 줄래?

Yes, I will. 응, 그럴게.

No, I won't. 아니, 그러지 않을래.

329 Do you think she's going to make it? 네 생각에 그녀가 해낼 것 같니?

330 Good luck. I'm sure you'll do well. 행운을 빌어. 넌 분명 잘할 거야.

331 I'm confident Jake is going to be a good father.

난 제이크가 좋은 아빠가 될 것이라 확신해.

332 It will be all right. Everything is going to be okay.

괜찮을 거야. 모든 게 괜찮아질 거야.

333 I'm taking you with me. 너 나랑 같이 가는 거야.

• be going to 말고도 때로는 현재 진행형으로도 미래형을 나타낼 수 있어요. '~하는 거야, ~할 거야'

334 Are you going to church today? 너 오늘 교회 가는 거니?

335 Are you guys inviting him to the wedding?

너희 그를 결혼식에 초대할 거니?

336 Well, we are going to have to say no.

음, 우린 아니라고 말해야 할 것 같아.

337 I will have one burger and a coke, please.

전 버거 하나와, 콜라 하나 먹을게요.

338 I think I'll try one of those. 난 저런 거 하나 먹어 보려고.

339 I was going to go to the grocery store, but I fell asleep. 난 장 보러 가려고 했는데, 잠에 들어 버렸어.

• be going to의 과거형은 '~하려고 했었어'라는 뜻이니 실제로는 안 했다는 뜻이겠죠!

340 Were they going to go camping on their vacation?

그들은 그들의 휴가로 캠핑 가려고 했니?

341 My car won't start. 내 차가 시동이 걸릴 생각을 안 해.

• 사물에도 의지를 부여해서 '~하려고 하질 않아'라는 뜻으로 쓸 수 있어요.

will vs. be going to, 실제 발화 시에는 구분 짓는 게 쉽지만은 않죠?
will은 '~할 거야', be going to는 '~할 계획이야' 정도로 생각해 보세요!
처음엔 사실 이 둘을 구분 짓는 것에 크게 매몰되지 않아도 돼요! 즐기면서, 천천히! 습득할 수 있도록 하자고요.

영크릿 쌤의 핵심 강의입니다.
QR 코드를 찍어 확인해보세요.

사건의 전후 관계를 말해봅니다

- 다양한 시제를 시간의 순서대로 나열하는 법을 학습해요.

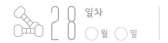

She got married **before** she got famous.

- 어순에 따라 어떤 사건이 시간 순으로 먼저 오는지 학습해요. 단순 개념 이해보다는, 발화 연습을 통해 어순에 익숙해져야만 시간 순서가 헷갈리지 않아요.

구분	when ~때 before ~전에 after ~후에	뒤 문장의 시제
현재형	We watch a movie **when/before/after** we eat dinner. 우린 영화를 본다 저녁을 **먹을 때/먹기 전/먹은 후에.**	현재형
미래형	We will watch a movie **when/before/after** he gets home. 우린 영화를 볼 거다 그가 집에 **올 때(오면)/오기 전/온 후에.**	현재형
과거형	We watched a movie **when/before/after** he got home. 우린 영화를 봤다 그가 집에 **왔을 때/오기 전/온 후에.**	과거형

단어 예습 successful 성공한 move to 이사하다 prepare 준비하다 snack 스낵, 간식 boy band 보이 밴드 그룹 release 발표, 출시하다 bring A up ~를 끄집어내다 apologize 사과하다 break up with ~와 헤어지다 join the army 군대 가다 serve in the military 군복무 하다 celebrity 연예인

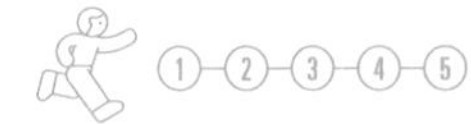

342 I will be rich when I become successful.

내가 성공하면 난 부자가 될 거야.

I won't be rich even when I become successful.

난 성공한다 해도 부자가 되지 않을 거야.

343 My family moved to Korea when I was 8 years old.

내 가족은 내가 8살 때 한국으로 이사했어.

My family didn't move to Korea when I was 8 years old.

내 가족은 내가 8살 때 한국으로 이사하지 않았어.

344 Is he going to prepare some snacks before I finish work?

그는 내가 일 끝내기 전에 간식을 좀 준비할 거니?

Yes, he is.

응, 그럴 거야.

No, he is not.

아니, 그러지 않을 거야.

345 She got married before she got famous.

그녀는 그녀가 유명해지기 전에 결혼했어.

She didn't get married before she got famous.

그녀는 그녀가 유명해지기 전에 결혼하지 않았어.

346 Did this Korean boy band become popular after they released their album?

이 한국 보이 밴드는 그들이 앨범을 낸 후에 인기 많아졌니?

Yes, they did.

응, 그랬어.

No, they were popular before that.

아니, 그들은 그 전에 인기 많았어.

347 She is going to say it before you say it.

그녀는 네가 말하기 전에 말할 거야.

348 Did you bring that up before she mentioned it?

너 그녀가 그걸 언급하기 전에 그 말을 꺼냈니?

349 Do you usually chat with your husband before bedtime?

너 보통 취침 시간 전에 네 남편과 수다 떠니?

350 I will forgive him when he apologizes to me.

난 그가 내게 사과하면 용서할 거야.

351 Did you lock the door when you left?

너 네가 떠날 때 문 잠궜니?

352 Jenny always leaves the door open when she goes out.

제니는 항상 그녀가 외출할 때 문을 열어 둬.

353 Will you leave it on the kitchen table after breakfast?

아침 식사 후에 그거 주방 테이블 위에 놔둘래?

354 Did Jenny break up with Jake after he joined the army?

제니는 제이크가 군대에 입대한 후에 그와 헤어졌니?

355 Do all Korean men have to serve in the military after they become adults?

모든 한국 남자가 성인이 된 후에 군복무를 하니?

356 Before you say anything, I promise you I did nothing.

네가 무슨 말 하기 전에, 난 아무것도 안했다고 약속해.

357 When did she become a celebrity? Was it before or after the movie?

그녀가 언제 연예인이 됐니? 영화 이전이니, 이후니?

영어의 어순은 항상 결과를 먼저 말하고 이를 뒤에서 수식해 주는 형태인데요.
한국어로 거꾸로 어순을 거슬러 올라가며 해석하려 하지 말고 순서대로 어순을 느껴 보는 연습이 필요해요!

Jenny had dinner after she woke up.

제니는 → 저녁을 먹었어 → 그녀가 일어난 후에

영크릿 쌤의 핵심 강의입니다.
QR 코드를 찍어 확인해보세요.

시간 표현을 활용해봅니다

- 기한과 기간을 나타내는 단어엔 어떤 게 있는지 알아봐요.

We need to leave **by** 2:00 p.m.

- 기간과 기한을 나타내는 단어는 각 단어마다 전달하는 뉘앙스가 달라요. 또한 뒤따르는 문장의 형태도 달라요. 각 표현들의 미묘한 차이는 글로써는 100% 알 수 없어요. 문장의 맥락 속에서 파악해 보세요.

'~까지' 종류	예시	뒤따르는 문장
by ~까지(는)	Can you do it **by** tomorrow? 이거 내일까지는 할 수 있어?	단어
until ~까지	I stayed there **until** midnight. 난 자정까지 거기에 머물렀어.	단어/문장
for ~동안	I did it **for** two hours, yesterday. 난 어제 두 시간 동안 그걸 했어.	단어
during ~중에	I met her **during** my vacation. 난 그녀를 내 휴가 중에 만났어.	단어
while ~하는 동안	I met her **while** I was on a vacation. 난 그녀를 내가 휴가 갔던 동안 만났어.	문장

단어 예습 stay 머무르다 hand in 제출하다 show up 나타나다 at least 최소한 sneak out 몰래 빠져나가다 sweat 땀 흘리다, 긴장하다 be on the phone 진화중인 상대 introduce 소개하다 work on ~에 노력하다, 착수하다 due 만기 기한

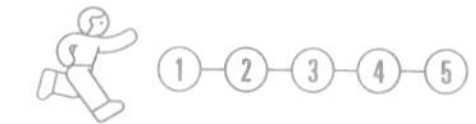

358 We need to leave by 2:00 p.m. 우리 오후 2시까지는 떠나야 해.

We don't need to leave by 2:00 p.m. 우리 오후 2시까지 떠나지 않아도 돼.

359 They had to stay there until midnight. 그들은 자정까지 거기에 머물러야 됐어.

They didn't have to stay there until midnight. 그들은 자정까지 거기에 머무르지 않아도 됐어.

360 Do we have to hand in our proposal by next Wednesday? 우리 우리 제안서를 다음 주 수요일까지는 제출해야 하니?

Yes, we do. 응, 그래야 해.

No, we don't. 아니, 그러지 않아도 돼.

361 Will you guys wait here until the new manager shows up? 너희들 새 매니저가 나타날 때까지 여기서 기다릴래?

Yes, we will. 응, 그럴게.

No, we won't. 아니, 그러지 않을래.

362 They are going to be working with us for 3 months. 그들은 우리와 3개월 동안 일하게 될 거야.

They aren't going to be working with us for 3 months. 그들은 우리와 3개월 동안 일하게 되지 않을 거야.

363 I'm going to be here for at least a week. 난 적어도 1주일 동안 여기에 있을 거야.

364 Jason sneaked out during a morning meeting.

제이슨은 아침 미팅 중에 몰래 빠져 나갔어.

365 Some questions made me sweat during the job interview.

취업 면접 중에 몇몇 질문들은 날 긴장하게 했어.

366 Don't send text messages while you are driving.

네가 운전하는 동안은 문자 보내지 마.

367 Will you be quiet while I'm on the phone?

내가 통화하는 동안 조용해 줄래?

368 While we wait, why don't we introduce ourselves?

우리 기다리는 동안, 자기소개하는 건 어때요?

• 문장 앞에 위치해도 상관없어요.

369 We don't want our boss to see it until it is perfect.

우린 이게 완벽해질 때까진 상사가 이걸 보는 걸 원하지 않아.

370 During the weekend, I worked on my report for about 2 hours.

주말 중에, 난 내 보고서를 2시간 동안 작업했어.

371 Is the final report due by the end of the month?

최종 보고서 마감이 이번 달 말까지니?

372 The webpage will not be available until the end of the year.

연말까지 웹 페이지는 이용 불가해.

'~까지, ~동안, ~중에...' 한국어 해석에만 집중하면 절대로 뉘앙스를 습득할 수 없어요. during 뒤에 문장이 오면 어색하고, while 뒤에 단어가 오면 어색하게끔 입에 익혀 주는 것이 가장 쉬운 방법이자 정도라는 것! 명심, 또 명심!

잠깐
복습해요!

- 시간과 빈도를 나타내는 표현은 같이 어울리며 사용하는 경우가 빈번해요.
- 교재 전반에 걸쳐 사용되는 아래의 시간/빈도 표현은 일반적으로 쓰이는 위치가 정해져 있으니 집중 발화 연습하며 감각을 다져 보세요.

일어날 확률	종류		의무, 의지, 가능		
100%	always	항상	자주	every day	매일
80-90%	usually	대개, 보통		once a day	하루에 한번
70-80%	normally/generally	보통	가끔	three times a week	한 주에 세 번
50-70%	often/frequently	자주		twice a week	한 주에 두 번
30-50%	sometimes	가끔		once a week	한 주에 한 번
10-30%	seldom	아주 가끔	아주 가끔	every 3 weeks	3주마다
5-10%	rarely	거의 X		every other month	격월에 한 번
0%	never	절대 X		every other year	격년에 한 번

단어 예습 midnight 자정 eat out 외식하다 make mistake 실수를 하다 alcohol 술

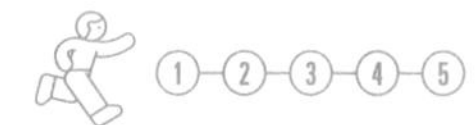

373 I always go to bed before midnight. 난 항상 자정 전에 잠자리에 들어.

374 I usually eat burgers with fries. I want to eat them every day. 난 대개 햄버거를 감자튀김과 같이 먹어. 매일 먹고 싶다.

375 Jake generally works forty hours a week. 제이크는 보통 일주일에 40시간 일해.

376 Normally, I eat out with my family every other month. 보통, 난 격월에 한 번 가족과 외식해.

377 Sometimes, I listen to music. I guess I listen to it twice a week. 가끔씩, 난 음악을 들어. 내 생각엔 일주일에 두 번 듣는 것 같아.

378 Don't we all sometimes make mistakes? 우리 모두 가끔씩 실수하지 않나요?

379 My son rarely watches TV. He watches it almost once a month. 내 아들은 TV를 거의 안 봐. 거의 한 달에 한 번 봐.

380 Do you drink three times a week? I never drink alcohol. 너 일주일에 3번 술 마시니? 난 절대 술 안 마셔.

rarely, never같이 그 자체로 부정의 의미를 지니는 표현들에 주의하여 연습해 보세요!

스토리텔링에서 시제를 익혀요

- 다양한 시제와 기한 표현들을 다음의 일상 스토리 안에서 복습해 보세요.

직장생활 처세술 익히기 〈위험할 땐, 브래드 피트 작전〉

Robert Melinda, what are you up to these days?

Melinda I'm into this amazing Netflix series. I binge-watched the entire season last night.

Robert I noticed that. Your report was due on Monday at 2:00 p.m.

Melinda Yes. I'm working on it. You're going to love the details in the marketing plan.

Robert Listen. It's 3:00 p.m. on Monday, but I don't see your report here.

Melinda Wait, Robert. Is that a new tie? I love it.

Robert What? Well, yes, it is. Thank you.

Melinda I mean, seriously. Isn't that the same tie Brad Pitt wore in a movie?

Robert Do you think so? All right. Make sure to submit the report by tomorrow morning.

Melinda No problem. (I never said you look like Brad Pitt... but okay.)

로버트 멜린다, 요즘 뭐하고 지내나?

멜린다 저 이 엄청난 넷플릭스 시리즈에 빠졌는데요, 어젯밤에 시즌 통째로 다 봤지 뭐예요.

로버트 그런 것 같았어. 자네 보고서 제출 기한, 월요일 2시까지였다고.

멜린다 네, 맞아요. 지금 작업 중이에요. 제 마케팅 계획 디테일이 맘에 드실 걸요.

로버트 잘 들어, 오늘 월요일 3시거든. 근데 여기 자네 보고서는 안 보이는데.

멜린다 잠깐, 로버트. 그거 새 넥타이예요? 완전 예쁘네요.

로버트 뭐? 음, 그런데. 고마워.

멜린다 아니, 진심으로요. 브래드 피트가 영화에서 했던 넥타이랑 같은 거 아니에요?

로버트 그런가? 좋아. 내일 아침까지 보고서 제출하는 거 잊지 말라고.

멜린다 문제 없습니다. (네가 브래드 피트처럼 생겼다곤 안 했는데… 뭐, 좋아.)

등장 인물의 감정을 실어서, 음의 높낮이도 조절하여 연기하듯 발화 연습해 주세요.

단어 예습 be up to ~하고 지내다 be into ~에 빠지다 binge-watch 몰아 보다 due 마감 submit 제출하다

32 일차

○월 ○일

Inbody Checks

A. 미래 계획, 사건의 전후, 구체적 시간

27~30일차까지 각 날짜별로 3개씩의 예시문을 뽑았어요. 해석을 보고 떠오른 문장을 오른쪽의 모범 답안과 비교하여 맞히면 이해도에 체크하세요.

이해도

○ 1 그거 내가 이따가 할게.

○ 2 너 미국의 대학에 지원할 거니?

○ 3 난 장 보러 가려고 했는데, 잠에 들어 버렸어.

○ 4 내 가족은 내가 8살 때 한국으로 이사했어.

○ 5 그녀는 네가 말하기 전에 말할 거야.

○ 6 아침 식사 후에 그거 주방 테이블 위에 놔둘래?

○ 7 우리 오후 2시까지는 떠나야 해.

○ 8 그들은 자정까지 거기에 머물러야 됐어.

○ 9 취업 면접 중에 몇몇 질문들은 날 긴장하게 했어.

○ 10 난 대개 햄버거를 감자튀김과 같이 먹어. 매일 먹고 싶다.

○ 11 가끔씩, 난 음악을 들어. 내 생각엔 일주일에 두 번 듣는 것 같아.

○ 12 너 일주일에 3번 술 마시니? 난 절대 술 안 마셔.

A. 미래 계획, 사건의 전후, 구체적 시간 : 모범 답안

이해도가 8개 이하라면 27~30일차 훈련 문장을 한 번 더 읽어주세요. 이때 외우거나 개념을 이해하기보다는 반복적으로 소리 내어 발화량을 늘려주세요.

1 I will do it later.

2 Are you going to apply to a university in the U.S.?

3 I was going to go to the grocery store, but I fell asleep.

4 My family moved to Korea when I was 8 years old.

5 She is going to say it before you say it.

6 Will you leave it on the kitchen table after breakfast?

7 We need to leave by 2:00 p.m.

8 They had to stay there until midnight.

9 Some questions made me sweat during the job interview.

10 I usually eat burgers with fries. I want to eat them every day.

11 Sometimes, I listen to music. I guess I listen to it twice a week.

12 Do you drink three times a week? I never drink alcohol.

33 일차
○월 ○일

Midterm Checks 1

☞ 영어 직관력 테스트 1

다음의 문장을 소리 내어 읽어 보고, 둘 중 올바른 문장을 골라보세요. 문법적인 사고의 개입을 최소화하고, 직관적으로 즉시 어색하게 느껴지는 문장을 골라내는게 중요해요.

이해도

○ 1 I am hungry. / I hungry.

○ 2 Do you thirsty? / Are you thirsty?

○ 3 Was they kind? / Were they kind?

○ 4 Do your father works at home? /
Does your father work at home?

○ 5 I went to sleeped early last night. /
I went to sleep early last night.

○ 6 Jenny told to me yesterday. / Jenny talked to me yesterday.

○ 7 We haved a wonderful time together. /
We had a wonderful time together.

○ 8 My coworkers gived this to me. / My coworkers gave this to me.

○ 9 Our clients asked to us many questions. /
Our clients asked us many questions.

○ 10 He want to work out regularly. / He wants to work out regularly.

○ 11 Do they need me to call them? / Does they need me call them?

○ 12 Did the doctor tell you to exercise? /
Were the doctor tell you exercising?

여기까지 오신 여러분 정말 대단해요. 벌써 중간까지 왔어요.
영어의 감이 잘 잡히고 있는지 코스 1~4(1~31일차)를 복습하며 점검해보세요.

☞ 영어 직관력 테스트 1 정답

정답을 확인하고, 한번 더 크게 읽어 보세요. 이해도가 8 이하라면, 1~11일차를 복습하세요. 충분히 자리 잡지 않은 개념을 확인하고, 추가적인 발화 연습을 진행해 주세요.

1 I am hungry. 나는 배가 고파요.

2 Are you thirsty? 목 마르세요?

3 Were they kind? 그들은 친절했나요?

4 Does your father work at home? 당신의 아버지는 집에서 일하세요?

5 I went to sleep early last night. 저는 어젯밤에 일찍 잤어요.

6 Jenny told to me yesterday. 어제 제니가 말해 줬어요.

7 We had a wonderful time together. 우린 함께 멋진 시간을 보냈어요.

8 My coworkers gave this to me. 제 동료들이 이걸 줬어요.

9 Our clients asked us many questions. 우리 고객들이 많은 질문을 했어요.

10 He wants to work out regularly. 그는 정기적으로 운동하고 싶어해요.

11 Do they need me to call them? 그들은 제가 그들에게 전화하길 원하나요?

12 Did the doctor tell you to exercise? 의사가 운동하라고 했나요?

(✓ / 16)

☞ 영어 직관력 테스트 2

다음의 문장을 소리 내어 읽어 보고, 둘 중 올바른 문장을 골라보세요. 문법적인 사고의 개입을 최소화하고, 직관적으로 즉시 어색하게 느껴지는 문장을 골라내는게 중요해요.

이해도

1 I took a taxi. / I made a taxi.

2 Did you get a new job? / Did you go a new job?

3 I took a conversation with him. / I had a conversation with him.

4 I helped him do the dishes. / I helped him to get the dishes.

5 I got Jenny do her homework. / I got her to do her homework.

6 Do you want to get some rest? / Do you want to make some rest?

7 It feeled amazing. / It felt amazing.

8 They saw him running. / They saw him to run.

9 I heard somebody shouting. / I heared somebody to shout.

10 They look really good. / They are look really good.

11 It sounds like a good idea. / It is sound like a good idea.

12 It tastes like dark chocolate. / It is taste like dark chocolate.

13 I running. / I am running.

14 They were have a meeting. / They were having a meeting.

15 Did you go to church last weekend? / Were you went to church last weekend?

16 Was she having fun with her friends? / Did she having fun with her friends?

☞ 영어 직관력 테스트 2 정답

정답을 확인하고, 한번 더 크게 읽어 보세요. 이해도가 11 이하라면, 12~15일차를 복습하세요. 충분히 자리 잡지 않은 개념을 확인하고, 추가적인 발화 연습을 진행해 주세요.

1 I took a taxi. 나는 택시를 탔어요.

2 Did you get a new job? 당신은 새 직장을 구했나요?

3 I had a conversation with him. 그와 대화를 나눴어요.

4 I helped him do the dishes. 나는 그가 설거지하는 것을 도왔어요.

5 I got Jenny do her homework. 제니에게 숙제를 시켰어요.

6 Do you want to get some rest? 당신 좀 쉬고 싶나요?

7 It felt amazing. 나는 기분이 좋았어요.

8 They saw him running 그들은 그가 달리는 것을 보았어요.

9 I heard somebody shouting. 나는 누군가 외치는 소리를 들었어요.

10 They look really good. 그들은 정말 좋아 보여요.

11 It sounds like a good idea. 좋은 생각인 것 같아요.

12 It tastes like dark chocolate. 이건 다크 초콜릿 맛 같아요.

13 I am running. 나는 뛰고 있어요.

14 They were having a meeting. 그들은 회의를 하고 있었어요.

15 Did you go to church last weekend? 당신은 지난 주말에 교회에 갔었나요?

16 Was she having fun with her friends? 그녀는 친구들과 즐거운 시간을 보냈나요?

☞ 영어 직관력 테스트 3

다음의 문장을 소리 내어 읽어 보고, 둘 중 올바른 문장을 골라보세요. 문법적인 사고의 개입을 최소화하고, 직관적으로 즉시 어색하게 느껴지는 문장을 골라내는게 중요해요.

이해도

- ○ 1 I am hungry, but I want to eat something. / I am hungry, so I want to eat something.
- ○ 2 Were you nervous and worried? / Were you nervous but worried?
- ○ 3 I think that you're doing great. / I thought that you're doing great.
- ○ 4 I'm glad that you like it. / I'm glad to you like it.
- ○ 5 It was so good that I want it again. / It was so good but I want it again.
- ○ 6 I went to sleep early. That's why I need coffee. / I went to sleep early, so I don't need coffee.
- ○ 7 Did Jenny eat a banana? / Did Jenny eat a bananas?
- ○ 8 Why did you remove your a mask? / Why did you remove your mask?
- ○ 9 Weather is good. A sky, a clouds. / The weather is good. The sky, the clouds.
- ○ 10 I am sending an email. / I am sending a email.
- ○ 11 A delivery guy is under the door. / A delivery guy is at the door.
- ○ 12 He is listening rock music. / He is listening to rock music.
- ○ 13 Are you looking at a dog? / Are you looking a dog?
- ○ 14 Were you standing in front of it? / Were you standing into it?
- ○ 15 I talked about it with Jenny. / I told about it with Jenny.
- ○ 16 Did you guys think with the offer? / Did you guys think about the offer?
- ○ 17 Are you waiting of the concert? / Are you waiting for the concert?
- ○ 18 I took a picture about the food. / I took a picture of the food.

☞ 영어 직관력 테스트 3 정답

정답을 확인하고, 한번 더 크게 읽어 보세요. 이해도가 12 이하라면, 17~23일차를 복습하세요. 충분히 자리 잡지 않은 개념을 확인하고, 추가적인 발화 연습을 진행해 주세요.

1 I am hungry, so I want to eat something. 배가 고파서 뭐라도 먹고 싶어요.

2 Were you nervous and worried? 긴장하고 걱정하셨나요?

3 I think that you're doing great. 당신 잘하고 있는 것 같아요.

4 I'm glad that you like it. 좋아해서 다행입니다.

5 It was so good that I want it again. 너무 맛있어서 또 먹고 싶어요.

6 I went to sleep early, so I don't need coffee. 일찍 자서 커피는 필요 없어요.

7 Did Jenny eat a banana? 제니가 바나나를 먹었나요?

8 Why did you remove your mask? 왜 마스크를 벗었나요?

9 The weather is good. The sky, the clouds. 날씨가 좋아요. 하늘도, 구름도.

10 I am sending an email. 나는 이메일을 보내고 있어요.

11 A delivery guy is at the door. 배달원이 문 앞에 있습니다.

12 He is listening to rock music. 그는 록 음악을 듣고 있습니다.

13 Are you looking at a dog? 당신은 개를 보고 있습니까?

14 Were you standing in front of it? 당신 그 앞에 서 있었나요?

15 I talked about it with Jenny. 나는 제니와 얘기했어요.

16 Did you guys think about the offer? 너희들 그 제안에 대해 생각해 봤어?

17 Are you waiting for the concert? 당신은 콘서트를 기다리나요?

18 I took a picture of the food. 음식 사진 찍었어요.

/ 20

☞ 영어 직관력 테스트 4

다음의 문장을 소리 내어 읽어 보고, 둘 중 올바른 문장을 골라보세요. 문법적인 사고의 개입을 최소화하고, 직관적으로 즉시 어색하게 느껴지는 문장을 골라내는게 중요해요.

이해도

1 Jenny lied at you about it. / Jenny lied to you about it.

2 It depends on you. / It was depend with you.

3 He was looking for someone like you. /
He was looking about someone like you.

4 I went out with him for a drink. / I went out him of a drink.

5 Actually, I know the direction. / I know the actually direction.

6 I finally realized it. / I realized finally it.

7 You don't necessarily have to know it. /
You don't have necessarily to know it.

8 I will do it later. / I will doing it later.

9 I will going to go to church. / I'm going to go to church.

10 Do you going to say no? / Are you going to say no?

11 Did you lock the door when you leave? /
Did you lock the door when you left?

12 I will be rich when I become famous. /
I will be rich when I will be famous.

13 She's going to say it before you'll say it. /
She's going to say it before you say it.

14 After you have breakfast, please call me. /
After you'll have breakfast, please call me.

15 We need to leave by 3:00 p.m. / We need to leave until 3:00 p.m.

16 I have to work until midnight. / I had to work by midnight.

17 Submit your proposal by at least 2:00 p.m. /
Submit your proposal until at least 2:00 p.m.

18 I will stay here for 3 hours. / I will stay here while 3 hours.

19 Someone called me while I was sleeping. /
Someone called me during I was sleeping.

20 During the job interview, I got nervous. /
While the job interview, I got nervous.

☞ 영어 직관력 테스트 4 정답

정답을 확인하고, 한번 더 크게 읽어 보세요. 이해도가 12 이하라면, 24~29일차를 복습하세요. 충분히 자리 잡지 않은 개념을 확인하고, 추가적인 발화 연습을 진행해 주세요.

1 Jenny lied to you about it. 제니가 당신에게 그것에 대해 거짓말을 했어요.

2 It depends on you. 그건 당신에게 달렸어요.

3 He was looking for someone like you. 그는 당신 같은 사람을 찾고 있었어요.

4 I went out with him for a drink. 나는 그와 함께 술을 마시러 나갔어요.

5 Actually, I know the direction. 사실, 나는 방향을 알고 있어요.

6 I finally realized it. 드디어 깨달았어요.

7 You don't necessarily have to know it. 당신이 그걸 꼭 알 필요는 없어요.

8 I will do it later. 나중에 할 거예요.

9 I'm going to go to church. 나는 교회에 갈 예정이에요.

10 Are you going to say no? 당신 안된다고 말할 거예요?

11 Did you lock the door when you left? 당신 나갈 때 문 잠궜나요?

12 I will be rich when I become famous. 나는 유명해지면 부자가 될 거야.

13 She's going to say it before you say it.
그녀는 당신이 말하기 전에 그것을 말할 거야.

14 After you have breakfast, please call me. 아침 식사 후 전화주세요.

15 We need to leave by 3:00 p.m. 우리 오후 3시까지 떠나야 해요.

16 I have to work until midnight. 나는 자정까지 일해야 해요.

17 Submit your proposal by at least 2:00 p.m.
최소 오후 2시까지 제안서를 제출해야 합니다.

18 I will stay here for 3 hours. 저는 3시간 동안 여기 머물겠습니다.

19 Someone called me while I was sleeping. 내가 자고 있는 동안 누군가 전화를 했어요.

20 During the job interview, I got nervous. 면접을 보는 동안 저는 긴장했어요.

34 일차 ◯월 ◯일

Midterm Checks 2

☞ Paraphrasing을 통해 문장 만들기

예시 답안을 참고하여 나만의 답안을 만들어 보세요.

Q1. I don't usually eat breakfast. Do you normally have breakfast? 난 아침 잘 안 먹는데, 넌 아침 먹어?

예시 답안 I always skip breakfast, but I have a heavy lunch.
난 항상 아침은 건너 뛰지만, 거한 점심을 먹어.

After I have breakfast, I go out for a walk for 30 minutes.
보통 아침 먹은 후에는, 나가서 산책을 30분 동안 해.

나의 답변 ____________________

____

Q2. Did you watch this Netflix series? It is amazing!
이 넷플릭스 시리즈 봤어? 정말 끝내줘!

예시 답안 Yes. I didn't know Korean dramas were this good.
응. 나 한국 드라마들이 이렇게 재미있는지 몰랐어.

I think I'm going to watch the next season too.
내 생각엔, 나 다음 시즌도 볼 것 같아.

나의 답변 ____________________

____

이번에는 코스 1~4(1~31일차)에서 배운 내용을 바탕으로
나만의 문장을 만들어 볼게요.

Q3. Are you hungry? Do you want to eat out?
너 지금 고파? 외식 하고 싶어?

예시 답안 Yes, I am. Let's go and eat out.
응, 나 배고파. 가서 외식 하자.

Actually, I know a good restaurant. It's across the street from the church. 사실, 나 좋은 음식점 알아. 교회 건너편 도로에 있어.

나의 답변 ______________________________

____

Q4. Where are you going on summer vacation? I'm going to Vietnam with my family!
넌 이번 여름 휴가에 어디 갈 계획이야? 난 가족들과 베트남 간다!

예시 답안 I'm going to the States with my best friends.
난 내 절친들과 함께 미국에 갈 계획이야.

I think I'm going to stay there until next month.
내 생각엔, 나 거기에서 다음달까지 머무를 것 같아.

나의 답변 ______________________________

____

* <나만의 답안>은 352쪽을 참고해 ChatGPT를 이용하여 정답을 확인하고 문장을 첨삭 받아 보세요.

If you don't give up, you still have a chance.

Jack Ma

I failed a lot of times in my life.

I failed my primary school exams two times.
When I graduated from university, I applied for jobs 30 times but was rejected.

I applied to be a police officer, but they said, "No, you're not good enough."
I applied for a job at KFC when it came to China.
24 people went for the job, and 23 people were accepted.
I was the only guy who was rejected.

I applied to Harvard 10 times, but I was rejected each time.
However, I told myself that someday I would go and teach there.

I don't think that in this world, a lot of people have been rejected more than 30 times.
Never give up. Just keep fighting and never complain.

여러분의 동기부여를 위해 다양한 연사들과 그들의 명문장을 소개할게요.
이들 중 여러분의 영어 롤모델을 찾아 보아도 좋습니다.

포기하지 않는다면
당신에게 아직 기회는 있다.

마윈

전 제 인생에서 수많은 실패를 했습니다.

초등학교 입학시험을 2번 탈락했고,
대학을 졸업했을 땐 직장 30군데에 지원했으나 모두 거절당했습니다.

경찰이 되려 했을 땐, "아니, 안 되겠어요."라는 소릴 들었고,
KFC가 중국에 들어 왔을 때, 지원했더니
24명의 지원자 중 23명이 합격했는데, 제가 유일하게 거절당한 사람이었죠.

하버드 대학에 10번 지원했으나 거절당했습니다.
그럼에도 제 자신에게 되뇌었습니다. "난 언젠가는 저 학교에서 가르칠 사람이야."

이 세상에 30번 이상 거절당해 본 사람들은 많지 않을 것입니다.
절대 포기하지 말고, 계속해서 싸워 나가세요. 불평하지 않는 겁니다.

내용 해석이 어려웠나요? 걱정하지 마세요! 아직 이해할 필요 없어요.
교재를 완독하고 다시 돌아와서 읽어 보면, 영어 → 한국어 해석이 아니라, 영어가 영어로 읽히는 마법이 일어날 거예요.

keep in mind

언제 하고 싶은 말을 빠로 내뱉을 수 있을까요?

Day by day, in every way, I am getting better and better.
- Emile Coue

야심 차게 2달만에 정리해 둔 300문장을 다 외우고 첫 전화 영어를 하던 때가 기억나는데요. 영어 못한다고 무시 받던 내가 결국 300개 문장을 외워낸 후 얼마나 기대되던지요! 그런데, 실제로 말해 보려니 식은땀이 줄줄 나며 외운 문장이 떠오르지 않는 것 아니겠어요? 내가 외운 문장과 100% 일치하는 상황은 잘 오지도 않았거니와, 문장을 떠올리는 데에도 시간이 걸려서 즉흥적인 발화는 불가능한 것 같더군요.

"아, 포기할까? 역시 성인이 된 후에 아무리 노력해도 쓸모 없군."이라는 생각이 드려는 찰나, 딱 한 달만 더 해 보자는 결론을 내게 됐어요. 그 후 한 달이 지나자, 놀랍게도 그간 외운 문장들이 서로 연결되며 차츰 즉흥적으로 문장을 만들어 낼 수 있게 됐지요. 가시적으론 실력이 느는 게 보이지 않았지만, 내공이 조금씩 계속해서 쌓이고 있던 거였어요. 물도 끓는점이 오기 전까지는 고요해 보이지만 끓는점에서 부글부글 끌어 오르듯이요. 제가 그때 되뇌었던 문장을 소개해 드릴까 해요. 다음 코스로 들어가기 전에 한 번씩 소리 내어 말해 보는 건 어떨까요?

"난 날마다, 매일 매일, 조금씩 나아지고 있다."

COURSE

5

시간을 오가며 말하는 훈련

나 빨래는 다 했어. vs. 나 청소 전에 빨래는 다 했었어.

'~였었어' 한국어에서도 알게 모르게 쓰는 이 표현,
때로는 단순 과거가 아닌, 특정 시점 이전의 과거(대과거)의 일을 나타내죠.
이와 같이 영어에서도 과거의 사건보다 더 우선하는 일을 나타내는 등
디테일한 시점 표현이 존재해요.
악명 높은 '현재완료/과거완료' 단계별 발화 연습으로 간단하게 이해해 봐요!

ATTAIN

나 ______________는/은 15일 후인 ______월 ______일까지, 이 코스를 완독한다.
그로 인해 시점을 표현하는 문장을 자유롭게 만들며 성취감을 느낄 것이다.
내가 설정한 목표는 반드시 이룬다!

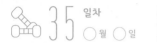

과거분사(p.p.)를 알아봅니다

- p.p.는 past participle의 약자로 '과거분사'라고 불려요. 보통 동작의 과거형과 같은 형태로 '~한, ~된, 완료된, 수동의' 느낌의 형용사로 사용 가능해요.

- 다만 종종 과거형과 형태가 다른 경우는 별도로 알아두세요.

p.p.의 일반적인 형태 (과거형과 동일)

일반형	과거형	p.p.형 (완료된, 수동의)
excite 신나게 하다	excited 신나게 했다	excited 신난, 신나게 된
call 전화하다	called 전화했다	called 전화한, 전화된
remember 기억하다	remembered 기억했다	remembered 기억한, 기억된

p.p.의 불규칙한 형태

일반형	과거형	p.p.형 (완료된, 수동의)
go 가다	went 갔다	gone 간, 가버린
see 보다	saw 봤다	seen 본, 보여진
know 알다	knew 알았다	known 안, 알려진
take 취하다	took 취했다	taken 취한, 취해진
get 얻다	got 얻었다	gotten 얻은, 얻어진
give 주다	gave 줬다	given 준, 주어진
write 적다	wrote 적었다	written 적은, 적혀진
speak 말하다	spoke 말했다	spoken 말한, 말해진
break 깨다	broke 깼다	broken 깨진
rise 오르다	rose 올랐다	risen 오른

drive 운전하다	drove 운전했다	driven 운전한, 운전해진
choose 선택하다	chose 선택했다	chosen 선택한, 선택된
fall 떨어지다	fell 떨어졌다	fallen 떨어진
come 오다	came 왔다	come 온
become 되다	became 됐다	become 된
run 뛰다	ran 뛰었다	run 뛴

p.p.형태는 규칙이 없어 보이지만, 실제 발음해 보면 그 안의 일정한 발음 규칙을 느낄 수 있어요.
보통 'n, en'으로 끝나니 한국어의 '~진, ~는'으로 연상하며 기억해 보세요.

수동형을 말해봅니다

- be동사와 일반 동사 get을 이용하여 수동, 감정 표현을 할 수 있어요.

I'm sure Jake will be promoted in July.

Did you get excited by that?

- '~된, ~한, 완료된, 수동의' 느낌을 가지는 p.p.형 앞에 be동사/get을 위치시키면 돼요. be동사, get을 사용했을 때의 뉘앙스 차이에 집중하며 발화 연습해 보세요.

The building was built in 1992.

주어 + be + p.p.: 주어가 ~된 상태이다

I got fired from my previous company.

주어 + get + p.p.: 주어가 ~된 상태가(상태 변화) 되다

단어 예습 widely 널리 hit 치다 divorce 이혼하다 fire 해고하다 previous 이전의 arrest 체포하다 drunk driving 음주 운전 cancel 취소하다 confuse 헷갈리게 하다 bore 지루하게 하다 principal 교장 선생님 hour-long 한 시간 길이의 speech 연설 inspire 영감, 동기 부여를 주다

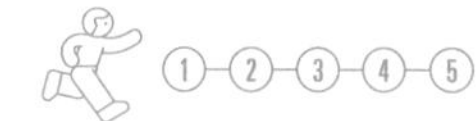

381 The building was built in 1992. 빌딩은 1992년에 지어졌어.

The building wasn't built in 1992. 빌딩은 1992년에 지어지지 않았어.

382 This book was written by him. 이 책은 그에 의해 쓰여졌어.

The book wasn't written by him. 이 책은 그에 의해 쓰여지지 않았어.

• by를 사용해서 행위를 가한 주체를 표현해요.

383 Is English widely spoken around the world?

영어는 세계에서 널리 쓰이니?

Yes, it is widely spoken around the world.

응, 세계에서 널리 쓰여.

No, it isn't widely spoken around the world.

아니, 세계에서 널리 쓰이지 않아.

384 I got hit by a car. 난 차에 치였어.

I didn't get hit by a car. 난 차에 치이지 않았어.

385 Did you get excited by that? 넌 그거 때문에 신나졌니?

Yes, I got excited by it. 응, 그거 때문에 신나졌어.

No, I didn't get excited by it. 아니, 그거 때문에 신나지지 않았어.

386 He told me he will be married soon.

그가 내게 곧 결혼하게 될 거라고 말했어.

• be p.p. 형태로 '결혼한(기혼인) 상태가 될 것임'을, 즉 '상태'를 강조하는 느낌이에요.

387 Do you think he is going to get married?

너 그가 결혼할 거라고 생각해?

• get p.p. 형태 역시 '결혼한 상태가 될 것임'을 강조하는 느낌입니다.

388 I'm divorced, and I don't think I want to get married again.

난 이혼했고, 다신 결혼하고 싶지 않아.

389 I'm sure Jake will be promoted in July.

난 제이크가 7월에 승진될 거라고 확신해.

390 I got fired from my previous company.

난 내 이전 직장에서 해고 당했어.

391 Did Jake get arrested for drunk driving?

제이크가 음주 운전으로 체포되었니?

392 My plans with Jenny this weekend got canceled.

내 이번 주 제니와의 계획은 취소됐어.

393 Say that again, please. I'm confused.

그거 다시 말해 줘. 나 헷갈려.

394 The students got bored by the principal's hour-long speech.

학생들은 교장의 한 시간에 걸친 연설에 지루해졌어.

395 I get inspired by successful people.

난 성공한 사람들에 의해 동기 부여 받아.

모든 문장들이 수동 표현으로 바꾸었을 때 적절한 것은 아니에요.

It is happened. 그게 일어나졌어. (X) / It happened. 그게 일어났어. (O)

It is existed. 그게 존재해졌어. (X) / It existed. 그게 존재했어. (O)

이렇게, 수동태가 어색한 단어들이 있죠. 이는 따로 구분 짓고 외우는 것보다 많은 문장들을 접하며 시간을 두고 익숙해지는 것이 좋아요.

영크릿 쌤의 핵심 강의입니다.
QR 코드를 찍어 확인해보세요.

감정을 수동형으로 표현해봅니다

- <동사 + ed> 형태의 감정 표현은 종종 특정 전치사와 어울려 잘 사용돼요.

- 아래의 주로 쓰이는 감정 표현 묶음은 한 단어라고 생각하고 입에 익혀 두세요.

at, by	amazed at 놀란 shocked at 충격 받은 surprised at 깜짝 놀란
about	excited about 기대한, 신난 worried about 걱정한 depressed about 우울한
with	pleased with 기쁜 satisfied with 만족한 disappointed with 실망한
of	tired of 지치는, 지겨운 scared of 겁난 terrified of 몹시 겁난

- 이러한 감정 표현은 문장 안에서 각각의 전치사의 느낌을 느끼며 자연스레 익히는 것이 좋아요.

단어 예습 result 결과 ever 항상, 언젠가 number 수, 숫자 conference 컨퍼런스 go on 계속해 나가다 frightened 겁먹은 lose 잃다 embarrassed 당황스러운, 창피한 look for ~를 찾다

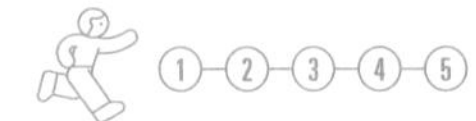

396 I am worried about you. 난 네가 걱정돼.

I am not worried about you. 난 네가 걱정되지 않아.

397 Were you satisfied with the results? 너 결과들에 만족했니?

Yes, I was satisfied with the results. 응, 난 결과들에 만족했어.

No, I wasn't satisfied with the results. 아니, 난 결과들에 만족하지 않았어.

398 Don't you ever get tired of it? 넌 그게 지겨운 적도 없니?

Yes, sometimes I get tired of it. 응, 난 가끔씩 지겨워.

No, I don't ever get tired of it. 아니, 난 지겨운 적 없어.

399 Are you getting excited about Christmas? 너 크리스마스가 기대되니?

Yes, I am. 응, 기대돼.

No, I'm not. 아니, 안 기대돼.

400 Don't be too depressed about it. 그거에 대해 너무 우울해 하지 마.

401 I'm not scared of anything. 난 무엇도 겁나지 않아.

402 Mr. John was amazed by the number of people at the conference. 존 씨는 컨퍼런스의 인원수에 놀랐다.

403 Sarah said she was pleased with the offer. 사라는 그녀가 제안에 만족했다고 말했어요.

404 I am worried that Jenny is going to leave me.

난 제니가 날 떠나는 게 걱정돼.

- 몇몇 감정을 나타내는 형용사는 that을 이용한 후속 문장으로 감정의 이유를 설명할 수 있어요.

405 I was surprised that you wanted to go on.

난 네가 계속하길 원해서 놀랐어.

406 He was frightened that he was going to lose his job.

그는 그가 직장을 잃는 것이 몹시 두려웠다.

407 Derek said he was disappointed that Jenny didn't show up at the party.

데릭은 제니가 파티에 나타나지 않아서 실망했다고 말했어.

408 Jenny told me she was embarrassed that Derek was looking for her.

제니는 데릭이 그녀를 찾고 있어서 당황했다고 내게 말했어.

감정을 나타내는 형용사들을 익힐 때의 핵심은
실제 그 감정을 느껴 보며 문장 속에서 발화해 보는 것이에요.
단어의 강세를 따라 발음해 보며, 감정을 실어 반복하여 입에 익게끔 해 주세요.
외워야 한다는 압박감을 내려놓는 게 중요해요.

영크릿 쌤의 핵심 강의입니다.
QR 코드를 찍어 확인해보세요.

의무, 의지를 표현해봅니다

- 조동사는 동사 앞에 위치하여 동사에 특유의 의미를 부여해 줘요.

You **must** go.

- 각 조동사 별로 특유의 의미가 있으며, <동사 + 동사의 원형>의 형태로 사용해요.

강도	종류	의무, 의지, 가능
반드시	must 반드시 ~야만 해	I **must** go. 반드시 가야만 해.
	will ~거야	I **will** go. 갈 거야.
	would ~거야 (의향, 가정)	I **would** go. 갈 거야(갈 건데).
	should ~해야 해 (의견, 제안)	I **should** go. (내 생각에) 가야 해.
	can ~수 있어	I **can** go. 갈 수 있어.
	could ~수 있어, ~수도 있어	I **could** go. 갈 수 있어(수도 있는데).
	may ~수도	I **may** go. 갈 수도 있어.
아마…?	might 아마 ~수도	I **might** go. 아마 갈 수도 있어.

- would, could는 will과 can의 흐려지고 약해진 버전으로 추측하는 뉘앙스가 더해져요. 때로는 will과 can의 과거의 의미로 쓰이기도 해요.

We **could** go out for a fancy dinner.

- will, would를 제외한 위 조동사들은 그 대표 의미가 확장되어서 의무 또는 허락의 뉘앙스를 가지기도 해요.

You **can't** park here.

단어 예습 quit 그만두다 fancy 고급스러운, 화려한 park 주차하다 bathroom 화장실, 욕실 language 언어 promise 약속하다

409 You must go. 넌 반드시 가야만 돼.

You must not go. 넌 가서는 안 돼.

410 I will stay late. I have a lot of time. 난 늦게까지 있을 거야. 나 시간 많아.

I won't stay late. I don't have a lot of time. 난 늦게까지 있지 않을 거야. 난 시간 많지 않아.

411 Will you stay longer this time? 너 이번에는 더 오래 있을 거야?

I would normally stay longer, but I have to go soon. 나도 보통 같으면 더 오래 있을 텐데, 곧 가야 해.

I wouldn't normally stay so long, but today I'm having so much fun. 나도 보통 같으면 오래 안 있을 텐데, 오늘은 너무 즐거운 시간을 보내고 있어서.

- will(~거야)의 흐려진 버전인 would(~거야)가 주는 의향 및 가정의 뉘앙스를 느껴 보세요!

412 Do you think I should quit my job? 너 내가 직장을 그만두는 게 좋다고 생각하니?

Yes, you should. 응, 그래야지.

No, you shouldn't. 아니, 그러지 마.

413 Can you call me later? 이따가 나한테 전화할 수 있어?

Yes, I can call you later. 응, 이따 전화할 수 있어.

No, I can't call you later. 아니, 이따 전화할 수 없어.

414 I could do this all day. 나 이거 하루 종일 할 수도 있어.

- can(~수 있어)의 흐려진 버전인 could(~수, ~수도 있어)로 비현실적 상황을 가정할 수도 있어요.

415 We could go out for a fancy dinner.

우리 근사한 저녁 먹으러 나갈 수도 있어.

• could(~수, ~수도 있어)로 가능성을 제안해 볼 수도 있어요.

416 I may go to England this summer. 나 이번 여름에 영국에 갈지도 몰라.

417 Your boss Susan might be watching you.

네 상사인 수잔이 아마 널 보고 있을 수도 있어.

418 Excuse me, but you can't park here. 죄송하지만, 여기 주차 못 해요.

419 May I use the bathroom? 저 화장실 써도 되나요?

420 Jake said he could speak 3 languages.

제이크는 그가 3개 국어를 할 수 있다고 말했어.

• could가 can의 과거로 쓰일 수도 있어요.

421 Jenny promised she wouldn't be late again.

제니는 그녀가 다시 늦지 않을 것이라고 약속했어.

• would가 will의 과거로 쓰일 수도 있어요.

조동사는 문법적으로 세분화하면 그 용법과 예외가 매우 방대하므로,
각 조동사의 본질적인 뉘앙스를 이해하고 예문을 통해 감각을 잡는 것이 핵심이에요.

Can you go to the bathroom? (몸이 불편한 분에게) 화장실 갈 수 있어요? (능력의 여부)
Can I go to the bathroom? (수업 중 교수님에게) 화장실 가도 될까요? (요청)

이렇게 한국말도 우리가 각각의 용법을 외우지 않고 맥락으로 이해하는 것처럼 말이죠.

확률, 추측을 표현해봅니다

- 조동사는 때로 가능성에 대한 확률, 추측할 때 사용할 수 있어요.

I'm sure it **will** rain tomorrow.

- 이때, 각자 조동사가 가지는 대표 의미는 변질되지 않음을 주목하세요.

강도	종류	의무, 의지, 가능
반드시	must 반드시 ~야만 해	It **must** be a cat. 반드시 고양이일 거야.
	will ~거야	It **will** be a cat. 고양이일 거야.
	would ~거야 (의향, 가정)	It **would** be a cat. 고양이일 거야.
	should ~해야 해 (의견, 제안)	It **should** be a cat. (내 생각에) 고양이일 거야.
	can ~수 있어	It **can** be a cat. 고양이일 수 있어.
	could ~수 있어, ~수도 있어	It **could** be a cat. 고양이일 수도 있어.
	may ~수도	It **may** be a cat. 고양이일지도 몰라.
아마…?	might 아마 ~수도	It **might** be a cat. 아마 고양이일지도 몰라.

- 부정문의 경우, must not과 could not은 확률, 추측의 의미로 사용하지 않으니 유의하세요.

단어 예습 doubt 의심하다, 믿지 않다 customer 고객, 손님 break 부러지다 kid 농담하다 shortly 곧, 짧은 시간 이내에 hang on 기다리다, (꽉 붙잡고) 견디다 ambulance 구급차 purse (여성용) 지갑 ID card 신분증

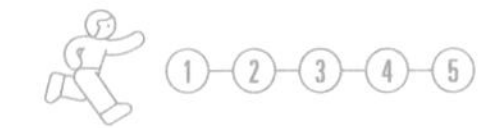

422 You must be Dr. Gordon. 당신이 의사 고든 씨군요.

You can't be Dr. Gordon. 당신이 의사 고든 씨 일리 없어요.

- 매우 희박한 가능성을 나타낼 때는, must가 아닌 can의 부정형을 사용해요.

423 I'm sure it will rain tomorrow. 난 내일 비가 올 거라 확신해.

I'm not sure it will rain tomorrow. 난 내일 비가 올 거라 확실하지 않아.

424 Do you think she would do something like that? 너 그녀가 그런 일을 할 것 같아?

Yes, I think she would. 응, 할 것 같아.

No, I don't think she would. 아니, 안 할 것 같아.

425 The doctor should visit you next Friday. 의사는 다음 금요일에 당신을 방문할 거예요.

The doctor wouldn't visit you next Friday. 의사는 다음 금요일엔 당신을 방문하지 않을 거예요.

426 Can it be true? I doubt it. 그게 사실일 수 있을까? 난 못 믿겠어.

Yes, it's possible. 응, 가능해.

No, it can't be true. 아니, 사실일 리가 없어.

- 가능성을 나타낼 때, can't는 매우 희박한 가능성을 나타내요(절대 그럴 수가 없다).

427 It could be our customer behind that door. 저 문 뒤에 우리의 고객이 있을 수 있어.

428 Jake may be in his office by now. 제이크는 지금쯤 그의 사무실에 있을지도 몰라.

429 I guess Jordan might be having lunch outside.

내 생각엔 조던은 아마 바깥에서 점심을 먹고 있을지도 몰라.

430 It's okay. It shouldn't break.

괜찮아. 부러지지 않을 거야.

431 You must be kidding.

너 장난치는 게 분명해.

• You've got to be kidding.으로 쓸 수도 있어요.

432 The doctor will be with you shortly.

의사가 곧 당신에게 올 거예요.

433 Hang on. The ambulance should be here in just a few minutes.

조금만 참아요. 앰뷸런스가 여기 몇 분 안에 올 거예요.

434 My purse and ID card might be in your car.

내 지갑과 신분증이 아마 네 차에 있을지 몰라.

Would, could, might는 각각 will, can, may보다 약한, 흐려진 표현으로
약간은 불확실, 가정, 추측의 뉘앙스를 느껴볼 수 있어요.
이런 뉘앙스 때문에 추후에 가정법과 자주 어울려 사용되니 잘 기억해 두세요!

영크릿 쌤의 핵심 강의입니다.
QR 코드를 찍어 확인해보세요.

공손하게 말해봅니다

- can, will, would, could와 같은 일부 조동사를 이용하여 부탁, 주문할 수 있어요.

Could you please repeat that?

- may는 부탁보다 더 공손한 허락을 구하는 뉘앙스로 격식 있는 느낌이에요. 따라서 주문 시엔 사용 빈도가 낮으나, 주문 받을 때에는 자주 쓰여요.

May I take your order?

단어 예습 order 주문, 주문하다 a burger 버거 단품 fries/French fries 감자튀김 extra 추가 repeat 반복하다, 다시 말하다 for here 매장 내 식사 to go 포장해 가기 meal/combo 세트

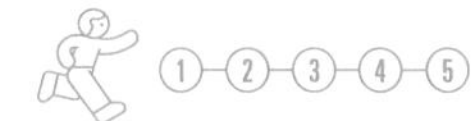

435 What would you like? 뭐로 하시겠어요?

436 Would you like to order? 주문하시겠어요?

437 Can I take your order? 주문 받아도 될까요?

438 I will have just a burger, please. 전 그냥 버거 하나 주세요.

439 I would like a Big Mac with fries. 전 빅맥 하나와 감자튀김 주세요.

440 Could I get a coke with extra ice, please? 저 콜라 하나에 얼음 추가할 수 있을까요?

- 주어가 '나'일 때, would로는 부탁하지 않아요.

ex) Would I get a coke? ×

441 Could you please repeat that? 다시 말해 주시겠어요?

442 Will that be for here or to go? 여기서 드실 건가요, 포장하실 건가요?

443 Can I also have a cheeseburger meal to go, please? 저 치즈 버거 세트 포장할 수 있을까요?

잠깐! 실전 연습

* 주문하시겠어요? ______________________?
* 커피 한 잔 주문해도 될까요? ______________________?

Would you like to order? / Could I have a cup of coffee?

습관을 말해봅니다

- 과거에 반복된 일을 나타낼 때에는 두 가지 방식이 있어요. would와 used to죠.

I **would** visit my grandfather every Sunday.

I **used to** play soccer back then.

- 과거의 반복된 행동과 상황이 현재는 그렇지 않다는 의미를 내포하므로 주의하세요.

주어	be동사
would + 동사원형 과거의 반복된 행동	I **would play** the violin when I was young. 난 어렸을 때 바이올린을 **연주하곤 했어.**
used to + 동사원형 과거의 반복된 행동	I **used to play** the violin when I was young. 난 어렸을 때 바이올린을 **연주하곤 했어.**
used to + 동사원형 과거의 반복된 상황, 상태	I **used to live** in Korea when I was young. 난 어렸을 때 한국에 **살곤 했어.**

- would는 과거의 반복된 행동에 대해서만 사용하며, 반복된 상황 및 상태를 의미할 수 없어요. 또한, 의문형 또는 부정형으로는 보통 사용하지 않아요.

단어 예습 curly hair 곱슬머리 little 어린, 작은 have a crush on ~에게 반하다 alive 살아 있는 yell 소리 지르다 pass away 세상을 떠나다 failure 실패, 낙오자 flat 평평한 busy 바쁜, 붐비는 pandemic 팬데믹(전염병)

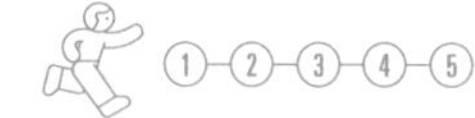

444 As a child, I would eat many vegetables.

내가 아이일 때, 야채를 많이 먹곤 했었지.

As a child, I didn't use to eat many vegetables.

내가 아이일 때, 야채를 많이 먹곤 하지 않았어.

445 I would visit my grandfather every Sunday.

난 일요일마다 할아버지를 방문하곤 했었지.

I didn't use to visit my grandfather every Sunday.

난 일요일마다 할아버질 방문하곤 하지 않았어.

446 I used to play soccer back then. 난 예전에 축구를 하곤 했어.

I didn't use to play soccer back then.

난 예전에 축구를 하곤 하지 않았어.

447 Did you use to live in Busan? 너 부산에 살곤 했니?

Yes, I used to live in Busan. 응, 난 부산에 살곤 했어.

No, I didn't use to live in Busan. 아니, 난 부산에 살곤 하지 않았어.

448 Jenny used to have curly hair when she was little.

제니는 어렸을 때 곱슬머리이곤 했어.

Jenny didn't use to have curly hair when she was little. 제니는 어렸을 때 곱슬머리이곤 하지 않았어.

449 She used to have a crush on you. 그녀는 너에게 반해 있곤 했어.

- used to는 과거의 시간을 특정하지 않아도 쓸 수 있어요.

450 I would wake up early when my mom was alive.

난 어머니가 살아 있을 때 일찍 일어나곤 했었지.

- would는 과거의 시간을 특정해 줘야만 해요.

451 My father would yell at us whenever he was drunk.
내 아버지는 취했을 때 우리에게 소리 지르곤 했었지.

452 Paul used to be a rugby player before he passed away.
폴은 그가 사망하기 전에 럭비 선수였었지.

453 I used to think that I was a failure.
난 내가 실패자라고 생각하곤 했어.

454 People used to think that the Earth was flat.
사람들은 지구가 평평하다고 생각하곤 했어.

455 This place used to be super busy before the pandemic.
이 장소는 팬데믹 전에 엄청나게 붐비곤 했어.

456 I'm used to cold winters.
난 추운 날씨에 익숙해.

- be/get used to(~에 익숙해지다)라는 표현도 있으니 헷갈리지 않게 주의해요.

457 Don't worry. You'll get used to it.
걱정 마. 넌 익숙하게 될 거야.

가만 보니 would는 use to에 비해 사용하기에 제약이 많죠?
이게 다 would가 조동사로서 가지는 뉘앙스가 남아 있어서 그런 것이에요.
과거에 반복된 습관, 상태를 말할 땐, 안전하게 used to를 쓰는 것도 전략이겠죠?

?!

헷갈려요!

현재/과거/미래 시제 말고 또 있나요?

- 우리가 보통 생각하는 타임라인

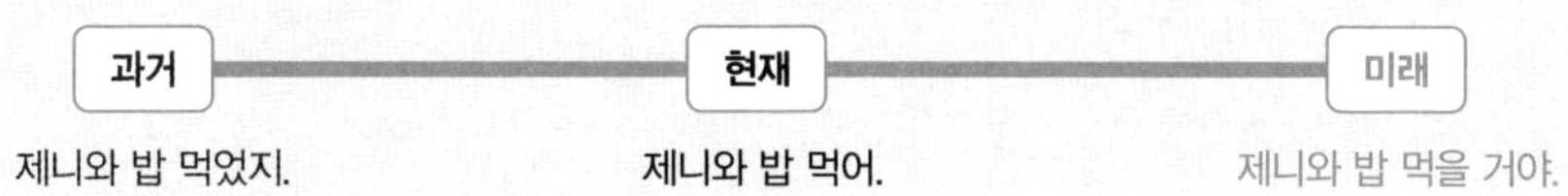

우리 머릿속에 있는 시점들은, 위 그림과 같죠.
이렇게만 간단하면 정말 좋을 텐데, 과거와 현재 사이를 확대해 보면,

- 실제 타임라인

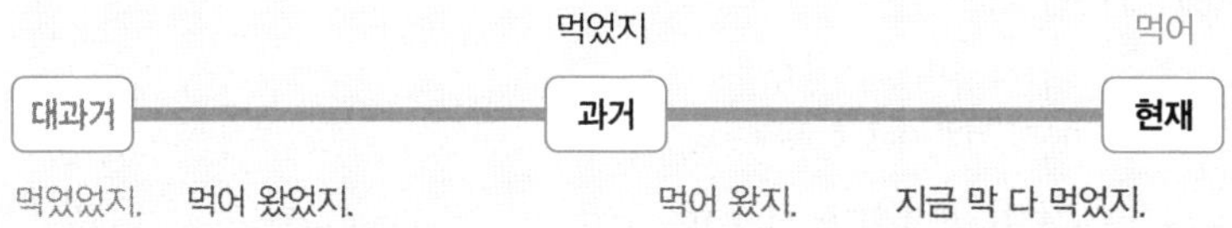

나 제니와 밥 먹었었지, 내가 한국 오기 전에.

나 제니와 밥 먹어 왔었지, 내가 한국 오기 전에.

나 제니와 밥 먹었지, 먹는 중이었지 그때.

나 제니와 밥 먹어 왔지, 지금까지.

나 제니와 밥 지금 막 다 먹었지.

나 제니와 밥 먹어, 먹는 중이야.

사실, 이런 미묘한 시점에 따른, 시점 표현들이 존재한다는 것!

시제는 문법적인 구분에만 집착하면, 오히려 말하기에 방해가 돼요.
각 시제에 해당하는 예문들을 단계별로 발화 연습하며 감각을 잡는 게 중요해요.

영크릿 쌤의 핵심 강의입니다.
QR 코드를 찍어 확인해보세요.

현재까지 이어지는 일을 말해봅니다

- 과거의 일이나 상황이 현재 시점까지 영향을 미칠 때, 현재완료(have p.p.)를 써요.

I **have fixed** it. (현 시점까지) 고쳤어.

- 현재에 관하여 말하는 것으로 과거 특정 시점을 말하는 단순 과거형과는 달라요.

I have watched it. (현 시점까지) 봤어.

I watched it. (과거 어느 시점에) 봤어.

- 부정일 때는 have 뒤에 not을 붙여요.

I have **not** fixed the door.

단어 예습 fix 고치다 gain weight 살찌다 recently 최근에 join 가입하다, 함께하다 just 지금 막 book 예약하다 return 돌려주다, 응답하다 respond 응답하다 text 문자 메시지 same 같은, 동일한

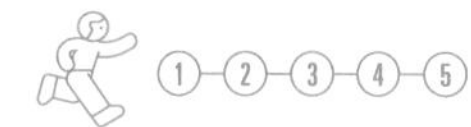

458 I have fixed the door. 난 문을 고쳤어.

I have not fixed the door. 난 문을 고치지 않았어.

459 Marshall has finished his homework. 마샬은 그의 숙제를 끝냈어.

Marshall has not finished his homework. 마샬은 그의 숙제를 끝내지 않았어.

460 My family has visited me this year. 내 가족은 올해 나를 방문했어.

My family hasn't visited me this year. 내 가족은 올해 날 방문하지 않았어.

461 Have you learned anything today? 너 오늘 뭐라도 배웠니?

Yes, I have learned something today. 응, 나 오늘 뭔가 배웠어.

No, I haven't learned anything today. 아니, 나 오늘 무엇도 배우지 않았어.

462 Has he gained some weight? 그는 체중이 좀 늘었니?

Yes, he has. 응, 늘었어.

No, he hasn't. 아니, 안 늘었어.

463 I've recently joined a gym. 난 최근 체육관에 등록했어.

• 현재완료 시제는 현재에 대한 시간 단서를 나타내는 단어와 잘 어울려 쓰여요.

464 Jake and I have already had lunch. 제이크와 나는 이미 점심을 먹었어.

465 We've just booked a hotel for our vacation. 우린 지금 막 우리 휴가를 위한 호텔을 예약했어.

466 Has she returned your call? 그녀가 네 전화에 회신했니?

467 Jenny hasn't responded to my text yet.

제니가 아직 내 문자에 답장하지 않았어.

468 Have you seen her this morning? 너 오늘 아침 그녀를 봤니?

469 The students have studied for 8 hours today.

학생들은 오늘 8시간 동안 공부했어.

- 과거부터 현 시점까지 이어진 상황을 나타낼 때, 기간을 나타내는 표현과도 잘 쓰여요. (~동안)

470 My wife and I have had the same car for 5 years.

내 아내와 나는 같은 차를 5년 동안 가지고 있어.

471 My daughter has always loved animals.

내 딸은 항상 동물들을 좋아했어.

472 My family has lived in this city since I was a child.

내 가족은 내가 아이일 때부터 이 도시에 살았어.

- 과거부터 현 시점까지 이어진 상황을 나타낼 때, 기간을 나타내는 표현과도 잘 쓰여요. (~이래로)

473 His family has had a dog since he was a teenager.

그의 가족은 그가 십대일 때부터 강아지를 갖고 있어.

현재완료는 어디까지나 '현재'의 상황에 대해 말하고 있는 것이므로,
과거 시점을 나타내는 표현(yesterday)과는 쓰지 않아요.

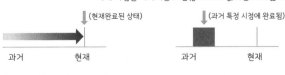

(현재완료된 상태)

과거 현재

현재완료: I have fixed it today.
(오늘 고치는 걸 완료한 상태야.)

(과거 특정 시점에 완료됨)

과거 현재

과거: I fixed it yesterday.
(어제 고쳤어.)

영크릿 쌤의 핵심 강의입니다.
QR 코드를 찍어 확인해보세요.

경험에 대해 말해봅니다

- 현재완료의 뉘앙스(과거의 일이 현재에도 영향)를 이용하여 경험에 대해 말할 수 있어요.

I have had kimchi once.

- 경험에 대해 말할 때는 주로 같이 쓰이는 표현과 패턴이 있으니 함께 학습해요.

Have you **ever** tried kimchi?

같이 쓰이는 단어: ever 여태, never 전혀 없다, before 이전에, since ~이래로
빈도 표현: once, twice, -times

- 부정일 때는 have 뒤에 not 또는 never를 붙여요.

I **haven't** told anyone about this.

단어 예습 rock climbing 암벽 타기 Korean barbeque 삼겹살 Paris 파리 Europe 유럽 several 여러 개의 eastern 동쪽의 cheat on ~를 배신하여 바람 피우다

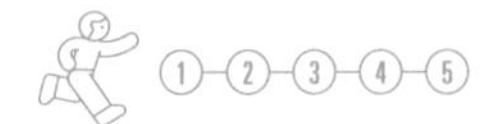

474 I have tried rock climbing. 난 암벽 등반을 해 본 적 있어.

I have not tried rock climbing. 난 암벽 등반을 해 본 적 없어.

475 Have you met my boyfriend, Jake? 내 남자 친구, 제이크 만난 적 있니?

Yes, I have met him before. 응, 나 그를 이전에 만난 적 있어.

No, I haven't met him yet. 아니, 나 아직 그를 만난 적 없어.

476 Have you played soccer before? 너 전에 축구 해 본 적 있니?

Yes, I have played soccer before. 응, 나 전에 축구 해 본 적 있어.

No, I have never played soccer before. 아니, 나 전에 축구 해 본 적 전혀 없어.

477 Have you ever had Korean barbeque? 너 삼겹살 먹어 본 적 있니?

Yes, I have had Korean barbeque. 응, 나 삼겹살 먹어 본 적 있어.

No, I have never had Korean barbeque. 아니, 나 삼겹살 먹어 본 적 전혀 없어.

478 Have you ever tried Thai food before? 너 전에 태국 음식 먹어 본 적 있니?

Yes, I have. 응, 있어.

No, I haven't. 아니, 없어.

479 Have you ever played golf? 너 골프 쳐 본 적 있니?

480 I have visited Paris twice. 나 파리에 두 번 가 본 적 있어.

481 Jenny has been to Europe several times. 제니는 유럽에 여러 번 가 본 적이 있어.

482 Have you traveled to Eastern Europe before? 너 동유럽에 전에 가 본 적 있니?

483 I've seen that TV series 3 times already. 나 그 TV시리즈 이미 세 번이나 본 적 있어.

484 We've already had that conversation many times. 우리 이미 이 대화 여러 번 가졌잖아.

485 I haven't told anyone about this. 나 이거에 대해 아무에게도 말한 적 없어.

486 I have never cheated on my girlfriend. 나 내 여자 친구 두고 바람 피운 적 전혀 없어.

487 You haven't done anything wrong. 넌 아무것도 잘못한 것 없어.

현재완료는 그 의미에 따라, 완료/경험/결과/계속 등으로 용법이 나뉘는데요.
결국 이러한 용법들 모두, 현재완료의 본질에서 벗어나지 않는다는 것!
'과거에 일어난 일이나 상황이 현재까지도 영향을 미치는 상태'
이렇게 본질을 이해한 상태로 예문을 통해 체화하는 것이 정답이에요.

영크릿 쌤의 핵심 강의입니다.
QR 코드를 찍어 확인해보세요.

현재까지 진행 중인 일을 말해봅니다

- 과거에 일어난 일이나 상황이 현재까지도 진행 중일 때 현재완료진행(have been + -ing)을 써요.

  I have been fixing it. (현 시점까지) 고치는 중이야.

- '과거부터 지금까지, 여태껏' 진행 중이라는 뉘앙스의 현재완료진행과 현시점 하고 있다는 표현의 일반적인 진행형(be + -ing)은 달라요.

  I have been watching it. (현 시점까지) 보는 중이야.

  I am watching it. (현재) 보는 중이야.

- 부정일 때는 have 뒤에 not을 붙여요.

  I **haven't** been studying for 2 hours.

단어 예습 lately 최근에 feel sick 아프다 guitar 기타 past 지난 practice 연습하다, 하다 yoga 요가 last 지난, 마지막

488 I have been studying for 2 hours. 난 2시간 동안 공부하고 있는 중이야.

I haven't been studying for 2 hours. 난 2시간 동안 공부하고 있는 중이 아니야.

489 He has been spending time with his family. 그는 그의 가족과 시간을 보내고 있는 중이야.

He hasn't been spending time with his family. 그는 그의 가족과 시간을 보내고 있는 중이 아니야.

490 Have you been working out lately? 너 최근에 운동하고 있니?

Yes, I've been working out lately. 응, 나 최근에 운동하고 있는 중이야.

No, I haven't been working out lately. 아니, 나 최근에 운동하고 있지 않아.

491 Has she been learning a new language recently? 그녀가 최근에 새로운 언어를 배우고 있는 중이니?

Yes, she has. 응, 배우고 있는 중이야.

No, she hasn't. 아니, 배우고 있는 중이 아니야.

492 Have you guys been enjoying the party? 너희들 파티 즐기고 있는 중이니?

Yes, we have. 응, 그러고 있는 중이야.

No, we haven't. 아니, 그러지 않고 있는 중이야.

493 How long have you been living in Korea? 너 얼마나 오래 한국에 살고 있는 중이니?

- 현재완료의 뉘앙스는 기간을 묻는 표현과 함께 자주 쓰여요.

494 How long have you been feeling sick?

너 얼마나 오래 아프고 있니?

495 How long have you guys been driving?

너희들 얼마나 오래 운전하고 있는 중이니?

• 맥락에 따라 단순히 운전 시간을 묻는 것일 수도 운전 경력을 묻는 것일 수도 있겠죠?

496 How long has Jenny been playing chess?

제니는 얼마나 오래 체스를 두어 왔니?

497 I've been working at this company for 8 years now.

난 이 회사에서 지금 8년 동안 일하고 있는 중이야.

498 Jake's been playing the guitar for about a week now.

제이크는 기타를 지금 한 일주일 동안 치고 있는 중이야.

• 정도나 기간 표현과 about을 사용하면 '대략, ~근처'라는 뜻이에요.

499 He's been playing tennis for about 6 months now.

그는 테니스를 지금 한 6개월 동안 치고 있는 중이야.

500 She's been reading this book for the past semester.

그녀는 이 책을 지난 학기 동안 읽고 있는 중이야.

501 My girlfriend and I've been practicing yoga for the last 5 months.

내 여자 친구와 나는 요가를 지난 5개월 동안 하고 있는 중이야.

현재완료는 과거의 일이 현 시점에는 이미 완료된 것(결과에 집중)을 의미하며,
현재완료진행은 과거의 일이 현 시점까지 진행 중인 것(과정에 집중)을 의미해요.

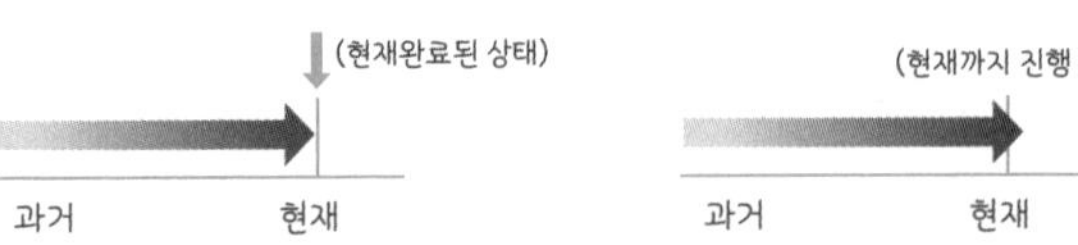

현재완료: I have fixed it.
(고치는 걸 현재는 완료한 상태야.)

현재완료진행: I have been fixing it.
(고치는 걸 현재까지 진행 중인 상태야.)

영크릿 쌤의 핵심 강의입니다.
QR 코드를 찍어 확인해보세요.

it을 사용해 시간을 말해봅니다

- 현재완료로 시간을 지났음을 표현하는 또 다른 방식을 익혀 볼게요.
  일반적인 방법 외에도 가주어 it을 사용하여 현재까지 흘러온 시간, 상태를 표현할 수 있어요.

  It's been a long week.

  It's been a while since we met.

단어 예습 hear from ~의 연락, 소식을 듣다 a while 잠시, 얼마간 a rough day 힘든 날 a long week 긴 한 주

절차기억화를 위한 훈련 영상입니다.
소리내어 5번씩 따라하세요.

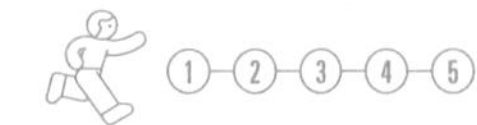

502 It's been a month since she called.

그녀가 전화한 이래로 한 달이 지났어.

503 It's been about a year since I heard from Jenny.

내가 제니로부터 소식을 들은 이래로 한 일 년이 지났어.

504 It's been too long since the last time we talked.

우리가 마지막에 얘기한 이래로 너무 많은 시간이 지났네.

505 It's been ages since the last time I saw you.

내가 마지막에 널 본 이래로 너무 오래됐네.

506 It's been a while since we met. 우리가 만난 이래로 꽤 시간이 지났네.

507 It's been a rough day. 힘든 하루였어.

508 It's been a long week. 긴 한 주였어.

잠깐! 실전 연습

* 난 지금껏 노래를 20분 동안 듣고 있었어. ______________________.

* 마지막에 널 본 이후로 많은 시간이 지났네. ______________________.

It's been 20 minutes since I listened to music. / It's been long since the last time I saw you.

더 과거에 있었던 일을 말해봅니다

- 과거의 특정 시점보다 이전에 일어난 일을 말할 때, 과거완료(had p.p.)를 써요.

I had met him before the meeting.
(과거 어느 시점, 미팅 전에) 나는 그를 만났어.

- 과거의 특정 시점 이전에 대해 말하는 것으로 단순 과거형과 현재완료와는 달라요.

I had met him before the meeting.
(과거 어느 시점, 미팅 전에) 나는 그를 만났어.

I watched him before the meeting.
(과거 어느 시점에) 나는 그를 봤어.

- 부정일 때는 had 뒤에 not을 붙여요.

Jake had **not** had ramen until he came to Japan.

단어 예습 get 도착하다 arrive 도착하다 flight 여행, 항공편 trip 여행 text 문자, 문자 보내다 born 태어나다 station 정거장 submit 제출하다 deadline 마감 시간

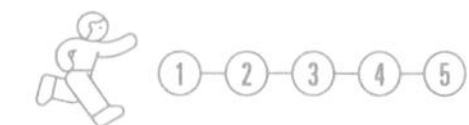

509 I had met him before the meeting. 난 그를 미팅 전에 만났었어.

I had not met him before the meeting.

난 그를 미팅 전에 안 만났었어.

- 단순 과거형 met에 비해서, 미팅 전에 '이미 그를 만났었음'을 구체적으로 표현하는 느낌이에요.

510 I had heard about it before you told me.

네가 내게 말하기 전에 그것에 대해 들었었어.

I hadn't heard about it before you told me.

네가 내게 말하기 전엔 그것에 대해 못 들었었어.

511 Had you had breakfast before you got here?

너 여기 오기 전에 아침 먹었었니?

Yes, I had. 응, 먹었었어.

No, I hadn't. 아니, 안 먹었었어.

512 Had the concert ended before she arrived?

그녀가 도착하기 전에 콘서트가 끝났었니?

Yes, it had ended before she arrived.

응, 그녀가 도착하기 전에 이미 끝났었어.

No, it hadn't ended before she arrived.

아니, 그녀가 도착하기 전에 안 끝났었어.

513 Had the party already started before they got there?

파티가 그들이 거기 도착하기 전에 이미 시작했었니?

Yes, it had already started before they got here.

응, 이미 그들이 거기 도착하기 전에 시작했었어.

No, it hadn't started before they got here.

아니, 그들이 거기 도착하기 전에 시작하지 않았어.

514 Had you gotten your package before Wednesday?

너 수요일 전에 네 소포를 받았었니?

515 Mike had booked a flight before his trip to Mexico.

마이크는 그의 멕시코행 여행 전에 비행기를 예약했었어.

516 Jake had not had ramen until he came to Japan.

제이크는 일본에 오기 전까지 라면을 먹은 적이 없었었어.

517 He hadn't spoken to Jenny until she texted him last week.

그는 지난주 그녀가 그에게 문자하기 전까지 제니에게 말하지 않았었어.

518 I had been married for 5 years when you were born.

난 네가 태어났을 때 5년 동안 결혼한 상태였었어.

519 Had Jenny left when he got to the party?

제니는 그가 파티에 도착했을 때 떠났었니?

- 과거완료형은, 단순 과거형(leave)보다 '이미 떠났었음'을 구체적으로 표현하는 느낌이에요.

520 Did the bus already leave when you got to the station?

네가 정류장에 도착했을 때 버스가 이미 떠났니?

- 단순 과거형도 시간을 특정해 주는 표현(already)와 함께 쓰면, 구체적인 시점을 표현할 수 있죠.

521 Jenny submitted her report before the deadline.

제니는 그녀의 보고서를 마감 기한 전에 제출했어.

522 She finished her book before she went to bed.

그녀는 그녀가 잠자리에 들기 전에 독서를 끝냈어.

현재완료가 과거의 일이 현 시점에는 이미 완료된 것을 의미한다면,
과거완료는 그보다 과거의 일이, 특정 과거 시점에 이미 완료되어 있었음을 의미해요.

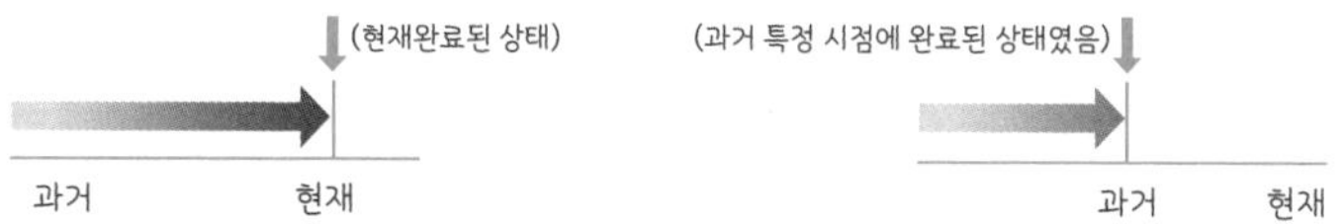

현재완료: I have fixed it today.
(오늘 고치는 걸 완료한 상태야.)

과거: I had fixed it before I met you.
(널 만나기 전에 고치는 걸 완료한 상태였어.)

영크릿 쌤의 핵심 강의입니다.
QR 코드를 찍어 확인해보세요.

과거에 진행됐었던 일을 말해봅니다

- 과거 이전에 일어난 일이나 상황이, 과거 특정 시점까지 진행 중이었을 때 과거완료진행 (had been + -ing)을 써요.

I had been waiting for you until midnight.
(과거 어느 시점, 자정 전까지) 널 기다리고 있었어.

- '과거 특정 시점까지, 진행 중이었던'이라는 뉘앙스로 과거진행형과는 달라요.

I had been waiting for you until midnight.
(과거 어느 시점, 자정 전까지) 널 기다리고 있었어.

I was waiting for you.
(과거 어느 시점에) 널 기다리고 있었어.

- 부정일 때는 had 뒤에 not을 붙여요.

He had **not** been going to the gym before he got fat.

단어 예습 fat 뚱뚱한 lonely 외로운 stressed out 스트레스 받은 save up 저축하다 annual leave 연차 nauseous 메스꺼운 evaluation 평가 anxious 불안, 초조한 surgery 수술 ill 아픈 overweight 과체중의

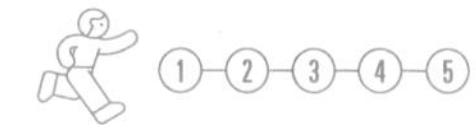

523 I had been sitting at my desk before lunchtime.

난 점심 시간 전까지 책상에 앉아있는 중이었었어.

I had not been sitting at my desk before lunchtime.

난 점심 시간 전까지 책상에 앉아 있는 중이 아니었었어.

524 I had been living in the U.S. before I moved to Australia.

난 내가 호주로 이사하기 전까지 미국에 살고 있었었어.

I hadn't been living in the U.S. before I moved to Australia.

난 내가 호주로 이사하기 전까지 미국에 살고 있지 않았었어.

525 He had been going to the gym before he got fat.

그는 그가 뚱뚱해지기 전까지 헬스장에 다니고 있었었어.

He had not been going to the gym before he got fat.

그는 그가 뚱뚱해지기 전까지 헬스장에 다니고 있지 않았었어.

526 Had you been waiting for me until midnight?

너 자정까지 날 기다리고 있었었니?

Yes, I had been waiting for you until midnight.

응, 나 자정까지 널 기다리고 있었었어.

No, I hadn't been waiting for you until midnight.

아니, 나 자정까지 널 기다리고 있지 않았었어.

527 Had you been feeling lonely before you joined this group?

너 이 모임에 참여하기 전까지 외로움을 느꼈었니?

Yes, I had.

응, 그랬었어.

No, I hadn't.

아니, 안 그랬었어.

528 I had been feeling well before she yelled at me.

난 그녀가 내게 소리 지르기 전까지 기분이 좋았었어.

529 He had been feeling stressed out before he took a vacation.
그는 그가 휴가를 내기 전까지 스트레스를 받고 있어 왔었어.

530 She hadn't been saving up a lot before her annual leave.
그녀는 그녀의 연차 전까지 저축을 많이 못 해 왔었어.

531 My father had been smoking a lot before he quit.
우리 아빠는 금연하기 전까지 담배를 많이 피워 왔었어.

532 Travis had been working very hard before he finally quit.
트래비스는 마침내 퇴사하기 전까지 매우 열심히 일하고 있어 왔었어.

533 Had you been feeling nauseous before the evaluation?
넌 평가 전까지 매스꺼웠었니?

534 Were you feeling anxious before the surgery?
수술 전에 긴장됐었니?

535 Jenny was eating too much junk food before she became ill.
제니는 그녀가 아프기 전까지 너무 많은 정크 푸드를 먹고 있었어.

- 시간을 특정해 주는 표현(before)이 있다면, 단순 과거진행형을 써 주어도 문제 없어요.

536 I wasn't listening to the doctor until he told me I was overweight.
난 내 의사가 내가 과체중이라고 말하기 전까지 그의 말을 안 들었어.

과거완료가 어떤 일이 특정 과거 시점에 이미 완료되었던 상태를 말한다면,
과거완료진행은 어떤 일이 특정 과거 시점까지 진행 중인 상태였음을 말해요.

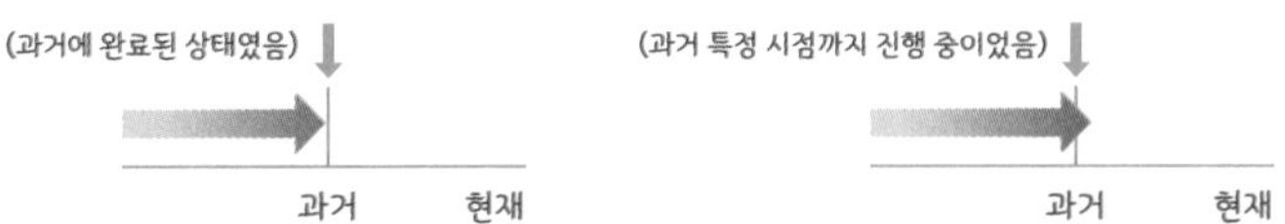

과거완료: I had fixed it before I met you.
(널 만나기 전에 고치는 걸 완료한 상태였어.)

과거: I had been fixing it before I met you.
(널 만나기 전까지 고치는 걸 진행 중인 상태였어.)

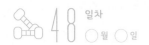

잠깐
복습해요!

- 교재에서 다룬 영어의 시제들을 총 정리해 봐요. 다음의 문장들을 소리 내어 읽어 보며 문법이나 용어보다는 문장 자체의 의미에 집중하여 느껴 보세요.

537 I have lunch. 난 점심 먹어.

538 I had lunch. 난 점심 먹었어.

539 I will have lunch. 난 점심 먹을 거야.

540 I am having lunch. 난 점심 먹는 중이야.

541 I was having lunch. 난 점심 먹는 중이었어.

542 I will be having lunch. 난 점심 먹는 중일 거야.

543 I have had lunch. 난 점심 지금은 다 먹었어.

544 I have been having lunch. 난 점심 지금까지 먹고 있는 중이야.

545 I had had lunch. 난 점심 그때까지 다 먹었었어.

546 I had been having lunch. 난 점심 그때까지 먹고 있는 중이었었어.

547 I will have had lunch. 난 점심 그때까지 다 먹었을 거야.

548 I will have been having lunch. 난 점심 그때까지 먹고 있는 중일 거야.

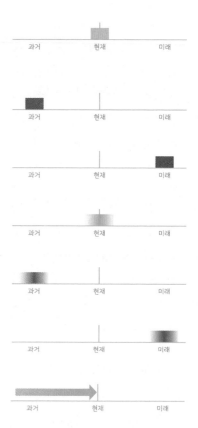

위 문장들의 시점을 다음 페이지의 시점 표에서 선택해 보세요!
틀려도 괜찮아요. 머리 속에서 각 시점들의 장면을 그려보며 올바른 시점을 맞춰 보세요!

- **현재형**
  일반적인 사실, 습관 또는 현 시점의 일/상태

- **과거형**
  과거 특정 시점의 일/상태

- **미래형**
  미래 특정 시점의 일/상태

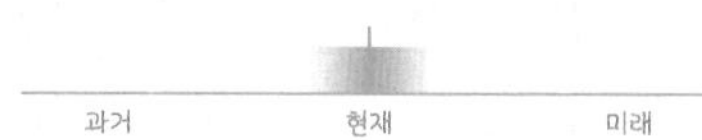

- **현재진행형**
  현재 진행 중인 일/상태

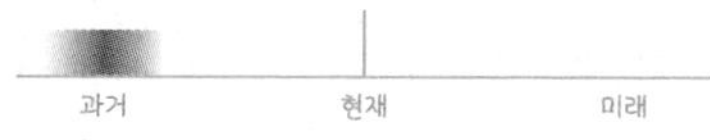

- **과거진행형**
  과거에 진행 중이었던 일/상태

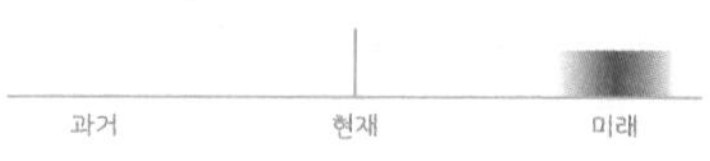

- **미래진행형**
  미래에 진행 중일 일/상태

- **현재완료형**
  과거에 시작되어 현 시점에 완료된 일/상태 (결과에 초점)

과거 현재 미래

- **현재완료진행형**
  과거에 시작되어 현 시점까지 진행 중인 일/상태 (과정에 초점)

- **과거완료형**
  과거 특정 시점에 이미 완료됐던 일/상태 (결과에 초점)

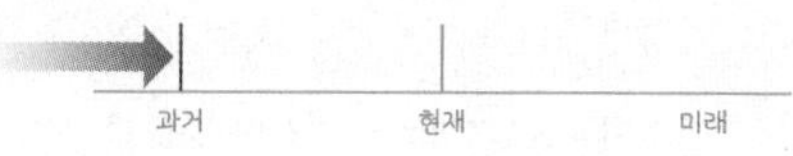

- **과거완료진행형**
  과거 특정 시점까지 진행됐었던 일/상태 (과정에 초점)

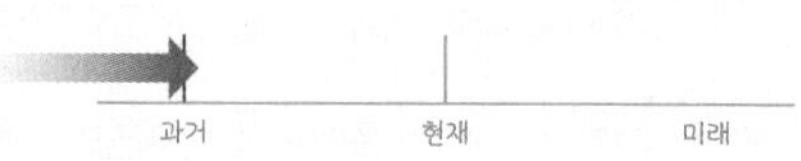

- **미래완료형**
  미래 특정 시점까지 이미 완료될 일/상태 (결과에 초점)

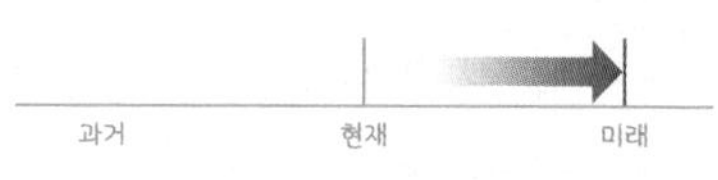

- **미래완료진행형**
  미래 특정 시점까지 진행될 일/상태 (과정에 초점)

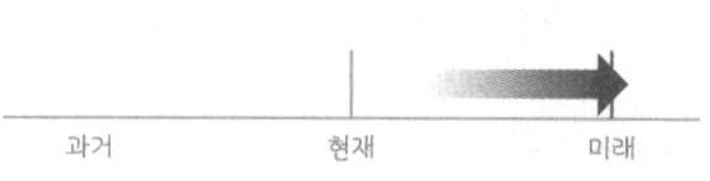

정답 예문과 시점들을 잘 짝지어 보셨나요? 정답은… 맞습니다! 예문과 시점들, 각각 순서 그대로랍니다.

어미 '-었었-'은 현재와 비교하여 다르거나 단절되어 있는 과거의 사건을 나타내요.
이렇게, 과거형에 '었'을 하나 더 붙여 보면,
밥 먹었어. (과거) / (그때 이미) 밥 먹었었어. (과거완료)
과거 특정 시점보다 이전에 일어난 일임이 뉘앙스를 통해 살아나죠?
과거완료를 생각할 땐, 과거형에 '었'을 하나 더 붙여 보세요!

49 일차

◯월 ◯일

Inbody Checks

A. 수동형 표현

36~37일차까지 각 날짜별로 3개씩의 예시문을 뽑았어요. 해석을 보고 떠오른 문장을 오른쪽의 모범 답안과 비교하여 맞히면 이해도에 체크하세요.

이해도

◯ 1 이 책은 그에 의해 쓰여졌어.

◯ 2 제이크가 음주 운전으로 체포되었니?

◯ 3 난 내 이전 직장에서 해고 당했어.

◯ 4 난 네가 걱정돼.

◯ 5 너 크리스마스가 기대되니?

◯ 6 난 제니가 날 떠나는 게 걱정돼.

A. 수동형 표현 : 모범 답안

이해도가 4개 이하라면 36~37일차 훈련 문장을 한 번 더 읽어주세요. 이때 외우거나 개념을 이해하기보다는 반복적으로 소리 내어 발화량을 늘려주세요.

1 This book was written by him.

2 Did Jake get arrested for drunk driving?

3 I got fired from my previous company.

4 I am worried about you.

5 Are you getting excited about Christmas?

6 I am worried that Jenny is going to leave me.

/ 12

B. 조동사와 과거의 습관 표현

38~41일차까지 각 날짜별로 3개씩의 예시문을 뽑았어요. 해석을 보고 떠오른 문장을 오른쪽의 모범 답안과 비교하여 맞히면 이해도에 체크하세요.

이해도

1 넌 반드시 가야만 돼.
2 나 이거 하루 종일 할 수도 있어.
3 네 상사인 수잔이 아마 널 보고 있을 수도 있어.

4 당신이 의사 고든 씨군요.
5 너 그녀가 그런 일을 할 것 같아?
6 괜찮아. 부러지지 않을 거야.

7 주문하시겠어요?
8 전 그냥 버거 하나 주세요.
9 다시 말해 주시겠어요?

10 내가 아이일 때, 야채를 많이 먹곤 했었지.
11 제니는 어렸을 때, 곱슬머리이곤 했어.
12 사람들은 지구가 평평하다고 생각하곤 했어.

B. 조동사와 과거의 습관 표현 : 모범 답안

이해도가 8개 이하라면 38~41일차 훈련 문장을 한 번 더 읽어주세요. 이때 외우거나 개념을 이해하기보다는 반복적으로 소리 내어 발화량을 늘려주세요.

1 You must go.

2 I could do this all day.

3 Your boss Susan might be watching you.

4 You must be Dr. Gordon.

5 Do you think she would do something like that?

6 It's okay. It shouldn't break.

7 Would you like to order?

8 I will have just a burger, please.

9 Could you please repeat that?

10 As a child, I would eat many vegetables.

11 Jenny used to have curly hair when she was little.

12 People used to think that the Earth was flat.

/ 18

C. 다양한 시제 표현

42~47일차까지 각 날짜별로 3개씩의 예시문을 뽑았어요. 해석을 보고 떠오른 문장을 오른쪽의 모범 답안과 비교하여 맞히면 이해도에 체크하세요.

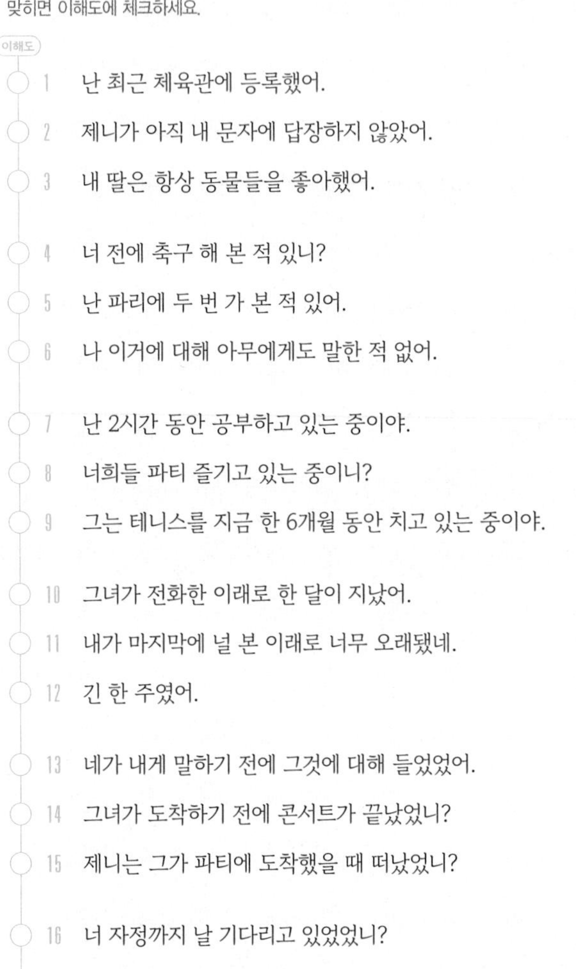

이해도

1 난 최근 체육관에 등록했어.
2 제니가 아직 내 문자에 답장하지 않았어.
3 내 딸은 항상 동물들을 좋아했어.

4 너 전에 축구 해 본 적 있니?
5 난 파리에 두 번 가 본 적 있어.
6 나 이거에 대해 아무에게도 말한 적 없어.

7 난 2시간 동안 공부하고 있는 중이야.
8 너희들 파티 즐기고 있는 중이니?
9 그는 테니스를 지금 한 6개월 동안 치고 있는 중이야.

10 그녀가 전화한 이래로 한 달이 지났어.
11 내가 마지막에 널 본 이래로 너무 오래됐네.
12 긴 한 주였어.

13 네가 내게 말하기 전에 그것에 대해 들었었어.
14 그녀가 도착하기 전에 콘서트가 끝났었니?
15 제니는 그가 파티에 도착했을 때 떠났었니?

16 너 자정까지 날 기다리고 있었었니?
17 난 내가 호주로 이사하기 전까지 미국에 살고 있었었어.
18 난 그녀가 내게 소리 지르기 전까지 기분이 좋았었어.

C. 다양한 시제 표현 : 모범 답안

이해도가 12개 이하라면 42~47일차 훈련 문장을 한 번 더 읽어주세요. 이때 외우거나 개념을 이해하기보다는 반복적으로 소리 내어 발화량을 늘려주세요.

1 I've recently joined a gym.

2 Jenny hasn't responded to my text yet.

3 My daughter has always loved animals.

4 Have you played soccer before?

5 I have visited Paris twice.

6 I haven't told anyone about this.

7 I have been studying for 2 hours.

8 Have you guys been enjoying the party?

9 He's been playing tennis for about 6 months now.

10 It's been a month since she called.

11 It's been ages since the last time I saw you.

12 It's been a long week.

13 I had heard about it before you told me.

14 Had the concert ended before she arrived?

15 Had Jenny left when he got to the party?

16 Had you been waiting for me until midnight?

17 I had been living in the U.S. before I moved to Australia.

18 I had been feeling well before she yelled at me.

Never listen to the naysayers.
Set a goal.

Arnold Schwarzenegger

When I went to a bodybuilding competition, many people doubted me.
When I decided to become a movie star, many people said It was a terrible idea.
When I ran for the governor of California, many people said I was crazy.
"Nobody will remember your weird Austrian name, Arnold Schwarzenegger."
"Nobody will want to see someone that masculine in a Hollywood movie."
"Nobody will want to live in a state-run by an actor who doesn't know anything about politics."
You know what happened?
People loved to see me perform and loved to call my name on stage. People loved to see someone built like a robot in the movie *Terminator*.
People loved to live in a state-run by someone as passionate as an actor.
Everything they said would be my obstacles was actually my strength.
Never listen to the naysayers. Set a goal.

여러분의 동기부여를 위해 다양한 연사들과 그들의 명문장을 소개할게요.
이들 중 여러분의 영어 롤모델을 찾아 보아도 좋습니다.

안 된다는 사람들의 말은 절대 듣지 마십시오.
목표를 세우십시오.

. 아놀드 슈왈츠제네거

제가 보디빌딩 대회에 나간다고 했을 때, 많은 사람들이 나를 의심했죠.
내가 영화배우가 되기로 결심했을 때, 많은 사람들이 끔찍한 생각이었다고 말했어요.
제가 캘리포니아 주지사에 출마했을 때, 많은 사람들이 제가 미쳤다고 말했습니다.
"아무도 당신의 이상한 호주 이름, 아놀드 슈왈츠제네거를 기억하지 못할 겁니다."
"아무도 할리우드 영화에서 그렇게 남성적인 사람을 보고 싶어하지 않을 겁니다."
"아무도 정치에 대해 아무것도 모르는 배우가 운영하는 지역에 살고 싶어하지 않을 겁니다."
그런데 무슨 일이 있었는지 아세요? 사람들은 제가 공연하는 것을 좋아했고, 무대에서 제 이름을 부르는 것을 좋아했습니다.
사람들은 영화 '터미네이터'에서 로봇처럼 몸이 만들어진 사람을 보는 것을 좋아했어요.
사람들은 배우만큼 열정적인 사람이 국가를 운영하는 곳에 있을 것을 좋아했습니다.
그들이 내 장애물이 될 것이라고 말한 모든 것들이 사실 내 강점이 되었죠. 반대하는 자들의 말을 절대 듣지 마세요. 목표를 설정하세요.

내용 해석이 어려웠나요? 걱정하지 마세요! 아직 이해할 필요 없어요.
교재를 완독하고 다시 돌아와서 읽어 보면, 영어 → 한국어 해석이 아니라, 영어가 영어로 읽히는 마법이 일어날 거예요.

keep in mind

영어때문에 자존감이 낮아질 땐 어쩌죠?

The only limitation is the level of your desires.
– Brian Tracy

'난 내가 꿈꾸는 만큼 살아간다.'

2014년. 해외 취업의 꿈을 안고 혈혈단신 호주로 떠나온 저는, 이 문장을 매일같이 벽에 붙여두고 낭송하곤 했었죠.그런데 그 당시 호텔 경영 학부생에 외국인 노동자 신분의 동양인에겐 간단한 아르바이트 자리도 구하기 쉽지 않더군요. 문전 박대는 기본이고 눈 앞에서 이력서가 버려지는 광경도 허다 했어요. 결국 3개월 째 되던 날, 제 손에 남은 건 마지막 이력서 7장뿐. 안 그래도 낮았던 제 자존감은 마침내 바닥을 치고 말았죠. 어느 날은 포기하고 돌아가는데, 갑자기 폭우가 쏟아지는 것 아니겠어요? 순식간에 남은 이력서들마저 모두 물에 젖어 못 쓰게 되어 버렸어요.

'꿈꾸는 만큼 살기는 개뿔! 역시 송충이는 솔잎을 먹어야 되나 보군. 망했다!' 참았던 눈물을 펑펑 쏟으며 이력서를 말리고 있는데, 쉐어 하우스의 프랑스인 친구가 말하더군요. "얘, 이거 네 이력서니? 마침 잘 됐다. 우리 삼촌이 호텔에 다니는데, 지금 한 자리가 비어." 놀랍게도, 옆 침대에서 지난 3개월을 함께 보낸 이 친구의 친척이 집 앞 5분 거리 특급 호텔의 CEO더군요. 그 후로 전 자존감이 낮아질 때마다 현재 지치고 초라한 내 모습은 우화 직전 번데기의 단계라고 생각해요. 영어 공부가 지치고 자존감이 낮아질 땐, 목표가 이뤄진 모습을 상상하며 현재의 힘듦을, 목표 성취를 향하는 즐거움으로 바꾸어 보세요. 이렇게 되뇌어 보는 거예요.

"The only limitation is the level of my desires."

COURSE

6

비교, 과장, 가정하여 말하는 훈련

주식을 샀었다면… 팔았었다면… 부자가 됐을 텐데… 세계 여행 갔을 텐데…
과거에 일어나지 않은 일을 현재와 비교하며 후회하고, 과장하는 것,
큰 맥락에서는 상황을 가정하는 것이겠죠?
어렵다고 생각했던 가정법 또한 이렇게
일상 회화적인 맥락에서 다루면 쉽게 이해할 수 있다는 것!
그럼, 같이 즐겁게 배워 볼까요?

GAIN

나 ________ 는/은 14일 후인 ____ 월 ____ 일까지, 이 코스를 완독한다.
그로 인해 비교하고, 과장하고, 가정하는 문장을 자유롭게 만들며 성취감을 느낄 것이다.
내가 설정한 목표는 반드시 이룬다!

영크릿 쌤의 핵심 강의입니다.
QR 코드를 찍어 확인해보세요.

비교해 말해봅니다

- 대상 간의 차이를 비교할 때, 비교급을 써요.

I am **taller** than you.

- 형용사가 1음절일 때는 형용사에 -er을, 2음절 이상일 때에는 앞에 more을 보통 사용해요.

구성	예시
(짧은) 형용사 + -er, -ier	He is younger than me. 그는 나보다 더 어려.
more + (긴) 형용사	This is more expensive than that. 이것은 그것보다 더 비싸.

- 예외적으로, good, bad, many/much, little의 비교급은 각각 better, worse, more, less가 돼요.

Are you feeling **better** now?

단어 예습 intelligent 지능이 높은 peer 또래 ambitious 야망이 큰 informative 정보가 많은 traditional 전통적인 definitely 확실히 example 예시

절차기억화를 위한 훈련 영상입니다.
소리내어 5번씩 따라하세요.

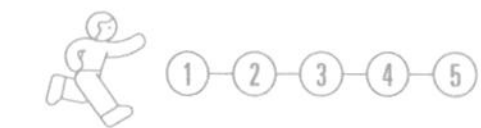

549 I am taller than you. 난 너보다 키가 더 커.

I am not taller than you. 난 너보다 키가 더 크지 않아.

550 He sings better than me. 그는 나보다 노래를 더 잘해.

He doesn't sing better than me. 그는 나보다 노래를 더 잘하지 않아.

551 This car is faster than my car. 이 차는 내 차보다 더 빨라.

This car is not faster than my car. 이 차는 내 차보다 더 빠르지 않아.

552 Is this pencil shorter than mine? 이 연필이 내 것보다 더 짧니?

Yes, it is shorter than yours. 응, 네 것보다 더 짧아.

No, it isn't shorter than yours. 아니, 네 것보다 더 짧지 않아.

553 Are these pants tighter than those jeans?

이 바지가 저 바지보다 더 타이트한가요?

Yes, they are. 네, 그래요.

No, they aren't. 아니요, 그렇지 않아요.

554 My son is more intelligent than his peers.

내 아들은 그의 또래보다 더 똑똑하다.

- 긴 음절의 형용사는, 앞에 more을 써서 비교급 문장을 만들어요.

555 My current boyfriend is more ambitious than my ex.

내 현재 남자 친구가 내 전 남자 친구보다 더 배포가 있어.

556 Your blog is more popular than Jenny's blog.

네 블로그가 제니의 블로그보다 더 인기 있어.

557 This new version is more expensive than the previous one.
이 새로운 버전이 이전 버전보다 더 비싸.

558 Is Daegu normally hotter than Seoul?
대구가 보통 서울보다 더 덥니?

559 Isn't his YouTube channel more informative than traditional TV programs?
그의 유튜브 채널이 전통적인 TV 프로그램보다 정보가 더 많지 않니?

560 Are you feeling better now?
너 이제 좀 더 기분이 낫니?

561 We definitely need a bigger carpet.
우린 확실히 더 큰 카펫이 필요해.

562 I'm confused. Do you have a better example?
나 헷갈려. 더 좋은 예시 없어?

563 The tree grew taller and taller.
나무가 점점 더 커져갔어.

- '비교급 and 비교급'을 사용하면 '점점 더 ~해지다'라는 뜻이에요.

564 This is getting worse and worse.
이거 점점 더 안 좋아지네.

565 Everything is getting more and more expensive.
모든 게 점점 더 비싸진다.

- 음절이 긴 형용사는 'more and more 형용사'의 형태로 써 줘요.

보통 형용사의 음절을 구분 지어 두고 '1음절은 -er, 3음절은 more...' 구분해 두고 외우는데요.
절대 그렇게 할 필요가 없답니다! 비교급 문장을 반복해서 읽어 보는 것 만으로, 올바른 형태를 알 수 있어요.

You are beautifuler today. 뷰티풀러...? 어색한데? 이런 형태는 없잖아!
You are more beautiful today. 이거지!

말하는 입장에서 단어들이 몇 음절인지는 애초에 알 필요도 없다는 것!

비교를 강조해 말해봅니다

- 비교급에서는 특정 단어들을 이용하여 비교하는 두 대상의 차이를 강조할 수 있어요.

I run **a lot** faster than you.

- 비교급과 빈번하게 사용되는 강조 부사들을 집중적으로 훈련해 보세요.

종류	예시
비교급 강조 부사 much, a lot, far	He is **much** younger than me. 그는 나보다 **훨씬** 더 어려. He is **a lot** taller than me. 그는 나보다 **훨씬** 더 커.
	This is **much more** expensive than that. 이것은 그것보다 **훨씬** 더 비싸. This is **a lot more** interesting than that. 이것은 그것보다 **훨씬** 더 흥미로워.

- 비교급을 만드는 방법은 동일하나 앞에 비교급을 강조해 주는 단어만 붙이면 돼요.

He seems **much** more excited than his son.

단어 예습 complicated 복잡한 seem ~게 보이다 organized 정돈된 affordable 가격 감당 가능한 used 사용된, 중고의 practical 실용적인 influential 영향력 있는 black ice 도로 위 얼음 disastrous 처참한 fabulous 근사한 A.I. technology 인공지능 기술 sci-fi 공상과학 intense 극심한, 강렬한

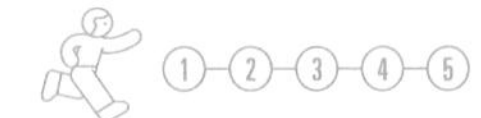

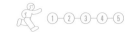

566 I run a lot faster than you. 내가 너보다 훨씬 더 빨리 뛰어.

I don't run a lot faster than you. 난 너보다 훨씬 빨리 뛰지 않아.

567 This is far more complicated than I thought. 이건 내 생각보다 훨씬 더 복잡해.

This isn't far more complicated than I thought. 이건 내 생각보다 훨씬 더 복잡하지는 않아.

568 He seems much more excited than his son. 그는 그의 아들보다 훨씬 더 신나 보여.

He doesn't seem more excited than his son. 그는 그의 아들보다 더 신나 보이진 않아.

569 Isn't my room a lot more organized than before? 내 방이 전보다 훨씬 더 정돈되지 않았니?

Yes, your room is a lot more organized than before. 응, 네 방이 전보다 훨씬 더 정돈됐네.

No, your room isn't a lot more organized than before. 아니, 네 방은 전보다 훨씬 더 정돈되진 않았어.

570 Doesn't Mr. Brown look far more tired than usual? 브라운 씨가 평소보다 훨씬 더 피곤해 보이지 않아?

Yes, he does. 응, 그러네.

No, he doesn't. 아니, 안 그런데.

571 The previous A-phone was far more affordable than the new one. 이전 에이폰이 새로운 것보다 훨씬 더 가격이 감당할 만했어.

572 The new couches are a lot more comfortable than the used ones. 새로운 소파들이 중고 소파들보다 훨씬 더 편해.

573 This new photo app is much more powerful than the old one. 이 새로운 사진 어플이 예전 것보다 훨씬 더 강력해.

574 Jenny's second album is much more successful than the first one. 제니의 두 번째 앨범이 첫 번째 것보다 훨씬 더 성공적이야.

575 Now, this is a lot better. 자, 이제 훨씬 낫네.

576 Option A is a lot more practical than option B. 옵션 A가 옵션 B보다 훨씬 더 실용적이야.

577 Jake's Instagram is far more influential than Jenny's. 제이크의 인스타그램이 제니의 것보다 훨씬 더 영향력 있어.

578 Black ice is far more dangerous than you think. 도로 위 얼음은 네가 생각하는 것보다 훨씬 더 위험해.

- than 뒤에는 단어만이 아니라 문장도 올 수 있어요.

579 Alcohol addiction is far more disastrous than you think (it is). 알코올 중독은 네 생각보다 훨씬 더 재앙적이야.

- '그것이 그렇다고' 생각한 것이니, it is를 썼는데요, 간단하게 말하고 싶을 때는 생략해도 돼요.

580 The dinner will be a lot more fabulous than you think it's going to be. 저녁 식사는 네가 생각한 것보다 훨씬 더 근사할 거야.

581 The scenery was much more beautiful than we thought it was going to be. 풍경은 우리가 생각한 것보다 훨씬 더 아름다웠어.

582 A.I. technology will be much more helpful than everyone thinks it will be.

인공지능 기술은 모두가 생각하는 것보다 훨씬 더 유용할 거야.

583 This sci-fi was a lot more intense than I thought it would be.

이 공상과학 소설은 내가 생각한 것보다 훨씬 더 몰입도가 있었어.

- would는 will의 과거형으로 쓰였어요. (과거에) '~일 것이라고'

584 The post office is a lot closer than I thought it was.

우체국은 내가 생각한 것보다 훨씬 더 가까웠어.

- 실제로 우체국이 가까운 것과 비교하여 멀 것이라고 생각한 것은 과거라 과거형이 쓰였어요.

예문들은 각 형용사의 음절의 느낌을 잡아 보게끔 순서대로 배치되었어요.
반드시 순서대로 소리 내어 반복 발화 연습해 주세요!

비슷한 것을 비교해봅니다

- 비교급에서는 'as 형용사 as (~만큼 ~하다)'의 형태로 앞뒤 대상이 비슷함을 나타낼 수 있어요.

  I am **as smart as** you.

- 'as 형용사 as' 구문은 한 호흡으로 발음해 볼 수 있도록 연음 지어 발화 연습해 보세요.

  I run **as fast as** him.

- 부정일 때는 앞 문장의 형태를 부정형으로 바꾸어 주세요.(~만큼 ~하지는 않다)

  I am not **as tall as** you.

단어 예습 beer 맥주 catchy 중독성 있는, 듣기 좋은 thoroughly 사려 깊게 buffet 뷔페 식당 caffeine 카페인 get back to 회답하다 still 아직

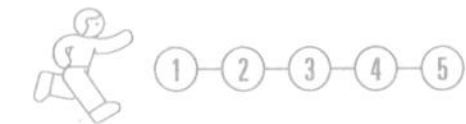

585 I am as tall as you. 난 너만큼 키가 커.

I am not as tall as you. 난 너만큼 키가 크지 않아.

586 Today is as cold as yesterday. 오늘은 어제만큼 추워.

Today isn't as cold as yesterday. 오늘은 어제만큼 춥지 않아.

587 Korean beer is just as good as German beer.
한국 맥주도 독일 맥주만큼 딱 좋아.

Korean beer isn't as good as German beer.
한국 맥주는 독일 맥주만큼 좋지 않아.

588 Is the new song as catchy as the last one?
새로운 노래가 이전 것만큼 중독성 있니?

Yes, it is as catchy as the last one. 응, 이전 것만큼 중독성 있어.

No, it isn't as catchy as the last one.
아니, 이전 것만큼 중독성 있지 않아.

589 Can you drive as fast as that car? 저 차만큼 빠르게 갈 수 있어요?

Yes, I can. 네, 가능해요.

No, I can't. 아니요, 불가능해요.

590 I will review your résumé as thoroughly as I can.
제가 당신의 이력서를 가능한 한 전체적으로 잘 확인할게요.

- as ~ as 뒤에는 단어만이 아니라, 문장도 올 수 있어요.

591 Can you tell me as much as you can remember?
네가 기억할 수 있는 만큼 내게 말해 줄 수 있어?

592 You can eat as much as you want at a buffet.

뷔페에서는 네가 원하는 만큼 먹을 수 있어.

593 I am staying away from caffeine as much as possible.

나 카페인으로부터 가능한 만큼 멀어지려고.

• 문맥에 따라 as ~ as 뒤에 possible을 사용할 수 있어요. '가능한 한 ~하게'

594 I will send you the details as soon as I can.

내가 가능한 빠르게 세부 내용을 보내 줄게.

595 I will get back to you as soon as possible.

내가 가능한 만큼 빨리 회신 줄게.

596 Can you do this job as quickly as possible?

이 일을 가능한 만큼 빠르게 할 수 있어?

597 Are you going to apply to as many companies as you can?

너 가능한 만큼 많은 회사에 지원할 거야?

598 I'm going to sleep as many hours as possible this weekend.

난 이번 주말에 가능한 만큼 많은 시간을 잘 거야.

599 Be kind to as many people as possible.

가능한 만큼 많은 사람에게 친절해라.

600 Read as many books as possible while you're still young.

네가 아직 젊을 동안 가능한 많은 책을 읽어라.

as ~ as표현은 자주 쓰이는 표현을 위주로 먼저 입에 익숙하게 만들어 주세요.
As soon as, as quickly as, as much as 구문은 마치 한 단어처럼 입에 붙이는 거예요.

as ~ as 구문을 말해봅니다

- as ~ as 구문을 이용하여 구어적으로 쓰는 표현이 있으니 집중 훈련해 보세요.

as long as ~하는 한

as well as ~뿐 아니라 ~또한

as far as I'm concerned 내가 생각하는 한

- 각 표현들이 마치 한 단어로 인식되게끔 한 호흡으로 발음해 보는 것이 핵심이에요. 실제 회화에서 사용 빈도가 아주 높은 구어 표현으로 입에 충분히 익게끔 훈련해 보세요.

We can go **as long as** the weather is good.

I like rock music **as well as** pop.

단어 예습 make it 해내다 respect 존중하다 furniture 가구 bedding 침구류 refund 환불 receipt 영수증

601 As long as you work hard, you can make it.

네가 열심히 하는 한, 해낼 수 있어.

602 As long as you respect people, they'll respect you.

네가 사람들을 존중하는 한, 그들도 널 존중할 거야.

603 I can speak Chinese as well as English.

영어뿐만 아니라, 난 중국어도 할 수 있어.

• as well as는 문장 뒤에서 사용하는 것이 자연스러워요.

604 I like TV series as well as movies.

영화뿐만 아니라, 난 TV시리즈 또한 좋아해.

605 As far as I'm concerned, pancakes are the best dessert.

내가 생각하는 한, 팬케이크가 최고의 디저트야.

606 As far as I'm concerned, we won that game.

내가 생각하는 한, 우리가 그 게임을 이겼어.

607 You were rude to him as far as I'm concerned.

넌 그에게 무례했어, 내가 생각하는 한.

608 They sold furniture as well as bedding items.

그들은 침구류뿐만 아니라 가구도 팔았어.

609 You can get a refund as long as you have the receipt.

네가 영수증을 가지고 있는 한 환불을 받을 수 있어.

최고인 것을 말해봅니다

- 대상을 비교할 때 하나의 정도가 가장 높음을 '최상급'으로 나타낼 수 있어요.

I am **the smartest**.

- 보통 형용사가 1음절일 땐 형용사에 the -est를, 2음절 이상일 때는 앞에 the most을 사용해요.

구성	사용	예시
the + 형용사 + -est	1음절	He is **the youngest**. 그는 가장 어려.
the most + 형용사	2음절 이상	This is **the most expensive**. 이것은 가장 비싸.

- 예외적으로, good, bad, many/most, little은 각각 the best, the worst, the most, the least가 돼요.

She is **the most** boring person I've ever met.

단어 예습 hardworking 열심히 하는 actor 배우 iconic 아이코닉한, 상징성 있는 of all time 역대 stressful 스트레스 받는 creative 창의력 있는 literally 문자 그대로

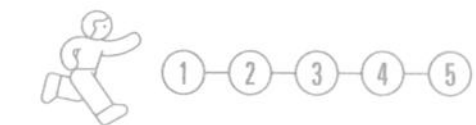

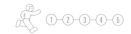

610 I am the smartest. 내가 제일 똑똑해.

I am not the smartest. 난 제일 똑똑하진 않아.

611 He is the most popular guy in school. 그는 학교에서 제일 인기 있어.

He isn't the most popular guy in school. 그는 학교에서 제일 인기 있진 않아.

612 Son is the fastest player on the team. 손은 팀 내에서 제일 빠른 선수야.

Son isn't the fastest player on the team. 손은 팀 내에서 제일 빠른 선수는 아니야.

613 Is Jenny the tallest person in the class? 제니가 그 교실에서 제일 키 큰 사람이니?

Yes, she is the tallest person in the class. 응, 그녀가 그 교실에서 제일 키 큰 사람이야.

No, she isn't the tallest person in the class. 아니, 그녀는 그 교실에서 제일 큰 사람이 아니야.

614 Isn't he the most hardworking guy in the office? 그는 사무실에서 제일 열심히 일하는 사람이니?

Yes, he is. 응, 맞아.

No, he isn't. 아니, 그렇진 않아.

615 He is the richest actor in the world. 그는 세상에서 제일 부자인 배우야.

616 Mountain Everest is the highest mountain in the world. 에베레스트 산은 세상에서 제일 높은 산이야.

617 Michael Jackson is the most iconic singer of all time.

마이클 잭슨은 시대를 통틀어 제일 상징적인 가수야.

618 Jane is the most confident woman I know.

제인은 내가 아는 사람 중 제일 자신감 있는 여성이야.

619 She is the most boring person I've ever met.

그녀는 지금껏 내가 만나본 사람 중 제일 지루한 사람이야.

- 현재완료형을 이용해서 '지금껏 ~것 중에'라는 뉘앙스를 줄 수 있어요.

620 This is the most stressful work I've ever done.

이게 지금껏 내가 해 본 일 중 제일 스트레스 받는 일이야.

621 That was the best decision she's ever made.

그게 지금껏 그녀가 한 결정 중 최고의 결정이었어.

622 That was the worst movie I've ever seen.

저건 지금껏 내가 본 영화 중 최악의 영화였어.

623 Jake is the most creative student we've ever had.

제이크는 지금껏 우리가 겪은 학생 중 가장 창의적인 학생이야.

624 That was the most delicious dish I've ever had.

이건 지금껏 내가 먹어본 것 중 가장 맛있는 음식이었어.

625 This is the best thing that's ever happened to me.

이건 지금껏 내게 일어난 일 중 최고의 일이야.

- that has ever는 자주 쓰이는 말이니 축약형 that's ever로 익혀 주세요.

626 This is literally the worst day of my life.

오늘은 말 그대로 내 인생에서 최악의 날이야.

- '말 그대로'라는 뜻으로 캐주얼한 대화에서 상황을 과장할 때에 주로 쓰여요.

최상급은 사실일 때도 있지만, 대개 상황을 과장할 때 쓰는 경우가 많아요.
This is the worst movie I've ever seen! 지금껏 본 영화 중 최악이야!
정말 최악은 아니더라도, 그 심함의 정도를 최상급으로 과장할 수 있겠죠?

최고인 것을 강조해 말해봅니다

- 최상급에서도 특정 단어들을 이용하여 최상급을 강조할 수 있어요.

It's the best day **ever**!

- 단, 최상의 정도를 한번 더 강조하는 것이므로 때에 따라 불필요한 경우가 많아요.

종류	예시
최상급 강조 부사 **by far, very, ever**	This is **by far** the tallest building in the city. 이것은 **단연코** 이 도시에서 가장 큰 빌딩이야.
	This is the most interesting story **ever**! 이것은 **지금껏** 최고의 흥미로운 이야기야!

- 최상급 강조의 핵심은 상황과 사실을 과장하는 뉘앙스가 더욱 강해진다는 거예요.

They sell the **very** best pizza in New York.

단어 예습 of the year 올해의 patient 참을성 있는 athlete 운동선수 wealthy 부유한 moment 순간

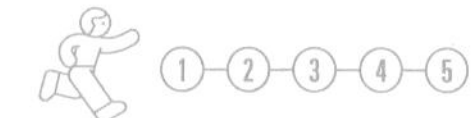

627 This is by far the most popular book of the year.

이건 단연코 올해의 책 중 제일 인기 있는 책이야.

628 It was by far the most inspiring speech this year.

그건 단연코 올해의 가장 동기 부여되는 연설이었어.

629 Jake is by far the most successful guy I've ever met.

제이크는 단연코 내가 지금껏 만나 본 사람 중 가장 성공한 사람이야.

630 Dr. Gordon is by far the most patient person I've ever seen.

닥터 고든은 단연코 내가 지금껏 본 사람 중 가장 침착한 사람이야.

631 This is by far the best-looking watch I've ever bought.

이건 단연코 내가 지금껏 산 시계 중 최고로 멋진 시계야.

632 They sell the very best pizza in New York.

그들은 뉴욕에서 진짜 최고의 피자를 팔아.

633 This is the very first time I've met someone like you.

난 너 같은 사람을 진짜 처음 봐.

634 It's the best day ever!

역대 최고의 날이야!

635 That was the worst movie ever!

이건 역대 최악의 영화야!

636 He is by far one of the best athletes in the world.

그는 단연코 세계 최고의 운동선수 중 한 명이야.

- 'one of(~중에 하나)'을 통해서 최상급 강조 문장의 강도를 조금 줄여서 사용할 수 있어요.

637 This is by far one of the most famous places in Korea. 여긴 단연코 한국에서 가장 유명한 장소야.

638 She is one of the most talented actresses in Hollywood. 그녀는 할리우드에서 가장 재능 있는 여배우 중 한 명이야.

- 'one of'은 그 외 일반적인 최상급과도 많이 사용되니 충분히 연습해 보세요.

639 America is one of the wealthiest countries in the world. 미국은 세상에서 가장 부유한 나라들 중 하나야.

640 Jenny's by far one of the most influential celebrities in the world. 제니는 단연코 세계에서 가장 영향력 있는 연예인 중 한 명이야.

641 Gangnam is by far one of the most expensive areas in Seoul. 강남은 단연코 서울에서 가장 비싼 지역 중 하나야.

642 This was by far one of the most exciting experiences of my life. 이건 단연코 내 인생에서 가장 신나는 경험 중 하나였어.

643 That was by far one of the happiest moments of my life. 그건 단연코 내 인생에서 가장 행복한 순간 중 하나였어.

'one of' 표현은 항상 뒤따르는 대상을 복수형으로 써 줘야 해요.
That was one of the best movies ever! 지금껏 최고의 영화 중 하나야!
'여러 가지 중 하나'라는 뜻이라 그렇답니다.
앞에 one이 나와서 단수로 헷갈릴 수 있으나 복수란 점 주의해야겠죠?

영크릿 쌤의 핵심 강의입니다.
QR 코드를 찍어 확인해보세요.

후회되는 일을 말해봅니다

- 실제 일어나지 않은 과거의 일을 추측, 가정하며 말하는 표현 방법을 익혀 보세요.

You **should've** asked her out.

- 각각의 표현 속에 각 조동사가 가지는 뉘앙스가 살아 있음을 알 수 있어요.

종류/구성		예시
should ~어야 했는데		I **should've** done that. 나 그거 했어야 했는데.
could ~수 있었는데	+ have p.p.	I **could've** done that. 나 그거 할 수 있었는데.
would ~을 건데		I **would've** done that. 나 그거 했을 건데.

- 부정일 때는 should/could/would 뒤에 not을 붙여요.

I **shouldn't** have drunk too much.

단어 예습 dress up 빼입다 match 경기 injure 다치게 하다 support 도움, 지지

644 I should've called you. 나 네게 전화했어야 됐는데.

I shouldn't have called you. 나 네게 전화하면 안 됐는데.

• 본 표현들은 사용 빈도가 높아 늘 축약형으로 쓰이니 입에 익혀 주세요.

645 I should've dressed up. 나 빼입었어야 했는데.

I shouldn't have dressed up. 나 빼입지 말았어야 했는데.

646 You could've told me. 너 내게 말해 줄 수도 있었잖아.

You couldn't have told me. 너 내게 말해 줄 수 없었을 거야.

647 We could've won that match. 우린 그 게임을 이길 수 있었는데.

We couldn't have won that match. 우린 그 게임을 이길 수 없었을 거야.

648 I would've attended the party, but I was sick. 나도 파티에 참여했을 텐데, 아팠어.

I wouldn't have attended the party because I was sick. 나 파티에 참여 못 했을 거야, 아팠거든.

649 Jenny would've come, but she had other plans. 제니도 왔을 텐데, 하지만 다른 일정이 있었어.

650 You should've asked her out. 너 그녀에게 데이트 신청했어야 됐는데.

651 I shouldn't have drunk too much. 나 너무 많이 마셨으면 안 됐는데.

652 He never should have said that. 그는 그걸 절대 말했으면 안 됐는데.

653 That was dangerous. You could've been injured.

그거 위험했어. 너 다칠 수도 있었잖아.

654 My day couldn't have been better. 오늘 아주 좋은 하루야.

- 오늘 하루가 '더 나을 수 없었을 거야' 아주 좋은 날을 보내고 있음을 의미하는 긍정의 문장이겠죠?

655 I never could have done it without you.

난 네가 없이는 절대 못 했을 거야.

656 That would've been really nice. 그거 정말 좋았을 텐데.

657 It wouldn't have been possible without your support.

네 도움 없이는 가능하지 않았을 거야.

658 Nobody would've been able to do it. 그 누구도 그거 못 했을 거야.

위 표현들은 과거에 '실제로 일어나지 않았음'에 초점을 맞추어 연습해 보세요.
과거에 대한 후회 또는, 상황 가정의 뉘앙스를 자연스레 느껴볼 수가 있답니다.

과거를 추측해 말해봅니다

- 실제 일어났을 것으로 생각하는 과거의 일을 추측, 가정하며 말하는 표현 방법을 익혀 보세요.

I'm sorry. I **might have** done that.

- 각각의 표현 속에 각 조동사가 가지는 뉘앙스가 살아 있음을 알 수 있어요.

종류/구성		예시
might (아마/아무래도) ~을 거야	+ have p.p.	I **might've** done that. 내가 그거 아무래도 했을 거야.
must (분명) ~을 거야		I **must've** done that. 내가 그거 분명 했을 거야.

- 부정일 때는 might/must 뒤에 not을 붙여요.

I guess that might **not** have been true.

단어 예습 slight 약간의 number 전화번호 rough 거친, 힘든 miss 놓치다 subway 지하철 calm down 진정하다 be harsh on A A에게 너무 거칠게 하다 gentle 젠틀한, 부드러운 upset 화난, 기분 상한 sold out 매진되다

659 I'm sorry. I might have done that.

미안해. 아무래도 내가 했던 걸지도 몰라.

660 I'm sorry. I might have made a slight mistake.

미안해. 아무래도 내가 약간 실수했던 걸지도 몰라.

661 I guess that might not have been true.

내 생각에 아무래도 그게 사실이 아니었을 지도 몰라.

662 Excuse me. You might've called the wrong number.

실례합니다. 아무래도 잘못된 번호로 전화하셨던 것 같아요.

- might have는 일반형만 아니라 축약형으로도 종종 쓰이니 익혀 주세요.

663 Wow. That must have been rough. 와. 그거 분명 정말 힘들었겠다.

664 They are late. They must have missed the bus.

그들이 늦네. 버스를 놓쳤던 게 분명해.

665 She didn't come. She must not have received my message.

그녀가 오지 않았어. 그녀가 분명 내 문자를 받지 못했을 거야.

666 I lost my key. I must've lost it on the subway.

나 키를 잃어 버렸어. 지하철에서 잃어 버렸던 게 분명해.

- must have 또한 일반형만 아니라 축약형으로도 종종 쓰이니 익혀 주세요.

667 I didn't hear from Jenny. She might've been busy.

나 제니로부터 소식을 듣지 못했어. 그녀는 아마 바빴을 거야.

668 Jenny gave me the wrong number. She must've been confused.

제니가 내게 잘못된 번호를 줬어. 그녀가 분명 헷갈렸을 거야.

669 I might've been too excited. I should've calmed down. 나 아무래도 너무 신 났었을지 몰라. 진정했어야 했는데.

• 과거에 대한 추측을 하고 있으니 과거를 가정, 후회하는 표현과도 쓸 수 있겠죠?

670 You might've been too harsh on her. You could've been gentler. 너 아무래도 그녀에게 너무 심하게 굴었던 것 같아. 좀 더 부드러울 수 있었을 텐데.

671 Jenny must've been upset. Normally, she would've talked to you. 제니는 화났던 게 분명해. 보통은, 그녀가 너랑 대화했을 거야.

672 That item must've been sold out already. You couldn't have bought it anyway.

그 상품은 분명 이미 팔렸을 거야. 넌 어차피 사지 못 했을 거야.

<조동사 + have p.p.> 형태의 표현들은, 모두 '과거'에 대한 추측과 가정임에 주목하세요.

That might be him. 그건 아마 그일 거야.

That might have been him. 그건 아마 그였을 거야.

It must be a mistake. 그건 분명히 실수야.

It must have been a mistake. 그건 분명히 실수였을 거야.

현재에 관해 말하는 현재완료(have p.p.)와 헷갈리지 않도록 충분히 연습해요!

영크릿 쌤의 핵심 강의입니다.
QR 코드를 찍어 확인해보세요.

현재, 미래를 가정해 말해봅니다

- If는 기본적으로 '~면'이라는 뜻을 가지고 있어요.

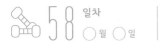

If I eat breakfast, I don't get hungry easily.

- If를 이용한 단순 조건부 문장을 연습해 보세요.

종류/구성		예시
If 단순 조건문 (~면)	+현재형	**If** you heat water, it boils. 물을 가열하면, 끓는다.
	+미래형	**If** you leave, I'll go with you. 네가 떠나면, 나도 갈 거야.

- 늘 그렇듯이 용어 및 문법 그 자체보다 문장의 순서와 뜻을 그대로 받아 들이며 발화하는 것에 집중하세요.

단어 예습 easily 쉽게 coat 코트 wrap up 마무리하다 drive 운전하다, 운전해 주다 driver's license 운전면허증 rehearsal 리허설 get lost 길을 잃다 pay attention 집중/주목하다 left behind 뒤쳐지다 eat healthily 건강하게 먹다 save up 저축하다 afford ~할 형편이 되다 goal 목표

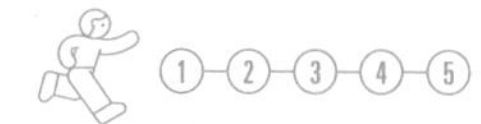

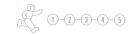

673 If I sleep well, I don't feel tired. 난 잘 자면, 피곤하지 않아.

If I don't sleep well, I feel tired. 난 잘 못 자면, 피곤해.

674 If I eat breakfast, I don't get hungry easily.

난 아침을 먹으면, 쉽게 배고파지지 않아.

If I don't eat breakfast, I get hungry easily.

난 아침 안 먹으면, 쉽게 배고파져.

675 If the weather is cold, I'll wear a coat.

날씨가 추우면, 코트를 입을 거야.

If the weather isn't cold, I won't wear a coat.

날씨가 춥지 않으면, 코트를 입지 않을 거야.

676 If you eat too much, you will gain weight.

너 너무 많이 먹으면, 체중이 늘 거야.

If you don't eat too much, you won't gain weight.

너 많이 먹지 않으면, 체중이 늘지 않을 거야.

677 If you guys all agree, I am going to wrap up this meeting. 여러분 모두 동의하면, 이 미팅을 마무리할게요.

If you guys don't agree, I am not going to wrap up this meeting. 여러분이 동의하지 않으면, 이 미팅을 마무리하지 않을 거예요.

678 I will drive you to work if I get my driver's license.

내가 널 직장에 운전해 데려다 줄게, 내가 운전면허 따면.

679 If Jenny arrives, we can begin the rehearsal.

제니가 도착하면, 우리 리허설 시작하자.

680 If you don't take care of yourself, you won't be able to go on. 너 네 자신을 돌보지 않으면, 계속해서 해 나갈 수 없을 거야.

681 If you don't respect others, they won't respect you. 네가 다른 이들을 존중하지 않으면, 그들도 널 존중하지 않을 거야.

682 If you don't have a plan, you will get lost. 너 계획이 없으면, 방향을 잃게 될 거야.

683 If you don't pay attention, you will be left behind. 너 집중하지 않으면, 뒤처지게 될 거야.

684 If you don't eat healthily, you'll be tired all the time. 너 건강하게 먹지 않으면, 항상 피곤하게 될 거야.

685 If you don't save up, you won't be able to afford a house. 너 저축하지 않으면, 집을 살 여유가 없을 거야.

686 We're going to be late if you don't hurry. 네가 서두르지 않으면, 우리 늦을 거야.

687 You're going to feel depressed if you don't have any goals. 너 어떤 목표도 없으면, 우울함을 느끼게 될 거야.

발화 연습을 통해 영어를 문법이 아닌, 한국어와 같이 받아들이는 것에 집중해야 해요.

1) If the light is red, you stop. / 2) If It rains, I will stay inside.

- 안 좋은 예: 1번은 제로 조건문으로 불변의 진리를 내포한 사실이어서 현재형을 써 주었고, 2번은 1차 조건문으로 주절은 조건부 현재형을, 종속절은 가능성 및 예견이니 미래형을 썼어요.

- 좋은 예: 1번은 불빛이 붉으면, 멈추라는 뜻이고, 2번은 비가 오면, 집 안에 있겠다는 뜻이죠! 우리가 그 동안 얼마나 말도 안되게 어려운 방법으로 공부해 왔는지 아시겠죠?

과거를 가정해 현재를 말해봅니다

- 현재의 상황을 가정하는 뉘앙스를 주기 위해 If와 함께 과거형을 사용해요.

If you listened carefully, you would know.

- 뒤를 잇는 문장은 조동사 would의 상황을 가정하는 뉘앙스가 가장 잘 어우러져 따라와요.

구성	예시
If + 과거형, would + 동사원형	If you saw it, you would understand. 네가 그걸 봤으면, 이해할 텐데. If I were taller, I would be popular. 내가 키가 컸으면, 인기 많을 텐데.

- 이때, 일어나지 않은 상황을 가정하는 것이지 실제 과거에 대해 말하는 것이 아님을 주의하세요.

단어 예습 carefully 주의 깊게 hire 고용하다 night shift 야간 근무 invest in ~에 투자하다 all around 두루, 곳곳이 politician 정치인 millionaire 백만장자 go back in time 과거로 돌아가다 cardigan 카디건

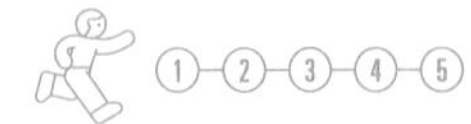

688 If I studied harder, I would pass the exam.

내가 공부를 열심히 했으면, 시험을 통과할 텐데.

If I didn't study harder, I wouldn't pass the exam.

내가 공부를 열심히 안 했으면, 시험을 통과 못 하겠지.

689 If you listened carefully, you would know.

네가 주의 깊게 들었으면, 알 텐데.

If you didn't listen carefully, you wouldn't know.

네가 주의 깊게 듣지 않았으면, 모르겠지.

690 If you came here, you would understand.

네가 여기 왔으면, 이해할 텐데.

If you didn't come here, you wouldn't understand.

네가 여기 안 왔으면, 이해 못 하겠지.

691 If you were hired here, would you work the night shift?

당신이 여기 고용 됐다면, 야간 근무도 할 건가요?

Yes, I would work the night shift. 네, 야간 근무도 할 거예요.

No, I wouldn't work the night shift. 아니요, 야간 근무는 안 할 거예요.

692 If you had more money, would you buy a house?

네가 돈이 더 있으면, 집 살 거야?

Yes, I would buy a house. 응, 집 살 거야.

No, I wouldn't buy a house. 아니, 집 안 살 거야.

693 If I had extra money, I would invest in Bitcoin.

내가 여유금이 있으면, 비트코인에 투자할 텐데.

- 어떤 상황을 가정할 때는 '실제로는 그렇지 않다'는 것이죠!

694 If I were rich, I would travel all around the world.

내가 부자였으면, 전 세계를 여행할 텐데.

• 가정할 때, be동사는 항상 were의 형태로 써 줘요. 실제로는 그렇지 않다는 느낌을 주기 위해서죠.

695 If I were the president, I would fire all the politicians.

내가 대통령이었으면, 모든 정치인을 해고할 텐데.

696 If Jenny weren't born in America, she wouldn't be a millionaire.

제니가 미국에서 태어나지 않았으면, 백만장자가 아닐 텐데.

697 If it weren't for you, I would never be able to do it.

네가 아니었으면, 난 절대 이걸 할 수 없을 거야.

698 If he asked you out, would you go out with him?

그가 네게 데이트 신청했으면, 그와 데이트할 거야?

699 If you could go back in time, would you meet my dad again?

시간을 되돌아 갈 수 있으면, 아빠를 다시 만날 거예요?

700 If you could have a time machine, would you try it?

타임머신을 가질 수 있으면, 시도해 볼 거예요?

701 Would you try it differently if you could have a second chance?

두 번째 기회를 가질 수 있으면, 다르게 시도해 볼 거예요?

702 If I had the money, I could buy a new cardigan.

내가 돈이 있으면, 새로운 카디건을 살 수 있을 텐데.

703 If I had more energy, I might be able to work out.

내가 기운이 더 있으면, 아마 운동할 수 있을 지도 모르는데.

늘 그렇듯 용법 그 자체보다 각 문장의 뜻을 느끼는 데에 집중하세요.

If you see it, you will know. / If you saw it, you would know.

네가 그걸 보면, 알 거야. (실제) / 네가 그걸 봤으면, 알 건데. (가정)

예문들로 과거형과 조동사가 주는 가정의 뉘앙스를 순서대로 느껴 보니 굳이 가정법이라고 분류하고 용법을 외울 필요도 없죠?

영크릿 쌤의 핵심 강의입니다.
QR 코드를 찍어 확인해보세요.

과거를 가정해 과거를 말해봅니다

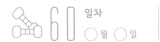

- 과거의 상황을 가정하는 뉘앙스를 주기 위해 If와 함께 과거완료형을 사용해요.

If I had known, I would have told you.

- 뒤를 잇는 문장은 would've p.p.의 과거 상황을 가정하는 뉘앙스가 가장 잘 어우러져 따라와요.

과거 가정문의 구성	예시
If + had p.p. + would + have p.p.	If you had seen it, you would've understood. 네가 그걸 봤었으면, 이해했을 텐데. If I had been taller, I would've been popular. 내가 키가 컸었다면, 인기 많았을 텐데.

- 과거 시점에 대한 가정이기에 일반 가정문보다 시제가 한 단계씩 더 과거인 것을 알 수 있어요.

단어 예습 Japanese 일본어 play 연극 dump 차다, 던져 버리다 credit card 신용카드 debt 빚 stock 주식 debut 데뷔하다 scam 사기

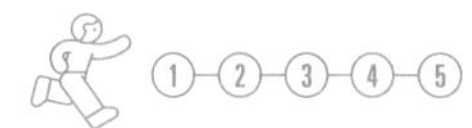

704 If I had known, I would have told you.

내가 알았었으면, 네게 말했겠지.

If I hadn't known, I wouldn't have told you.

내가 몰랐었으면, 네게 말 안 했겠지.

705 If I had gone to college, I would've gotten that job.

내가 대학에 갔었으면, 그 직장에 취업했을 텐데.

If I hadn't gone to college, I wouldn't have gotten this job.

내가 대학에 가지 않았었으면, 이 직장 취업 못 했겠지.

• would have는 축약형으로 자주 사용되니 필수적으로 입에 익혀 주세요.

706 If I had spoken Japanese, I would've traveled to Japan.

내가 일본어를 했었으면, 일본에 여행 갔을 텐데.

If I hadn't spoken Japanese, I wouldn't have traveled to Japan.

내가 일본어를 못 했었으면, 일본에 여행 안 갔겠지.

707 Would you have seen that play if you had known the story?

네가 줄거리를 알고 있었으면 그 연극을 봤을 거야?

Yes, I would've seen it.

응, 봤을 거야.

No, I wouldn't have seen it.

아니, 안 봤을 거야.

708 Would she have dumped you if you hadn't quit smoking?

네가 담배를 끊지 않았으면 그녀가 널 찼을까?

Yes, she would have.

응, 그랬을 거야.

No, she wouldn't have.

아니, 안 그랬을 거야.

709 If you had had a chance, would you have invested in Bitcoin? 네가 기회가 있었으면, 비트코인에 투자했을까?

• had가 두 번 나와도 당황하지 마세요! p.p.자리에 have가 온 것 뿐이니까요.

710 If I hadn't had a credit card, I wouldn't have been in debt. 내가 신용카드가 없었으면, 빚에 빠지지 않았을 거야.

711 If I hadn't studied, I would've bought that stock. 내가 공부 안 했었으면, 그 주식을 샀을 거야.

712 If Jenny had debuted in America, she wouldn't have been successful. 제니가 미국에서 데뷔했었으면, 그녀는 성공하지 못했을 거야.

713 If I had had this book in high school, English would've been so easy. 내가 이 책을 고등학교 때 갖고 있었으면, 영어가 정말 쉬웠을 텐데.

714 All this wouldn't have been possible without your help. 이 모든 것은 가능하지 않았었을 거야, 네 도움 없이는.

715 I never would've married your father if he hadn't quit drinking. 만약 네 아빠가 술을 끊지 않았었으면 네 아빠와 결혼하지 않았을 거야.

716 I never would've believed him if I had known it was a scam. 내가 그게 사기인 줄 알았었으면 그를 절대 믿지 않았을 거야.

717 This never would've happened if you had been more careful. 네가 더 주의했었다면 이 일은 절대 일어나지 않았을 거야.

과거에 대한 가정법이 어렵게 느껴진다면, 앞뒤 문장을 하나씩 찬찬히 살펴 보세요!

If I had known, I would've told you. 내가 알았었다면, 너한테 말했을 거야.

결국 앞서 배운 과거완료(had p.p.)와, 과거에 일어나지 않은 상황을 가정하는 <would've p.p.> 표현을 If와 함께 사용한 것에 불과하답니다.

잠깐
복습해요!

- 각각의 가정법이 어떻게 다른지, 한국어 예문을 읽어 보면 확실히 알 수 있어요.

구성	예시
조건문 (~하면): If + 현재/미래형	If I see Jim, I will call you. 짐을 보면, 너에게 전화할 거야.
가정문: If + 과거형 + would + 원형	If I saw Jim, I would call you. 짐을 봤으면, 너에게 전화할 텐데.
과거 가정문: If + 과거완료형(had p.p.) + would have p.p.	If I had seen Jim, I would've called you. 짐을 봤었다면, 너에게 전화했을 텐데.

Quiz 아래 문장을 읽고 알맞은 해석과 연결 지은 후, <보기>의 '가정법의 종류'로 분류해 보세요.

(1) 실제 가능한 일 (2) 불가능한 현 시점의 일을 가정 (3) 불가능한 과거 시점의 일을 가정

1. If I had seen you, I would've said hello.
2. If I see you, I will say hello.
3. If I saw you, I would say hello.
4. If I feel sleepy, I will go to bed.
5. If you studied, you would know.
6. If I had felt sleepy, I would've gone to bed.
7. If you had studied, you would've known.
8. If I felt sleepy, I would go to bed.

ⓐ 내가 널 보면, 인사할게.
ⓑ 내가 졸리면, 잘게.
ⓒ 내가 널 봤으면, 인사할 텐데.
ⓓ 네가 공부했으면, 알 텐데.
ⓔ 네가 공부했었으면, 알았을 텐데.
ⓕ 내가 졸렸으면, 잘 텐데.
ⓖ 내가 널 봤었으면, 인사했을 텐데.
ⓗ 내가 졸렸었으면, 잤을 텐데.

정답 1 – ⓖ, 2 – ⓐ, 3 – ⓒ, 4 – ⓑ, 5 – ⓓ, 6 – ⓗ, 7 – ⓔ, 8 – ⓕ / (1) 2, 4 (2) 3, 5, 8 (3) 1, 6, 7

여러 '가정'을 혼합해 말해봅니다

- 문맥에 따라 가정법의 앞뒤 문장을 적절하게 섞어서 사용해도 돼요. 중요한 것은 각 문장들의 인과 관계가 잘 이어지기만 하면 된다는 거예요.

혼합 가정문의 구성	예시
If + 과거완료 + would + 원형	If I had studied harder, I would be a doctor. (과거) 공부 열심히 했었으면, (지금) 의사일 텐데.
If + 과거형 + would have p.p.	If I were you, I would've gotten that job. (지금) 내가 너였으면, (과거) 그 직장 잡았을 텐데.

단어 예습 fluent 유창한 impressive 인상 깊은, 뛰어난 Ferrari 페라리 (차 종류)

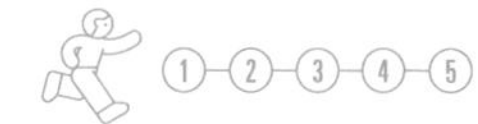

718 If I had drunk more milk, I would be taller now.

내가 우유를 더 마셨었으면, 난 지금 키가 클 텐데.

719 If I had listened to my parents, I would be a lawyer now.

내가 부모님 말을 들었었으면, 난 지금 변호사일 텐데.

720 If I had invested in another stock, I wouldn't be rich now.

내가 다른 주식에 투자했었으면, 난 지금 부자가 아닐 텐데.

721 If I had studied with this book, I would be fluent in English now.

내가 이 책으로 공부했었으면, 난 지금 영어가 유창할 텐데.

722 If you had an impressive résumé, you wouldn't even need this interview.

네 이력서가 인상 깊었으면, 이 인터뷰 조차도 필요 없을 텐데.

723 If I were you, I would've said yes.

내가 너였으면, 난 그렇다고 말했을 텐데.

724 If your car were a Ferrari, the situation would've been different.

네 차가 페라리였으면, 상황은 달랐을 텐데.

문맥에 따라 If와 뒤 문장들이 섞여도 전혀 상관 없죠?
'혼합 가정법'이란 용법에 묶이는 것보다 다양한 문맥으로 이러한 문장을 발화 연습해 보는 것이 훨씬 중요하단 걸 알 수 있겠죠.

스토리텔링에서 가정법을 익혀요

• 다양한 가정법이 실제 대화에서 어떻게 사용되는지 다음의 대화문으로 익혀 보세요.

일상 생활 처세술 익히기 〈제니, 약속 미루기 선수〉

Derek Hey, Jenny. Do you want to have dinner with me tonight?

Jenny Sure, **that would be nice if I can finish this project by 9:00 p.m.**

Derek You must be busy today. What about tomorrow night?

Jenny Tomorrow sounds good. **But if it rains, I won't be able to go.**

Derek Let me see. Yeah. It's going to rain tomorrow.

Jenny Oh, no, **a sunny day would've been nice.**

Derek Well, then how about next weekend?

Jenny **That would be great if I didn't have to go to my friend's birthday party next weekend.**

Derek Wow! Can you ask her if I can go?

Jenny **If it were possible, I would've already invited you.** It's a friends-only party.

데릭 이봐요, 제니, 오늘 저녁 나랑 같이 먹을래요?

제니 그거 좋겠네요. **내가 이 프로젝트를 저녁 9시까지 끝낼 수 있다면요.**

데릭 오늘 바쁜가 보네요. 내일 저녁은 어때요?

제니 내일 좋네요. **그런데 비 오면, 못 갈 것 같아요.**

데릭 어디 보자. 그렇네요. 내일 비 오네요.

제니 오, 이런. **맑은 날이면 좋았을 텐데요.**

데릭 음, 그럼 다음 주 주말은 어때요?

제니 **그거 좋겠네요. 제가 다음 주말에 친구 생일 파티만 안 가도 됐으면 말이죠.**

데릭 와! 나도 가도 되는지 물어볼 수 있나요?

제니 **그게 가능했으면, 이미 초대했을 거예요.** 친구들만 참여 가능한 파티라서.

등장 인물의 감정을 실어서, 음의 높낮이도 조절하여 연기하듯 발화 연습해 주세요.

단어 예습 project 프로젝트 a sunny day 화창한 날 birthday party 생일 파티 friends-only 친구 한정

64 일차

○월 ○일

Inbody Checks

A. 비교급/ 비교급 강조/비교급 특수 표현

50~53일차까지 각 날짜별로 3개씩의 예시문을 뽑았어요. 해석을 보고 떠오른 문장을 다음 쪽의 모범 답안과 비교하여 맞히면 이해도에 체크하세요.

이해도

○ 1 내가 너보다 키가 더 커.

○ 2 네 블로그가 제니의 블로그보다 더 인기 있어.

○ 3 대구가 보통 서울보다 더 덥니?

○ 4 이건 내 생각보다 훨씬 더 복잡해.

○ 5 내 방이 전보다 훨씬 더 정돈되지 않았니?

○ 6 옵션 A가 옵션 B보다 훨씬 더 실용적이야.

○ 7 오늘은 어제만큼 추워.

○ 8 뷔페에서는 네가 원하는 만큼 먹을 수 있어.

○ 9 가능한 만큼 많은 사람에게 친절해라.

○ 10 네가 열심히 하는 한, 해낼 수 있어.

○ 11 내가 생각하는 한, 팬케이크가 최고의 디저트야.

○ 12 그들은 침구류뿐만 아니라 가구도 팔아.

A. 비교급/ 비교급 강조/비교급 특수 표현 : 모범 답안

이해도가 8개 이하라면 50~53일차 훈련 문장을 한 번 더 읽어주세요. 이때 외우거나 개념을 이해하기보다는 반복적으로 소리 내어 발화량을 늘려주세요.

1 I am taller than you.

2 Your blog is more popular than Jenny's blog.

3 Is Daegu normally hotter than Seoul?

4 This is far more complicated than I thought.

5 Isn't my room a lot more organized than before?

6 Option A is a lot more practical than option B.

7 Today is as cold as yesterday.

8 You can eat as much as you want at a buffet.

9 Be kind to as many people as possible.

10 As long as you work hard, you can make it.

11 As far as I'm concerned, pancakes are the best dessert.

12 They sold furniture as well as bedding items.

B. 최상급/최상급 강조 표현

54~55일차까지 각 날짜별로 3개씩의 예시문을 뽑았어요. 해석을 보고 떠오른 문장을 다음 쪽의 모범 답안과 비교하여 맞히면 이해도에 체크하세요.

이해도

1 내가 제일 똑똑해.

2 그는 세상에서 가장 부자인 배우야.

3 그게 지금껏 그녀가 한 결정 중 최고의 결정이었어.

4 이건 단연코 올해의 책 중 제일 인기 있는 책이야.

5 그들은 뉴욕에서 진짜 최고의 피자를 팔아.

6 강남은 단연코 서울에서 가장 비싼 지역 중 하나야.

/ 6

C. 과거의 후회/과거의 추측

56~57일차까지 각 날짜별로 3개씩의 예시문을 뽑았어요. 해석을 보고 떠오른 문장을 다음 쪽의 모범 답안과 비교하여 맞히면 이해도에 체크하세요.

이해도

1 나 네게 전화했어야 됐는데.

2 너 그녀에게 데이트 신청했어야 됐는데.

3 난 네가 없이는 절대 못 했을 거야.

4 미안해. 아무래도 내가 했던 걸지도 몰라.

5 그들이 늦네. 버스를 놓쳤던 게 분명해.

6 제니는 화났던 게 분명해. 보통은, 그녀가 너랑 대화했을 거야.

B. 최상급/최상급 강조 표현 : 모범 답안

이해도가 4개 이하라면 54~55일차 훈련 문장을 한 번 더 읽어주세요. 이때 외우거나 개념을 이해하기보다는 반복적으로 소리 내어 발화량을 늘려주세요.

1 I am the smartest.

2 He is the richest actor in the world.

3 That was the best decision she's ever made.

4 This is by far the most popular book of the year.

5 They sell the very best pizza in New York.

6 Gangnam is by far one of the most expensive areas in Seoul.

C. 과거의 후회/과거의 추측 : 모범 답안

이해도가 4개 이하라면 56~57일차 훈련 문장을 한 번 더 읽어주세요. 이때 외우거나 개념을 이해하기보다는 반복적으로 소리 내어 발화량을 늘려주세요.

1 I should've called you.

2 You should've asked her out.

3 I never could have done it without you.

4 I'm sorry. I might have done that.

5 They are late. They must have missed the bus.

6 Jenny must've been upset. Normally, she would've talked to you.

✓ / 12

D. 조건과 가정법 표현

58~62일차까지 각 날짜별로 3개씩의 예시문을 뽑았어요. 해석을 보고 떠오른 문장을 다음 쪽의 모범 답안과 비교하여 맞히면 이해도에 체크하세요.

이해도

○ 1 난 아침을 먹으면, 쉽게 배고파지지 않아.

○ 2 여러분 모두 동의하면, 이 미팅을 마무리할게요.

○ 3 너 집중하지 않으면, 뒤처지게 될 거야.

○ 4 네가 주의 깊게 들었으면, 알 텐데.

○ 5 네가 돈이 더 있으면, 집 살 거야?

○ 6 시간을 되돌아 갈 수 있으면, 아빠를 다시 만날 거예요?

○ 7 내가 알았었으면, 네게 말했겠지.

○ 8 내가 일본어를 했었으면, 일본에 여행 갔을 텐데.

○ 9 이 모든 것은 가능하지 않았었을 거야, 네 도움 없이는.

○ 10 내가 부모님 말을 들었었으면, 난 지금 변호사일 텐데.

○ 11 내가 다른 주식에 투자했었으면, 난 지금 부자가 아닐 텐데.

○ 12 내가 너였으면, 난 그렇다고 말했을 텐데.

D. 조건과 가정법 표현 : 모범 답안

이해도가 8개 이하라면 58~62일차 훈련 문장을 한 번 더 읽어주세요. 이때 외우거나 개념을 이해하기보다는 반복적으로 소리 내어 발화량을 늘려주세요.

1 If I eat breakfast, I don't get hungry easily.

2 If you guys all agree, I am going to wrap up this meeting.

3 If you don't pay attention, you will be left behind.

4 If you listened carefully, you would know.

5 If you had more money, would you buy a house?

6 If you could go back in time, would you meet my dad again?

7 If I had known, I would have told you.

8 If I had spoken Japanese, I would've traveled to Japan.

9 All this wouldn't have been possible without your help.

10 If I had listened to my parents, I would be a lawyer now.

11 If I had invested in another stock, I wouldn't be rich now.

12 If I were you, I would've said yes.

keep in mind

자신감이 좀 생기는데, 다음 단계는 뭔가요?

80% of the effects come from 20% of the causes.
– Vilfredo Pareto

제가 수천 명의 학생들을 가르치며 느낀 점은 단계별 발화 연습으로 어느 정도 자신감이 생긴 학생들은 빠르게 다음 단계로 넘어가고 싶어 한다는 것이었어요.

"선생님, 이제 드디어 영어가 들리는 것 같아요! 다음 단계는 없나요?", "빨리요. 뉴스를 좀 들어 볼까요?"

영어가 드디어 익숙해진 것이 정말 기쁘긴 하지만, 이런 학생들도 끝까지 커리큘럼을 마칠 것을 권장하곤 하는데요. 그 이유는 바로, 강력한 파레토의 법칙(Pareto Principle) 때문이에요. 이는 무엇이든 80% 정도의 가시적인 성과는 → 나머지 집중한 20%에서 나오기 때문이란 것이죠. 커리큘럼을 끝까지 묵묵하게 마무리 해낸 학생들과 2/3 지점에서 중단하고 다른 학습법을 찾아 떠난 학생들 사이에는 추후 영어 대화 시에 발화의 즉흥성과 유창성에서 큰 차이가 있었어요.

영어 학습에서도 마찬가지로 끝까지 해내는 상위 20%가 나머지 80%를 압도하는 것을 기억하며, 오늘도 폭발적으로 영어 실력이 향상되는 그 단계까지

"Focus on the 20% that will give you 80% of the results."

"결과의 80%를 가져다주는 20%에 집중하세요."

Don't run from it. Step toward it.

Les Brown

I was identified as mentally challenged.

And I stayed in that category until I graduated from high school.

One day, my high school teacher asked me what I wanted to do in the future.

"A disk jockey, but I don't think I can, sir."

"Why not?" he asked. "Because I'm considered mentally retarded," I said.

And the next thing he said changed my life.

He said, "Don't ever say that again. Someone's opinion of you does not have to become your reality." As he talked, my heart started to beat fast.

"Now, I want you to practice being a disk jockey every day."

I faced rejection three times before I finally had the chance to replace the previous DJ.

It was a long shot, ladies and gentlemen.

Being here with you today in this dome, it was a long shot.

It was difficult. It was hard. You will face a lot of hardships in your life.

But remember. Don't run away from it.

Instead, walk toward your dream.

역경에 달아나지 말고, 꿈으로 걸어 나가세요.

레스 브라운

전 지능 장애를 진단 받았습니다.

그리고 고등학교를 졸업하기 전까지 그렇게 분류된 채 머물러 있었죠.

어느 날, 제 고등학교 선생님이 제 꿈을 물어 봤습니다.

“음악 디제이가 되고 싶어요. 하지만 그렇게 못 될 것 같네요.”

“왜 그렇지?” 선생님이 물어보셨어요.

“왜냐하면, 전 정신적 저능아로 분류 되었거든요.” 제가 대답했죠.

그리고 그 다음 선생님의 말씀이 제 인생을 바꿔 놓았어요.

선생님이 말하길, “다시는 그런 말하지 말아라. 너에 대한 누군가의 의견이, 너의 현실이 되지는 않는단다.”

선생님의 말씀 도중 제 심장이 가쁘게 뛰기 시작했어요.

“이제부터, 디제이가 될 연습을 매일같이 하거라.”

마침내 이전 디제이의 자리를 대체할 기회를 얻기까지, 전 3번의 거절을 맞아야 했습니다.

정말 희박한 확률이었습니다, 여러분.

지금 이 거대 구장에서 여러분과 함께 있기까지 정말 희박한 확률이었어요.

정말 어려웠고 힘들었습니다. 여러분도 인생에서 많은 역경을 마주하겠지요.

하지만 기억하세요, 역경으로부터 달아나지 마세요.

대신, 꿈을 향해 걸어가세요.

내용 해석이 어려웠나요? 걱정하지 마세요! 아직 이해할 필요 없어요.
교재를 완독하고 다시 돌아와서 읽어 보면, 영어 → 한국어 해석이 아니라, 영어가 영어로 읽히는 마법이 일어날 거예요.

COURSE

7

영어식 어순으로 말하는 훈련

나는 노는 것이 제일 좋아. vs. 나는 제일 좋아. 노는 것이.

한국식 어순과 영어식 어순의 차이가 무엇일까요?

한국어는 결론이 가장 뒤에 오고 영어는 결론이 가장 앞에 온다는 것.

영어식 어순, '결론 먼저 던지고, 뒤에서 꾸며주기' 순서대로 연습하면 너무 쉬워요!

ACCOMPLISH

나 ______________는/은 17일 후인 ______월 ______일까지, 이 코스를 완독한다.

그로 인해 언어 어순을 이해하고 문장을 자유롭게 만들며 성취감을 느낄 것이다.

내가 설정한 목표는 반드시 이룬다!

대상을 꾸며 말해봅니다 1

- 앞서 말한 대상이 무엇인지 뒤에서 설명할 때 who, that, which를 사용해요.

I hate people **who** are selfish.

- 설명하고자 하는 대상의 종류에 따라서 알맞게 사용해요.

종류	예시
who 사람	This is **the guy who** likes me. 이 사람이 **그 남자야**. / 나를 좋아하는
which 사물	This is **a car which** is really fast. 이게 **차야**. / 아주 빠른
that 무엇이든	This is **the guy that** likes me. 이 사람이 **그 남자야**. / 나를 좋아하는 This is **a car that** is really fast. 이게 **차야**. / 아주 빠른

- 결론을 먼저 말하고 뒤에서 설명하는 영어식 어순이 그대로 적용되었어요.

I work for a company **which is located in Seoul.**

단어 예습 selfish 이기적인 view 전망 cost 값이 들다 earlier 아까 전에 walk down the street 거리를 걷다 contact 연락하다 be located 위치하다 near 근처 temple 사원, 절 lunchbox 도시락 presentation 발표

725 I hate people who are selfish. 난 이기적인 사람들이 싫어.

I don't hate people who are selfish. 난 이기적인 사람들이 싫지 않아.

726 That is a restaurant which has a nice view.

저건 좋은 뷰를 가진 음식점이야.

That isn't a restaurant which has a nice view.

저건 좋은 뷰를 가진 음식점이 아니야.

727 She bought the boots that cost 200 dollars.

그녀는 200달러가 나가는 부츠를 샀어.

She didn't buy the boots that cost 200 dollars.

그녀는 200달러가 나가는 부츠를 사지 않았어.

728 Are you the person who called me earlier?

당신이 내게 아까 전에 전화한 사람인가요?

Yes, I'm the person who called you earlier.

네, 제가 아까 전화한 사람이에요.

No, I'm not the person who called you earlier.

아니요, 전 아까 전화한 사람이 아니에요.

729 Did you see a guy who was walking down the street? 거리를 걸어가고 있는 한 남자를 봤나요?

Yes, I did. 네, 봤어요.

No, I didn't. 아니요, 못 봤어요.

730 He is the one that is going to contact you.

그가 당신에게 연락할 사람이에요.

731 We're hiring someone who has a lot of experience.

우린 경험이 많은 사람을 채용하고 있어요.

732 I'm just looking for something that is affordable.

전 그냥 살 수 있는 것을 찾고 있어요.

733 This seminar is the one which can change your life.

이 세미나가 당신의 삶을 바꿔줄 그것입니다.

734 I'll tell you a story that might be interesting to you.

내가 너에게 흥미로울 수도 있는 얘기를 하나 해 줄게.

735 I work for a company which is located in Seoul.

난 서울에 위치한 한 회사에 다녀.

736 We love the coffeeshop that is near our house.

우린 우리 집 근처의 커피숍을 좋아해.

737 This is the place which used to be a temple.

여기는 절이었던 곳이야.

738 Jenny, who is a Korean singer, is having big success in America.

한국인 가수인 제니는, 미국에서 큰 성공을 하고 있어.

• 설명 대상과 설명 문장 사이에 간격을 두고 말하면(,) 부연 설명을 하는 느낌을 줘요.

739 That lunchbox, which was in the fridge, was mine.

냉장고 안에 있던 그 도시락은, 내 것이었어.

740 I am preparing for my presentation, which is in 30 minutes.

난 30분 후에 있는, 내 발표를 준비하고 있어.

일반적으로 who/which/that은 설명하는 대상과 붙어있는 한 문장이지만,

That lunchbox which was in the fridge was mine.
냉장고에 있던 그 도시락은 내 거였어.

이를 콤마(,)를 사용하여 설명 대상과 띄워 쓰면, 해당 문장은 단순한 부연 정보가 돼요.

That lunchbox, which was in the fridge, was mine.
그 도시락은 (냉장고에 있었고,) 내 거였어.

이와 같은 부연 정보인 경우에는 that은 쓰지 않고 which를 써요.

대상을 꾸며 말해봅니다 2

- 앞서 말한 대상이 무엇인지 뒤에서 설명할 때 who, whom, that, which를 사용해요.

This is the burger **which** I had for lunch.

- 설명하고자 하는 대상의 종류에 따라서 알맞게 사용하며, 이 경우 생략해도 좋아요.

종류(설명하는 대상)	예시
who, whom 사람	This is **the guy who** I like. 이 사람이 그 남자야. / 내가 좋아하는
which 사물	This is **a car which** I bought. 이게 차야. / 내가 산
that 무엇이든	This is **the guy that** I like. 이 사람이 그 남자야. / 내가 좋아하는 This is **a car that** I like. 이게 차야. /내가 좋아하는

- 구어체의 경우에는 whom보다는 who가 주로 사용되니 참고하세요.

Jenny is the girl **who** I love.

단어 예습 shoes 신발 café 카페 cartoon 만화책 hum 콧노래, 허밍하다 recognize 알아채다, 인지하다 follow on ~에서 팔로우하다 influencer 인플루언서

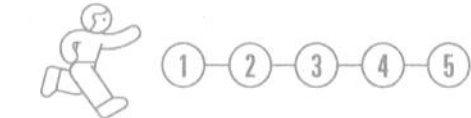

741 Jenny is the girl who I love. 제니가 내가 사랑하는 여자야.

Jenny isn't the girl who I love. 제니는 내가 사랑하는 여자가 아니야.

742 This is the burger which I had for lunch.
이 햄버거가 내가 점심으로 먹은 거야.

This isn't the burger which I had for lunch.
이 햄버거는 내가 점심으로 먹은 게 아니야.

743 These are the new shoes that I bought.
이것들이 내가 산 새 신발들이야.

These aren't the new shoes that I bought.
이것들은 내가 산 새 신발들이 아니야.

744 Is she the person that you talked about?
그녀가 네가 말했던 사람이니?

Yes, she is the one that I talked about.
응, 그녀가 내가 말했던 그 사람이야.

No, she isn't the one that I talked about.
아니, 그녀는 내가 말했던 그 사람이 아니야.

745 Did you eat the sandwich that I made?
너 내가 만든 샌드위치를 먹었니?

Yes, I did. 응, 먹었어.

No, I didn't. 아니, 안 먹었어.

746 That actor is the one whom I like the most.
저 배우가 내가 가장 좋아하는 그 배우야.

- 구어체에서는 who와 that이 더욱 흔하게 사용해요.

747 This café is the one that I visit the most.
이 카페가 내가 가장 많이 방문하는 그 카페야.

748 That building is the one you're looking for.

저 빌딩이 네가 찾고 있는 그 빌딩이야.

- who, which, that은 생략 가능해요.

749 Is this something you want?

이게 네가 원하는 것이니?

750 Is she someone you want to hang out with?

그녀가 네가 같이 놀고 싶은 그런 사람이니?

751 Isn't that a guy Jenny used to go out with?

저 남자 제니가 데이트하곤 했던 남자 아니야?

752 These are the cartoons my kids used to read.

이것들이 내 아이들이 읽곤 했던 만화책이야.

753 Those are the clothes you used to wear as a child.

저것들이 네가 아이일 때 입던 옷들이야.

754 He hummed a song everyone recognized.

그가 부른 콧노래는 모두가 무엇인지 알아챘어.

755 Jenny, who I follow on Instagram, is an influencer.

제니는 내가 인스타그램에서 팔로우하는, 인플루언서야.

- 설명 대상과 설명 문장 사이에 간격을 두고 말하면(,) 부연 설명을 하는 느낌을 줘요.

756 Derek ate my snack, which I put in the fridge.

데릭이 내가 냉장고에 넣어 두었던, 내 간식을 먹었어.

- 부연 설명일 때는 that은 쓰지 않고, who, which 또한 생략하지 않아요.

757 The presentation was a big success, which I'm proud of.

발표는 큰 성공이었고, 그게 난 너무 자랑스러워.

위 문장에 that이 거의 없었죠? 이와 같이, who, which, that이 문장의 주체가 아닌 경우에는
회화 시에 that을 가장 자주 쓰고, 이마저도 아예 생략해 버리는 경우가 많아요.
who와 which가 쓰인 문장은 한번씩 that으로 바꾸어 연습해 보고,
충분히 익숙해진다면 생략해서 말하는 연습도 해 보세요!

대상의 소유자를 자세히 말해봅니다

- 앞서 말한 대상의 소유자를 뒤에서 설명할 때, whose를 사용해요.

종류	예시
whose 무엇이든(주로 사람)	This is **the guy whose** hair is long. 이 사람이 **그 남자야**. / 머리가 긴 I met **a guy whose** car is a sports car. **한 남자를** 만났어. / 스포츠카를 가진

- 어디까지나 결론(소유주)을 먼저 말하고 뒤에서 설명(소유물)하는 방식임을 느껴 보세요.

I talked to a guy **whose** sister is a musician.

결론(소유주): I talked to a guy
설명(소유물): whose sister is a musician.

단어 예습 admire 존경하다 musician 음악인 police 경찰서 adopt 입양하다 abandon 버리다 unknown 알려지지 않은

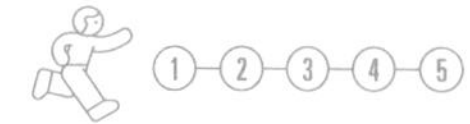

758 Jenny is a singer whose talent I admire.

제니는 내가 동경하는 재능이 있는 가수야.

759 She is a talented singer whose album is so good.

그녀는 그 앨범이 너무 좋은 재능 있는 가수야.

760 I talked to a guy whose sister is a musician.

난 그 여동생이 음악가인, 한 남자와 얘기했어.

761 Jenny, whose brother got into a scam, went to the police.

그 남동생이 사기를 당한 제니는, 경찰서에 갔어.

762 Jake, whose parents got divorced, got adopted.

그 부모가 이혼하게 된 제이크는, 입양되었어.

763 I got a dog whose previous owner abandoned it.

난 이전 주인이 버린 강아지를 데려왔어.

764 This is an abandoned house whose owner is unknown.

이건 그 주인이 알려지지 않은 버려진 집이야.

who/ which/ that과는 어떻게 다른지, 노래 가사로 비교해 볼까요?
There's a guy who loves you. / There's a guy whose brother loves you.
한 남자가 있어~ 널 너무 사랑하는 / 한 남자가 있어~ 그 동생이 널 사랑하는

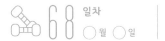

분사를 활용해 말해봅니다

- who, which, that 이외에도 동사의 변형을 통해 대상을 설명할 수 있어요.

I often read books **written** in English.

- 동사의 p.p. 형태는 '수동의, 완료된' 느낌을 주며 -ing형태는 '진행의, 현재의' 느낌을 줘요. 이 경우, 동사는 더 이상 동사의 역할이 아닌, 대상의 상태를 설명하는 형용사임을 알 수 있어요.

종류	예시
p.p. 형태 수동의, 완료된	I have some pottery **made** in China. 난 갖고 있어. / 중국에서 **만들어진** 도자기를 I saw a **heartbroken** guy. 난 보았어. / **마음이 상한** 남자를
-ing 형태 능동의, 진행 중인	I met a guy **making** pottery. 난 만났어. / 도자기를 **만드는** 한 남자를 I heard a **heartbreaking** story. 난 들었어. / **마음 상하게 하는** 이야기를

단어 예습 climb 오르다 plumber 배관공 confirm 확실히 하다 viral 화제의 film 영화, 촬영하다 flyer 전단지 wait in line 줄 서다 shock 충격을 주다 disappoint 실망시키다 frustrate 좌절감 주다 guarantee 보장하다

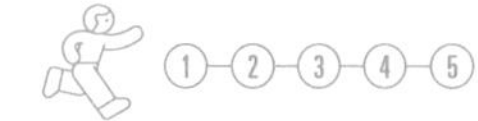

765 I often read books written in English.

난 종종 영어로 쓰여진 책을 읽어.

I don't usually read books written in English.

난 보통 영어로 쓰여진 책은 읽지 않아.

766 That guy climbing the ladder is a plumber.

저 사다리를 오르는 남자는 배관공이야.

That guy climbing the ladder is not a plumber.

저 사다리를 오르는 남자는 배관공이 아니야.

767 This is a video created by a well-known YouTuber.

이건 잘 알려진 유튜버가 만든 비디오야.

This isn't a video created by a well-known YouTuber.

이건 잘 알려진 유튜버가 만든 비디오가 아니야.

768 Can you confirm this is a dessert made with soy?

이 디저트가 콩으로 만들어졌는지 확실히 해 줄 수 있나요?

Yes, it is. 네, 콩으로 만들어졌어요.

I'm sorry. It's not. 죄송해요. 콩으로 만들어지지 않았어요.

769 Were you the one talking to David earlier?

네가 전에 데이빗에게 말하고 있던 그 사람이니?

Yes, I was. 응, 맞아.

No, I think it was Carl. 아니, 내 생각에 그건 칼이었어.

770 Did you see that viral video filmed in New Mexico?

너 그 뉴멕시코에서 촬영된 화제의 영상 봤니?

771 Are these the flyers found on the street?

이것들이 도로에서 발견된 전단지들이니?

772 These are the people working in the Marketing Department. 이 사람들이 마케팅 부서에서 일하고 있는 사람들이야.

773 There is someone waiting for you. 누군가 널 기다리고 있어.

• There is/There are를 이용해서 '~가 있다'를 말할 수 있어요.

774 There are many people waiting in line.

많은 사람들이 줄에서 기다리고 있어.

775 The news was surprising to many people.

그 소식은 많은 사람들에게 충격적이었어.

776 There were many people shocked by the news.

많은 사람들이 그 뉴스에 충격 받았어.

777 There are people disappointed with the prize.

상품에 실망한 사람들이 있어.

778 This is such a frustrating result. 이건 정말이지 좌절스러운 결과야.

779 There's no such thing as a guaranteed success.

보장된 성공 같은 건 없어.

• 하나의 표현으로 익혀 주세요. '~같은 것은 없다'

780 There's no such thing as a flying bicycle.

날아다니는 자전거 같은 건 없어.

사실, p.p.와 -ing의 뉘앙스가 크게 어렵게 느껴지진 않았을 거예요.
자세히 살펴 보면, 이미 이전에 연습한 문장 속에 뉘앙스가 포함되어 있죠!

I was writing a book.

나는 상태였어. / 책을 쓰고 있는 → 책을 쓰고 있는 중이었어. (능동의, 진행 중인 뉘앙스)

The book was written by me.

그 책은 상태였어. / 나에 의해 쓰여진 → 그 책은 나에 의해 쓰여졌어. (수동의, 완료된 뉘앙스)

결국 반복 발화 연습을 통해, 자연스레 문법 속의 뉘앙스를 캐치할 수 있어요!

시간, 장소, 이유를 자세히 말해봅니다

- 앞서 말한 문장의 시간/장소/이유를 뒤에서 문장으로서 설명해 줄 수 있어요.

Sunday is **when** I go to church.

- 이 또한, 용법 보다는 단지 예문을 발화하며 문맥에 알맞은 감각을 다지는 것이 중요해요. when, where, why를 자연스럽게 한국말 예문과 매치 시키며, 문장의 뉘앙스를 캐치하도록 해요.

구성	예시
when 언제인가 하면	That was the day **when** she quit her job. 그게 **날이야.** / 그녀가 직장을 그만둔
where 어디인가 하면	This is the place **where** I visited. 이게 **장소야.** / 내가 방문한
why 왜 인가 하면	This is the reason **why** I don't talk to you. 이게 **이유야.** / 내가 네게 말하지 않는

단어 예습 grow up 자라다 haircut 이발, 헤어 스타일 figure out 알아내다 act 행동하다 imagine 상상하다 reason 이유 drop out of 중퇴하다, 이탈하다 be sick of ~에 신물이 난 waffle 와플 end 끝나다

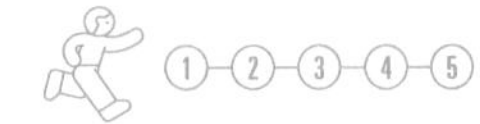

781 Sunday is when I go to church. 일요일이 내가 교회 가는 날이야.

Sunday isn't when I go to church. 일요일은 내가 교회 가는 날이 아니야.

782 Today is the day when the new semester begins. 오늘은 새 학기가 시작하는 날이야.

Today isn't the day when the new semester begins. 오늘은 새 학기가 시작되는 날이 아니야.

783 Suwon is where I grew up. 수원이 내가 자란 곳이야.

Suwon isn't where I grew up. 수원은 내가 자란 곳이 아니야.

784 Do you know where I got my haircut? 너 내가 어디서 머리 잘랐는지 아니?

Yes, I know where you did that. 응, 어디서 한 지 알아.

No, I have no idea. 아니, 전혀 모르겠어.

785 Did you figure out why she was so upset? 너 그녀가 왜 그렇게 기분 상했었는지 알아냈니?

Yes, now I know why she was so upset. 응, 이제 나 그녀가 왜 그렇게 기분 상했었는지 알겠어.

No, I still don't know why she was so upset. 아니, 아직도 나 그녀가 왜 그렇게 기분 상했었는지 모르겠어.

786 I can't believe this is why Jenny was acting weird. 난 이게 제니가 이상하게 행동한 이유라는 게 안 믿겨져.

- 〈act + 상태〉는 '~게 행동하다'라는 뜻이 있어요.

787 Can you imagine this is the reason why he dropped out of school? 너 이게 그가 학교를 중퇴한 이유라고 상상이 돼?

- why 앞의 the reason을 붙이면, 이유를 강조하는 느낌이에요.

788 Can you please tell us the reason why you wanted to stop? 너 왜 네가 그만두고 싶었는지 이유를 우리에게 말해 줄 수 있어?

789 Could this be the reason why you were so frustrated? 이게 네가 크게 좌절한 이유일 수 있을까?

790 I was just sick and tired of it. That's why. 난 그냥 그게 지긋지긋했어. 그게 이유야.

791 I forgot where I put my car keys. 난 내가 어디에 내 차 키를 두었는지 까먹었어.

792 I found this place where there are great waffles. 나 훌륭한 와플을 파는 장소를 찾아냈어.

- 장소 앞에 this를 쓰면 말하는 장소가 '특정한 장소'라는 뉘앙스를 줘요.

793 We went to this bar where there were so many people. 우린 사람들이 정말 많은 술집을 갔어.

794 Could you please let me know when this will end? 이게 언제 끝나는지 내게 알려 줄 수 있을까?

795 Please let me know when you're finished. 끝나면 나에게 알려 줘.

796 You can go when you're done. 끝나면 가도 돼.

결국 마찬가지로, 앞서 말한 시간/장소/이유(결론)를 뒤에서 설명해 주는 것!
이제는 슬슬 어순이 익숙해지고 계신가요?
일상 회화에서 쓸 수 있는 자연스러운 예문들이니, 익숙해진다면 내 상황에 맞게 단어를 바꿔 넣기도 하고,
문장을 섞어가며 발화 연습해 보아도 좋아요.
Mom, could you please tell me... + Where you got your hair cut?
엄마! 말해 줄 수 있어요... 머리 어디서 잘랐는지?

영크릿 쌤의 핵심 강의입니다.
QR 코드를 찍어 확인해보세요.

다양하게 질문해봅니다

- 질문의 뉘앙스를 담은 의문사를 넣어서 질문과 답변을 연습해 보세요.

Who is that guy? I don't know who that guy is.

- 의문사가 단독으로 쓰이지 않고 문장 속에 들어갈 때는 어순이 변해요.

구성	예시
who 누구	**Who is she**? 그녀가 누구야? I know **who she is**. 알아. / 그녀가 누군지
whose 누구의 것	**Whose is it**? 이게 누구 거야? I know **whose it is**. 알아. / 이게 누구 것인지
which 어느 것	**Which is yours**? 어느 것이 네 거야? I know **which yours is**. 알아. / 네 것이 어느 것인지
what 무엇	**What is this**? 이게 무엇이야? I know **what this is**. 알아. / 이게 무엇인지
when 언제	**When is this**? 이게 언제야? I know **when this is**. 알아. / 이게 언젠지
where 어디서	**Where is this**? 이게 어디야? I know **where this is**. 알아. / 이게 어딘지
why 왜	**Why is that**? 그건 왜 그래? I know **why that is**. 알아. / 그게 왜인지
how 어떻게	**How is that**? 그건 어때? I know **how that is**. 알아. / 그게 어떤지

- 이 외에도 whom이 있지만, 질문 시에 who를 주로 쓰므로 별도로 다루지 않을게요.

단어 예습 glass 잔 man (회화체에서) 이봐, 야 bring 데려오다 start 시작하다

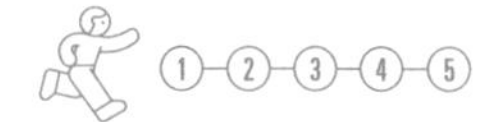

797 Who is that guy? 저 남자는 누구야?

I don't know who that guy is. 난 저 남자가 누군지 몰라.

798 Whose glass is this? 이 컵은 누구 거야?

Do you know whose glass this is? 너 이 컵이 누구 건지 아니?

799 Which one is yours? 어떤 게 네 거니?

I don't know which one it is. 나 어떤 것인지 모르겠어.

800 What are you doing, man? 얘, 너 뭐 하는 거야?

• 뉘앙스를 살려서 말하면 '대체 뭐 하는 거야?'라는 의미로도 전달할 수 있어요.

I have no idea what I'm doing. 나 내가 뭘 하는 건지 전혀 모르겠어.

801 You look so young in the picture. When was this?
너 사진 속에서 정말 젊어 보인다. 이게 언제였어?

Do you remember when this was? 너 이게 언제였는지 기억해?

802 Mom, where are we going? 엄마, 우리 어디 가는 거예요?

Tell us where we're going. 어디로 가는 건지 말해 줘요.

803 Why did you do that? 너 왜 그거 한 거야?

I don't understand why you did that.
난 네가 왜 그거 했는지 이해가 안 돼.

804 Jake, how are you doing? 제이크, 어떻게 지내는 거야?

Don't ask him how he is doing. He got divorced recently. 그에게 어떻게 지내는지 묻지 마. 그는 최근에 이혼했어.

805 Come on. Who did this? 이것 봐. 이거 누가 한 거야?

Do you know who did this? 너 이거 누가 한 지 알아?

- who/what/which는 행동의 주체가 될 수도 있어요. 이때, 어순이 바뀌지 않아요.

806 What happened last night? 어젯밤 무슨 일이 일어났던 거야?

Can you tell me what happened? 무슨 일이 일어났는지 말해 줄 수 있어?

807 What brings you here? 여긴 무슨 일로 왔어요?

- '무슨 일로 왔나요?'라는 구어적 표현으로 자주 쓰는 문장이에요.

Can you tell me what brings you here? 여기 무슨 일로 왔는지 말해 줄 수 있어요?

808 Which one of you started it? 너희 중 누가 시작한 거야?

Tell me which one of you started it. 너희 중 누가 시작한 건지 말해.

서로 다른 종류의 who, which 등이 나오니 헷갈리시죠?
편의상 코스에 구분을 뒀지만, 이를 모두 분류해 두고 외워야 한다는 압박감을 받지 마세요!
예문을 듣고, 따라 말하면서 각자의 뜻에 집중하기만 하면 돼요.
구분해 두고 외워야 할 것 같은 스트레스가 느껴지면, 가뿐히 다음 장으로 건너 뛰고,
추후에 돌아와서 연습하세요. 시간을 두고 점차 익숙해지는 거예요.

to 부정사의 비밀을 파헤칩니다

- 아직까지 너무 어려운 이 현실, 부정(否定) 하고 싶어~~!
  사실, to부정사의 부정은, 그 부정(否定)이 아니라, 뜻을 한정할 수 없다(infinitive)는 뜻이랍니다.

- 지금까지, 교재에서 여러 가지 방법으로 동사(동작)을 활용했죠.

조동사 + 동사		
I **can become** a doctor.	I **should become** a doctor.	I **will become** a doctor.
난 의사가 **될 수 있어.**	난 의사가 **되어야 해.**	난 의사가 **될 거야.**

이렇게, 다양한 조동사를 통해서 동사에 뜻을 부여해 주기도 했고요.
동사를 p.p. 또는 -ing의 형태로 바꾸어서 수동의, 능동의 표현을 만들기도 했었죠.

동사의 p.p. / -ing 형태	
I found my **lost** cat.	The cat **wagging** its tail is my lost cat.
난 **잃어버린** 고양이를 찾았다.	꼬리를 **흔드는** 고양이는 내 잃어버렸던 고양이다.

- 자, 그러면! 결국, 동사를 다양하게 활용할 수 있다는 건데요. 동사 '되다'의 예시를 볼까요?

되다(become)
될 수 있다, 되야 한다, 될 텐데, 될 거야, 된, 되는, 되기 위해, 되었다, 되니, 되다니, 되면, 되기에, 되는 것을, 될…

어떤가요? 우리 말로 봐도 같은 동작 '되다'에 그 변형이 수도 없이 많죠!

바로 그거예요. 이러한 응용이 수도 없이 가능하니, 그 용도를 하나로 한정할 수 없다고 하여 붙여진 것이, '부정사', 'to부정사'라는 용어인 것이죠.

이런 수 많은 용도의 예외, 그 예외까지 다 외우면, 그 때는 말이 나올까요? 절대 그렇지 않겠죠. (여기서 to + 동작은 형용사를 꾸며주며 행위의 목적이니까 이것은 to부정사의 부사적 용법의 목적... 으악! 머리 아프죠?)

자, 그렇다면 대신 다음의 방법은 어떨까요?

난 의사가 **될 수 있다.** / 난 의사가 **될 거야.** / 난 의사가 **되기 위해** 공부했어.
난 건강하게 **될 수 있다.** / 난 건강하게 **될 거야.** / 난 건강하게 **되기 위해** 운동했어.

아! '되다'라는 동작이 이런 식으로 변형될 수 있구나.

난 **운동할 수 있어.** / 난 **공부할 거야.** / 난 **공부하기 위해** 연필을 샀어.

아! 똑같은 방식으로 '운동하다', '공부하다' 같은 동작도 변형할 수 있네!
같은 구조의 문장들을 여러 번 읽어 보면 감이 올 수 있겠죠?

'걷다, 걷는 것, 걷기 위해...' '하다, 하는 것, 하기 위해...' '되기 위해...'
to부정사 문장들을 순서대로 반복 발화해 줌으로써, 각각의 차이를 맥락적으로 느껴 볼 수 있어요. 바로 이때, 진정한 습득이 일어나요!

• 그럼 본격적으로 to부정사 학습에 들어가기에 앞서, 어떤 식으로 뜻이 바뀌는지 보여 드릴게요! 외우지 말고 가볍게 읽어만 보세요.

분류 1: 여러 가지 뜻으로 해석 돼요.			
I	study	**to become** a doctor.	나는 의사가 **되기 위해** 공부했다.
I	grew up	**to become** a doctor.	나는 **자라서** 의사가 됐다.
I'm	happy	**to become** a doctor.	나는 의사가 **돼서** 행복하다.
I would be	happy	**to become** a doctor.	나는 의사가 **되면** 행복할 것이다.
I'm	lucky	**to become** a doctor.	내가 의사가 **되다니** 운이 좋다.
I'm	not smart enough	**to become** a doctor.	나는 의사가 **되기에** 충분히 똑똑하지 않다.

분류 2: ~할		
I have time	**to become** a doctor.	나는 의사가 **될** 시간이 있다.
I am the first guy	**to become** a doctor.	나는 의사가 **될** 첫 번째 사람이다.
I was the first guy	**to become** a doctor.	나는 의사가 **된** 첫 번째 사람이었다.
I have a friend	**to talk to**.	나는 **말할** 친구가 있다.
I have a chair	**to sit on**.	나는 **앉을** 의자가 있다.

분류 3: ~는 것			
I	try	to become a doctor.	나는 의사가 **되는 것**을 시도한다.
I	promise	to become a doctor.	나는 의사가 **되는 것**을 약속한다.
To be rich is		to become a doctor.	부자가 **되는 것**은 의사가 **되는 것**이다.

이렇게 많은 뜻을 모두 문법적으로 암기하는 건 말이 안 되죠?
자연스럽게 to부정사를 습득하는 방법! 뒷장부터 영크릿과 함께 배워봐요.

영크릿 쌤의 핵심 강의입니다.
QR 코드를 찍어 확인해보세요.

to 부정사로 의미를 더해줍니다

- 동작 앞에 to를 붙여서(to + 동사원형), 여러 가지 의미를 더해 줄 수 있어요.

I texted Jenny **to go** to the movies.

- 그 용법과 예외가 방대하므로, 맥락적으로 말이 되는 뜻을 찾아 느끼는 것이 중요해요.

뜻	예시
~기 위해(-려고)	He works hard **to be** a personal trainer. 그는 열심히 해. / PT 강사가 **되기 위해**
~서 ~하다	He'll grow up **to be** a personal trainer. 그는 자라나서 / PT 강사가 **될 거야.**
~서	He's happy **to be** a personal trainer. 그는 기뻐. / PT 강사가 **돼서**
~면	He would be happy **to be** a personal trainer. 그는 기쁠 거야. / PT 강사가 **되면**
~기에(엔)	He is too lazy **to be** a personal trainer. 그는 너무 게을러. / PT 강사가 **되기엔**
~다니	He's smart **to do** that. 그는 똑똑해. / 그렇게 **하다니**

- 이 또한 결론을 먼저 말하고, 뒤에서 설명하는 영어식 어순이 그대로 적용된 것임을 참고하세요.

단어 예습 go to the movies 영화 보러 가다 watch a baby 아기 돌보다 be in a hurry 바쁘다 thrilled 행복, 감격한 get to know 알게 되다 vote 투표하다

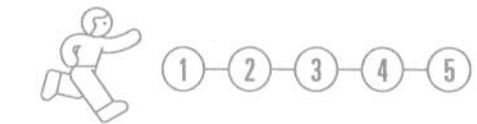

809 I texted Jenny to go to the movies.

난 영화 보러 가려고 제니에게 문자했어.

I didn't text Jenny to go to the movies.

난 영화 보러 가려고 제니에게 문자 한 게 아니야.

• 부정형의 경우 '~기 위해 ~게 아니다'라는 뜻으로 해석할 수 있겠죠.

810 She is staying home to watch her baby.

그녀는 아기 보려고 집에 머무르는 중이야.

She isn't staying home to watch her baby.

그녀는 아기 보려고 집에 머무르는 게 아니야.

811 They got here early to look around.

그들은 주변을 둘러보려고 여기 일찍 왔어.

They didn't get here early to look around.

그들은 주변을 둘러보려고 여기 일찍 온 게 아니야.

812 Are you here to see Jane? 여기 제인 보려고 왔나요?

Yes, I am. 네, 맞아요.

No, I'm not. 아니요, 아니에요.

813 Were you in a hurry to catch the train?

기차 잡으려고 서두르고 있었어?

Yes, I was trying to catch the train. 응, 나 기차 잡으려고 노력했어.

No, I wasn't in a hurry. 아니, 나 서두르고 있지 않았어.

814 I'm trying to understand. 난 이해하려고 노력 중이야.

815 I'm going to the mall to buy some milk.

나 우유를 좀 사려고 마트에 가는 거야.

816 I'm calling to talk to Jane. 저 제인과 얘기하려고 전화한 건데요.

817 We're happy to be here for you. 우린 널 위해 여기 와서 기뻐.

818 Are you excited to have some fun? 재미있는 시간 가져서 신나세요?

819 We're thrilled to have you here today.
오늘 당신을 여기 초청해서 감격스러워요.

820 I can't wait to get to know more about your culture.
당신의 문화를 알게 되는 것이 몹시 기대되네요.

821 I'm so drunk. I'm afraid to go to work tomorrow.
난 너무 취했어. 내일 출근하는 것이 무서워.

822 I'm afraid you're too late to go in.
유감이지만, 당신은 들어가기에 너무 늦었어요.

- 이 경우 '무섭다'가 아닌 '유감이지만, ~것 같다'라는 뜻으로 사용했어요.

823 You're too young to drink at a bar. 넌 술집에서 술 마시기엔 너무 어려.

824 I am old enough to vote but not to drink.
난 투표하기엔 충분히 나이가 들었지만, 술 마시기엔 부족해.

to를 앞서 배운 전치사의 이미지(~를 향하고 있는)로 바꾸어 생각해 보세요.

I am so glad → meet you.
(난 기쁘다) (널 만나다)
I work hard → succeed.
(난 열심히 일한다) (성공한다)

▶

난 기뻐 → 널 만나서
난 열심히 일해 → 성공하기 위해

'~를 향하는' 이미지를 떠올리며, 맥락 속에서 말이 되는 뜻을 찾아 느껴 보세요.

영크릿 쌤의 핵심 강의입니다.
QR 코드를 찍어 확인해보세요.

to 부정사로 대상을 설명합니다

- to부정사를 이용해 동사를 명사화(~는 것)할 수도 있어요. 문장을 시작하며 사용하기보다는 주로 뒤에서 사용해요.

뜻	예시
~할	I have many things **to do**. 난 많은 것들을 갖고 있어. / **할**
	Do you want something **to eat**? 너 무언가 원하니? / **먹을**
	There are many things **to drink**. 많은 것들이 있어. / **마실**

- to부정사의 해석이 꽤 다양하니 학습 초기에는 예외가 있을 수 있음을 유념하며 맥락을 살피는 것이 필요해요.

단어 예습 problem 문제 way 방법 courage 용기 ticket 티켓, 표 free time 자유 시간 academy 학원 ability 능력, 기술 get fit 몸매를 가꾸다, 건강해지다

절차기억화를 위한 훈련 영상입니다.
소리내어 5번씩 따라하세요.

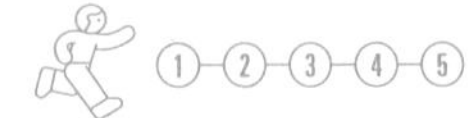

825 I have some work to do. 난 할 일이 좀 있어.

I don't have any work to do. 난 어떤 일도 할 게 없어.

826 I've got a problem to solve. 난 해결할 문제가 있어.

I don't have a problem to solve. 난 해결할 문제가 없어.

827 Is there something to drink? 뭔가 마실 거라도 있니?

Yes, there's something to drink. 응, 마실 거 좀 있어.

828 Do you guys know any way to do this?

너희들 이거 하는 무슨 방법이라도 아니?

- 캐주얼한 회화에서는 앞의 동사(do/be동사)를 생략하고 질문할 때도 많아요.

ex) You guys know this?

Yes, just press that button. 응, 그냥 그 버튼을 눌러.

No, I don't. 아니, 몰라.

829 You've got anything to tell me? 너 내게 무슨 할 말이라도 있니?

Yes, I've got something to tell you. 응, 나 네게 할 말이 좀 있어.

No, I don't have anything to tell you.

아니, 나 네게 할 말이 아무것도 없어.

830 Do you have anyone to talk to? 너 누군가 말할 사람이라도 있니?

831 Did you get the courage to do it? 너 그거 할 용기가 생겼니?

832 Did you get a ticket to go to Busan? 너 부산 가는 표 구했니?

833 When did you have time to do this? 너 언제 이거 할 시간이 있었어?

834 What kind of options do you have to offer?

너 제안할 수 있는 어떤 종류의 옵션들이 있니?

835 What's the best thing to do in Korea?

한국에서 할 수 있는 것 중 최고는 뭐야?

836 Are there many things to see in New Zealand?

뉴질랜드에 볼 것들이 많이 있어?

837 There are many ways to enjoy your free time in the military.

군대에선 자유 시간을 즐기는 많은 방법들이 있어.

838 There are a lot of foods to try on the menu.

메뉴에 시도해 볼 수 있는 많은 음식들이 있어.

839 There are a lot of options to choose from.

고를 수 있는 많은 옵션들이 있어.

840 There were lots of things to learn at the academy.

학원에선 배울 것들이 많았어.

841 I've got plenty of time to kill before the next train.

나 다음 기차 전까지 허비할 시간이 많아.

842 His ability to speak several languages is impressive.

그의 여러 언어를 하는 능력이 인상 깊어.

843 My plan to get fit for summer failed.

여름을 위해 몸매를 가꾸는 내 계획이 실패했어.

There is/There are/have/have got이 유독 많이 쓰였죠?
'~가 있다'를 말할 수 있는 좋은 표현이에요.
to부정사와 함께 어울려 '~할 ~가 있다'는 표현으로 쓸 수 있답니다.

영크릿 쌤의 핵심 강의입니다.
QR 코드를 찍어 확인해보세요.

동사를 명사처럼 말해봅니다 1

- 앞서 말한 대상(명사)을 to부정사로 뒤에서 설명할 수 있어요. to부정사를 이용해 동사를 명사화 할 수도 있어요. 이 또한 앞서 말한 대상(to부정사를 명사화 한 것)을 뒤에서 설명하는 구조예요.

뜻	예시
~는 것	**To take** photos here is illegal. 여기서 사진 **찍는 것**은 불법이다.
	It is illegal **to take** photos here. 불법이다. / 여기서 사진 **찍는 것**은
	I decided **to take** a selfie. 난 결정했다. / 셀카를 **찍는 것**을

- 결론을 먼저 말하고, 뒤에서 설명하는 영어식 어순이 그대로 적용된 것임을 참고하세요.

단어 예습 accountant 회계사 decide 결심하다 agree 동의하다 sign 서명하다 be willing to 할 의향이 있다 manage to 해내다 prohibited 금지된 irresponsible 무책임한 ignore 무시하다 cause 발생시키다 delay 지연

844 My job here is to teach you English.

여기서의 나의 일은 네게 영어를 가르치는 것이야.

My job here isn't to teach you English.

여기서의 나의 일은 네게 영어를 가르치는 게 아니야.

845 My younger brother's dream is to be an accountant. 내 남동생의 꿈은 회계사가 되는 것이야.

My younger brother's dream isn't to be an accountant. 내 남동생의 꿈은 회계사가 되는 게 아니야.

846 I decided to change my mind. 난 내 마음을 바꾸기로 결심했어.

I didn't decide to change my mind.

난 내 마음을 바꾸기로 결심하지 않았어.

I decided not to change my mind. 난 내 마음을 바꾸지 않기로 결심했어.

- didn't decide to는 decide(결심하지 않았다)에, decide not to는 change(바꾸지 않기로)에 초점이 맞추어져 있어요.

847 Did you agree to sign the contract?

너 계약서에 사인하기로 동의했니?

Yes, I did. 응, 동의했어.

No, I didn't. 아니, 동의 안 했어.

848 Where did you learn to swim? 너 어디서 수영하는 것을 배웠니?

I guess back in school. 예전에 학교였던 것 같아.

I don't know. I can't remember. 몰라. 기억 안 나.

849 Are you willing to become a team player?

기꺼이 협업하는 사람이 될 수 있나요?

850 Why did you decide to apply for this job?

왜 이 직장에 지원할 것을 결심했나요?

851 What are you planning to do in 5 years?

5년 안에 무엇을 할 것을 계획 중인가요?

852 What can you promise to do for this company?

이 회사를 위해 무엇을 할 것이라고 약속할 수 있나요?

853 How did you manage to do all that?

어떻게 그 모든 걸 할 수 있었죠?

854 Can you tell me how to use it? 어떻게 사용하는지 내게 말해 줄 수 있어?

- to부정사는 의문사와 함께 써도 자연스럽게 뜻이 이어져요. ('어떻게 사용'하는 것인지)

855 Could you please tell me when to start?

언제 시작하는지 내게 말해 줄 수 있나요?

856 Do you actually know what to do next?

너 진짜 다음에 뭘 해야 하는지 알아?

857 I think I probably know where to begin.

나 어디서 시작해야 하는지 아마 알 것 같아.

858 I'm pretty sure whom to ask for advice.

난 누구에게 조언을 구해야 하는지 꽤 확실히 알겠어.

- 회화체에서는 whom을 who로 바꾸어 써도 자연스러워요.

859 It is prohibited to swim here. 여기서 수영하는 것은 금지되어 있어.

- 여기서 it은 별다른 뜻을 가지지 않아요.
(그것은 금지되어 있다 × / 금지되어 있다 ○)

860 It's impossible to get this done by this afternoon.

이걸 오늘 오후까지 끝내는 것은 불가능해.

861 It was irresponsible for you to ignore deadlines and to cause delays.

네가 마감 기한을 어기고 지연시킨 것은 무책임했어.

862 It's always important for you to know when to stop.

언제 멈추는 건지 아는 것은 네게 항상 중요해.

863 Do you think it's easy to be a boss?

너 상사가 되는 것이 쉽다고 생각하니?

want to / need to / have to / plan to / hope to / decide to / forget to / learn to / manage to / fail to / agree to / promise to

대표적으로 to부정사와 쓰여서 '~하는 것'의 의미를 갖는 단어들이에요.
단어만 외우면 까먹게 되니 이어지는 코스에서 문장 안에서 추가 연습해 봐요.

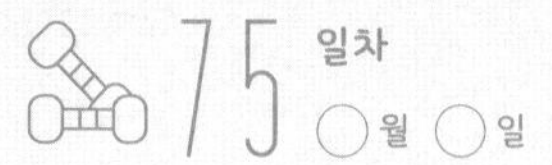

잠깐
복습해요!

- 아래 문장 해석 후 보기의 'to부정사의 용법'을 분류해 보세요. 정답 확인 후 소리내어 5번씩 따라해 보세요. 맥락상 어떤 뜻으로 이해하면 자연스러운지 느껴 보세요.

ⓐ ~기 위해 ⓑ ~는 것 ⓒ ~할 ⓓ ~서 ⓔ ~면, ~다면 ⓕ ~기엔 (너무 ~하다)

864 I am here to meet Mr. Johnson. 난 여기 존슨 씨를 만나기 위해 왔어.

865 I stayed up late to watch a soccer game. 난 축구 경기를 보기 위해 늦게까지 깨 있었어.

866 Is there anything interesting to watch? 무언가 재미있는 볼 거라도 있니?

867 I have so many things to do right now. 난 지금 할 것들이 너무 많아.

868 It's important to read a lot. 책을 많이 읽는 것은 중요해.

869 When is he coming to pick you up? 그가 언제 널 데리러 오는 거야?

870 She's too tired to do anything. 그녀는 무언가 하기엔 너무 피곤해.

871 She would be glad to see you. 그녀는 널 보면 기뻐할 거야.

872 I went to the gym to work out. 난 운동하기 위해 헬스장에 갔어.

873 Do you have something to drink? 너 무언가 마실 거라도 있니?

874 I decided to go to sleep early. 난 일찍 잠들기로 결심했어.

875 I didn't agree to do this. 난 이걸 하기로 동의하지 않았어.

876 He failed to pass the test. 그는 시험 통과하는 것을 실패했어.

877 I hope to talk to you again soon. 난 곧 너와 얘기 나누길 원해.

878 He's too sick to come to work. 그는 너무 아파서 일하러 못 와.

879 It is great to meet you again. 널 다시 만나서 좋다.

880 I'm happy to hear that. 그 말 들으니 기쁘네.

정답 ⓐ 864, 846, 869, 872 ⓑ 868, 874, 875, 876, 877 ⓒ 873, 866, 867 ⓓ 879, 880 ⓔ 871 ⓕ 870, 878

동사를 명사처럼 말해봅니다 2

- '~는 것'이란 표현은 to부정사 이외에 <동명사: 동사 + -ing> 형태로도 나타낼 수 있어요.

Running a marathon is on my bucket list.

- <동사 + -ing>가 '~는 것'이라고 해석될 때는 문장 속에서 명사와 같은 역할(동명사)을 해요. 이러한 경우, 뉘앙스를 잡는 좋은 방법은 '~하는 장면'을 떠올려 보는 거예요.

뜻	예시
~는 것	**Taking** photos here is illegal. 여기서 사진을 **찍는 것**은 / 불법이다.
	I enjoy **taking** photos. 난 좋아해. / 사진 **찍는 것**을
	My job is **taking** photos. 나의 일은 / 사진 **찍는 것**이다.

단어 예습 reporter 기자 goal 목표 large company 대기업 run a marathon 마라톤을 하다 bucket list 버킷 리스트 write down 적다 side job/hustle 부업 lie 눕다 part 부분 over and over again 계속 반복하다 vegetarian 채식주의자 protect 보호하다 environment 환경, 자연

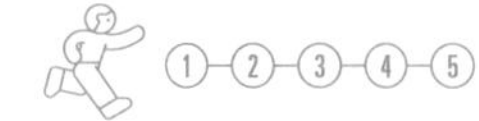

881 Becoming a news reporter is my goal.

뉴스 기자가 되는 것이 내 목표야.

Becoming a news reporter is not my goal.

뉴스 기자가 되는 것은 내 목표가 아니야.

882 Working at a large company like Google is her dream.

구글 같은 대기업에서 일하는 것이 그녀의 꿈이야.

Working at a large company like Google is not her dream.

구글 같은 대기업에서 일하는 것은 그녀의 꿈이 아니야.

883 Running a marathon is on my bucket list.

마라톤 뛰는 것은 내 버킷 리스트에 있어.

Running a marathon is not on my bucket list.

마라톤 뛰는 것은 내 버킷 리스트에 없어.

884 Did you finish writing down your goals?

너 네 목표 적는 것을 끝냈니?

Yes, I did. 응, 끝냈어.

No, I didn't. 아니, 안 끝냈어.

885 Have you stopped doing your side job?

너 네 부업하는 건 그만뒀니?

Yes, I have. 응, 그만뒀어.

No, I haven't. 아니, 안 그만뒀어.

886 I love lying in bed when it's raining.

난 비가 올 때 침대에 누워 있는 것을 좋아해.

887 One of my favorite things to do is fishing.

내가 좋아하는 것 중 하나는 낚시야.

888 My favorite part of a trip is planning.

내가 여행의 가장 좋아하는 부분은 계획하는 것이야.

889 I remember working as a part-timer at McDonald's.

난 맥도널드에서 파트타이머로 일한 것을 기억해.

890 I am not very good at coming up with excuses.

난 변명을 지어내는 것에 정말 소질이 없어.

- -ing(~는 것)는 명사처럼 쓰여서 전치사 표현과 잘 어울려요.

891 She is not afraid of making mistakes anymore.

그녀는 더 이상 실수하는 것이 두렵지 않아.

892 I used to be scared of being a failure.

난 실패자가 되는 것이 무섭곤 했어.

893 I am tired of doing the same thing over and over again.

난 똑같은 것을 계속해서 반복하는 것에 지쳤어.

894 Jenny was done with worrying about her future.

제니는 그녀의 미래에 대해 걱정하는 것과는 끝났어.

895 Are you sure about becoming a vegetarian?

너 채식주의자가 되는 것 진심이니?

896 Won't you get sick of eating vegetables all the time?

너 항상 야채만 먹는 것이 지겹지 않겠어?

897 Don't you care about protecting the environment?

넌 환경을 지키는 것에 관심이 없니?

대표적인 -ing 형태(~는 것)와 함께 쓰이는 동사들이에요.

enjoy -ing / finish -ing / stop -ing / remember -ing / admit -ing

아래는 -ing 형태(~는 것)와 잘 어울리는 전치사 표현들이에요.

be done (with) / be good at / be bad at / be sick of / be tired of

be scared of / be worried about / be sure about / care about

외우지 마세요! 문장 내 발화로 점차 익숙해지는 것이 중요해요. 이 책에 사이사이 녹아 있으니 따라하기만 하면 돼요.

to부정사와 동명사의 뉘앙스 차이를 알아봅니다

- 'to + 동사/동사 + -ing'가 모두 '~는 것'으로 해석될 때, 보통은 서로 교차 사용이 가능해요. 단, 각자 뉘앙스에 미묘한 차이가 있는 경우가 있으니 이를 익혀 보세요.

to + 동작(→→)			동작 + ing(장면)		
앞을 가리키는 방향의(to→→) 뉘앙스를 떠올려요.			동작을 하고 있는 장면을 떠올려요.		
I remembered to lock the door. 기억했다 / →→ 문 잠그는 것(**잠글 것**)을.			I remembered locking the door. 기억했다 / 문 잠그는 것(**잠근 것**)을.		
I stopped to smoke. 멈췄다 / →→ 담배 피는 것을 위해.			I stopped smoking. 멈췄다 / 담배 피는 것을.		
plan	to	계획하다	finish	ing	끝내다
promise		약속하다	enjoy		즐기다
decide		결정하다	imagine		상상하다
agree		동의하다	avoid		피하다
want		원하다	mind		꺼리다
hope		희망하다	suggest		제안하다

- to의 '앞으로의 방향성'을 떠올리니 목적, 미래지향적인 모습이 그려지죠? 반면, ing의 동작을 하고 있는 '장면'을 떠올려 보면, 현재/미래뿐 아니라, 과거도 표현할 수 있죠.

절차기억화를 위한 훈련 영상입니다.
소리내어 5번씩 따라하세요.

898 I decided to learn French. 난 프랑스어 배우는 것을 결심했어.

I enjoy learning French. 난 프랑스어 배우는 것을 즐겨.

899 I promise to open it. 난 그것을 열 것을 약속해.

Do you mind opening it? 열어 주는 것이 괜찮겠어?

900 I agreed to sign it. 난 그것에 서명하는 것을 동의했어.

I suggested signing it. 그것에 서명하는 것을 제안했어.

901 I wanted to study English. 난 영어 공부하고 싶었어.

I finished studying English. 난 영어 공부하는 것을 끝냈어.

902 I planned to go on a trip. 난 여행 가는 것을 계획했어.

I imagined going on a trip. 난 여행 가는 것을 상상했어.

903 I hope to meet you soon. 난 널 곧 보길 희망해.

I avoided meeting him. 난 그를 만나는 것을 피했어.

904 I love to sing. 난 노래 부르는 것을 좋아해.

I love singing. 노래 부르는 것을 좋아해.

905 I prefer to live in the city. 난 도시에 사는 것을 선호해.

I prefer living in the city. 난 도시에 사는 것을 선호해.

906 I continued to eat. 난 먹는 것을 계속했어.

I continued eating. 난 먹는 것을 계속했어.

907 I began to drink. 난 마시는 것을 시작했어.

I began drinking. 난 마시는 것을 시작했어.

908 I remembered to call you.

난 네게 전화할 것을 기억했어.(전화해야 했던 사실을 기억해 해냄)

I remembered calling you.

난 네게 전화한 것을 기억했어.(전화했던 사실을 기억함)

909 I forgot to buy it. 난 그것을 살 것을 잊었어.(사야 한다는 사실을 잊음)

I forgot buying it. 난 그것을 사는 것을 잊었어.(샀다는 사실을 잊음)

910 I stopped to call you. 난 네게 전화하기 위해 멈췄어.

I stopped calling you. 난 네게 전화하는 것을 멈췄어.

911 I regret to say that you're out. 당신이 탈락이라고 말하는 것이 유감입니다.

I regret seeing her. 난 그녀를 본 것을 후회해.

898~903: to/-ing 교차가 불가능해요.

904~907: to/-ing 둘 다 가능해요

908~911: to/-ing 둘 다 가능하지만, 뜻 자체가 변해요.

78 일차 ○월 ○일

영크릿 쌤의 핵심 강의입니다.
QR 코드를 찍어 확인해보세요.

이유를 말해봅니다

- 문장 속에서 인과 관계 및 이유를 나타내는 방법은 여러 가지가 있어요. 가장 큰 차이는 뒤따르는 것이 '문장인지 혹은 단어인지'이며, 이는 역시 발화 연습으로 익혀야 입에 붙어요.

종류		예시
because 왜냐하면	+문장	I hate this **because** it is boring. 난 이게 싫어 / 왜냐하면 지루하니까.
since 이니까	+문장	I'm going out **since** it's Friday. 난 놀러 나간다 / 금요일이니까.
as ~여서	+문장	I came home **as** it was raining. 난 집에 돌아왔어 / 비가 오고 있어서.
because of 때문에	+단어	I came home **because of** you. 난 집에 돌아왔어 / 너 때문에.
due to 때문에	+단어	The delivery guy was late **due to** heavy traffic. 배달 기사는 늦었어 / 교통 체증 때문에.

단어 예습 road 도로 slippery 미끄러운 heavy 큰, 독한 come in late 지각하다 rush hour 출퇴근 혼잡 시간대 traffic 차량들, 교통(량) stuck 갇히다 honk 빵빵대다 pull over 차를 세우다 narrow 좁은 traffic jam 교통 체증 public transportation 대중교통 strike 파업 oversleep 늦잠 자다 run late 늦는, 지각하는 absent 결석의

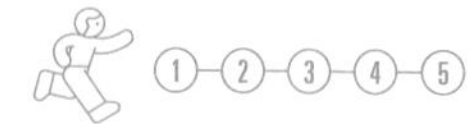

912 People went out drinking since it was Friday.

사람들은 금요일이어서 술 마시러 나갔어.

People didn't go out drinking since it wasn't Friday.

사람들은 금요일이 아니어서 술 마시러 나가지 않았어.

913 Everyone went inside because it was raining.

비가 오고 있어서 모두가 안으로 들어갔어.

Everyone didn't go inside because it wasn't raining.

비가 오지 않아서 모두가 안으로 들어가지 않았어.

914 I had to walk to work because I missed my train.

난 기차를 놓쳐서 직장까지 걸어갔어야 했어.

I didn't have to walk to work because I didn't miss my train.

난 기차를 놓치지 않아서 직장까지 걸어가지 않아도 됐어.

915 Will the road be slippery because of the snow?

눈 때문에 도로가 미끄러울까?

Yes, I think it will be slippery.

응, 미끄러울 거야.

No, I don't think it will be slippery.

아니, 미끄럽지 않을 것 같아.

916 The road is closed due to the heavy storm.

거센 폭풍 때문에 도로가 폐쇄됐어.

The road isn't closed due to the heavy storm.

거센 폭풍 때문에 도로가 폐쇄되지 않았어.

- due to는 원인과 결과를 나타내는 because of보다 조금 더 포멀한 표현이에요.

917 Mr. Johnson came in late due to the rush hour traffic.

출퇴근 시간 혼잡 때문에 존슨 씨는 늦게 왔어.

918 I don't worry about being stuck in traffic as I ride a bike to work.

난 직장에 자전거 타고 가기에 교통 체증에 갇히는 것이 무섭지 않아.

919 People started honking because the cars were moving too slowly. 차량들이 너무 느리게 이동하고 있어서 사람들이 빵빵대기 시작했어.

920 It's not safe to pull over here since the road is too narrow. 도로가 너무 좁아서 여기 차를 세우는 것은 안전하지 않아.

921 Due to a car accident, there was a huge traffic jam. 차 사고 때문에, 큰 교통 체증이 있었어.

• 문장의 앞에서 사용해도 돼요.

922 Since I don't have a car yet, I have to take public transportation. 난 아직 차가 없어서, 대중교통을 타야 해.

923 Because of the train strike, I had to let my boss know I would be late. 철도 파업 때문에, 난 내 상사에게 내가 늦을 거라고 알려야 했어.

924 Because I overslept this morning, I am running late for work. 오늘 아침에 늦잠 자서, 직장에 늦었어.

925 Could you let him know I'll be absent because I was sick? 그에게 내가 아파서 결석할 거라고 알려 줄 수 있어?

926 Can you call Michael? Since he's not answering my calls. 마이클에게 전화할 수 있어? 그가 내 전화는 안 받아서.

어떤 문장의 부정문은 다양한 방식으로 나타낼 수 있어요.

Everyone went inside because it was raining.
모두가 안으로 들어갔다 / 비가 내렸기 때문에
→ Not everyone went inside because it wasn't raining.
모두가 안으로 들어간 건 아니다 / 비가 내리지 않았기 때문에
→ Everyone went inside not because it was raining but because it was cold.
모두가 안으로 들어갔다 / 이유는 비가 내렸기 때문이 아니라 추워서이다.

많은 경우의 수가 있으니, 한 번에 외우려고 하지 말고 영어의 노출을 늘리며 상황 속에서 이해하는 것이 좋아요.

대조하여 말해봅니다

- 상대의 주장에 어느 정도 양보하면서 내 주장을 펼치는 방법을 알아보세요.

Although I see your point, I have to disagree.

- 어떠한 사실 및 주장을 인정하면서도 뒤따르는 내용은 이와 대조되게 말하는 방법이에요. 별다른 쿠션 언어 없이도, 상대에 동조하며 내 주장을 효과적으로 펼칠 수 있어요.

종류		예시
even if 비록 ~라 할지라도	+문장	**Even if** it's cheap, I can't afford it. **비록** 싸다 **할지라도** / 살 수가 없다.
even, though, although 비록 ~긴 하지만	+문장	**Even though** it's cheap, I can't afford it. **비록** 싸긴 **하지만** / 살 수가 없다.
in spite of, despite ~에도 불구하고	+단어	**Despite** its cheap price, I can't afford it. 그것의 싼 가격**에도 불구하고** / 살 수가 없다.

단어 예습 takes time 시간이 걸리다 worth 가치가 있다 schedule 스케줄, 일정 controversy 논란 disrespectful 존중하지 않는 right 올바른, 맞는 argument 논쟁 solid point 좋은, 설득력 있는 의견 disagree 동의 않다 ending 엔딩, 결말 view 견해 incorrect 부정확한, 사실이 아닌 refuse 거부하다 insist 고집하다

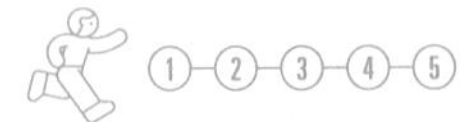

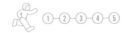

927 Even if it's hard, I will make it. 비록 어려울 지라도, 난 해낼 거야.

Even if it's easy, I won't make it. 비록 쉬울 지라도, 난 해내지 못할 거야.

928 Even if it takes a lot of time, I will do it. 비록 시간이 많이 걸릴 지라도, 난 할 거야.

Even if it doesn't take a lot of time, I won't do it. 비록 오랜 시간이 안 걸릴 지라도, 난 안 할거야.

929 Even though it takes years to finish, I'm going to try it. 비록 끝내기 위해 오랜 세월이 걸리지만, 난 시도해 볼 거야.

Even though it doesn't take years to finish, I'm not going to try it. 비록 오랜 세월이 걸리지 않지만, 난 시도 안해 볼 거야.

• year는 복수로 쓰이면 오랜 시간/기간을 의미하기도 해요.

930 Even though it took me hours to get here, it was worth it. 비록 여기 오는 데 몇 시간씩 걸렸지만, 가치 있었어.

Even though it didn't take me hours to get here, it wasn't worth it. 비록 여기 오는 데 몇 시간씩 걸리진 않았지만, 가치가 없었어.

931 Although it cost you a lot of money, was it worth buying? 비록 많은 비용이 들었지만, 산 가치가 있었어?

Yes, it was worth it. 응, 그럴 가치가 있었어.

No, it wasn't worth it. 아니, 그럴 가치가 없었어.

932 In spite of her busy schedule, I was finally able to meet Jenny. 그녀의 바쁜 일정에도 불구하고, 난 마침내 제니를 만날 수 있었어.

933 Despite the controversy around him, I still respect him. 그를 둘러싼 논란에도 불구하고, 난 여전히 그를 존중해.

934 Despite the fact that he was being disrespectful, he was right. 그가 무례하게 굴었던 사실에도 불구하고, 그가 옳았어.

- '~란 사실에도 불구하고' 구어적으로 많이 쓰는 표현이니 입에 붙여 두세요!

935 Despite the fact that you lost the argument, you had a solid point. 네가 논쟁에서 진 사실에도 불구하고, 네 주장은 설득력 있었어.

936 Although I see your point, I have to disagree.

비록 네 요지는 알겠지만, 난 동의하지 못 하겠어.

- see는 '보다' 외에 '이해하다, 알다'라는 뜻으로도 쓰여요.

937 Do you see what I'm trying to say, though?

그렇긴 하지만, 내가 무슨 말하려고 하는지 알지?

- 주로 비격식 회화체의 문장 끝에서 '그렇긴 하지만, 그렇지만'의 뜻을 나타내요.

938 I understand why people hate this movie, but I liked the ending though. 왜 사람들이 이 영화를 싫어하는지 이해하지만, 난 결말이 좋긴 했어.

939 I'm afraid your views are incorrect although I know what you're saying. 비록 네가 무슨 말하는지는 알겠지만, 미안하지만 네 견해는 부정확해.

- '무섭다'가 아닌 '유감이지만, ~것 같다'라는 뜻으로 자주 사용하는 표현이에요.

940 Even if you refuse it, I'm afraid I am going to have to insist. 비록 당신이 거절한다 해도, 미안하지만 제가 고집을 부려야 할 것 같아요.

even if(비록 ~라 할지라도) / even though(비록 ~긴 하지만)의 뉘앙스 차이가 잘 안 잡히나요?
If의 '가정의 뉘앙스'를 떠올려 보면 쉬워요.

Even if it rains, I will still play soccer.
비록 비 온다고 할지라도 / 난 여전히 축구할 거야. (가정의 상황)
Even though it rained, I still played soccer. (실제 상황)
비록 비가 왔긴 하지만 / 난 여전히 축구했어.

자, 이 느낌을 떠올리며 어렵게 느껴진 문장을 다시 읽어 보세요!

• 이유를 나타내는 표현들이 어떻게 쓰일 수 있는지 다음의 이야기(narrative)로 익혀 보세요.

나만의 업무 노하우, 공개합니다 〈변명의 왕〉

"I never should've taken this job."
When I arrive at the office, my boss starts yelling at me as usual.
"You should've done this report 2 weeks ago, and you're late today. Again."
I quickly come up with some excuses.
"Well, **although it's true that I'm late, but it's because of the traffic,**" and I go on. "In addition, **even if I had submitted the report on time, the market trend would've been different now due to Covid-19.**"
"**We need to wait and see since we're in the middle of a pandemic now.**"
Then, my boss says, "Well, **I find it hard to believe because I saw your Instagram photo, where you were having a party past midnight yesterday.**"
Looking back, I could've just apologized in the first place.
Now I have to write a report on Sunday as well.

"이 일을 맡으면 안 됐어."
사무실에 도착하자 여느 때 같이 상사가 내게 소리친다.
"자네 이 보고서 2주 전에 끝냈어야 했지 않나. 게다가 오늘 늦었군. 또."
난 재빠르게 변명거리를 만든다.
"저, **제가 늦은 건 사실이긴 하지만, 그건 교통 체증 때문이었어요.**" 계속 이어간다. "게다가 **보고서를 제때에 제출했었다 해도 시장 트렌드가 코로나 때문에 지금은 달랐을 거예요.**"
"기다려 봐야 해요. 지금은 한창 팬데믹을 겪는 중이니까요."
그러자 상사가 말하길, "음. **그거 믿기 어려운데, 자네 인스타그램 사진 보니까 어젯밤 자정 넘어서 파티하고 있던데 말이야.**"
뒤돌아 보니, 그냥 애초에 사과할 수도 있었던 것 같다.
이젠 일요일에도 보고서를 작성해야 한다.

이야기 형식의 문장에서는 종종 현재형으로 상황을 묘사하는 경우가 많아요!

● 실전 연습

① What should he have done in the first place? (Use 'should have' in the sentence.)

____.

② Have you ever been in a situation like this? What happened? Tell me about it.

____

____.

① 모범답안

He should have told him the truth.

(He should've apologized to his boss. 또는 He should've said sorry to his boss.로도 답변해 볼 수 있습니다)

② 모범답안

Once I forgot my girlfriend's birthday.

I could've apologized to her, but instead, I made up excuses that I was busy that day.

Later she found out that I was with my friends. I really should've apologized.

Q1: 애초에 그가 어떻게 했어야 했나요? ('should have' 문장을 사용하세요.)

A1: 그는 그에게 진실을 말했어야 했습니다.

(그는 상사에게 사과했어야 합니다. 또는 그는 상사에게 미안하다고 말했어야 합니다. 로도 답변해 볼 수 있습니다)

Q2: 여러분도 이런 상황에 처한 적이 있나요? 무슨 일이 일어났나요? 그것에 대해 말해 주세요.

A2: 여자 친구의 생일을 잊어버린 적이 있습니다.

A2: 그녀에게 사과할 수도 있었지만, 그 대신 그날 바빴다고 변명을 늘어놓았습니다.

A2: 나중에 그녀는 제가 친구들과 함께 있었다는 것을 알게 되었습니다. 정말 사과를 했어야 하는데 말이죠.

단어 예습 as usual 평소와 같이 come up with (해결책, 아이디어) 떠올리다 in addition 게다가 market trend 시장 트렌드 different from ~와 다른 in the middle of ~가 한창인 find A hard to believe A를 믿기 힘들다 past 넘어서, 지나서 looking back 뒤돌아 보니 in the first place 처음부터

81 일차

◯월 ◯일

Inbody Checks

A. 주격/목적격/소유격 관계대명사

65~67일차까지 각 날짜별로 3개씩의 예시문을 뽑았어요. 해석을 보고 떠오른 문장을 오른쪽의 모범 답안과 비교하여 맞히면 이해도에 체크하세요.

이해도

◯ 1 난 이기적인 사람들이 싫어.

◯ 2 우린 경험이 많은 사람을 채용하고 있어요.

◯ 3 난 30분 후에 있는, 내 발표를 준비하고 있어.

◯ 4 이 햄버거가 내가 점심으로 먹은 거야.

◯ 5 저 배우가 내가 가장 좋아하는 그 배우야.

◯ 6 저것들이 네가 아이일 때 입던 옷들이야.

◯ 7 제니는 내가 동경하는 재능이 있는 가수야.

◯ 8 난 이전 주인이 버린 강아지를 데려왔어.

◯ 9 난 그 여동생이 음악가인, 한 남자와 얘기했어.

A. 주격/목적격/소유격 관계대명사 : 모범 답안

이해도가 6개 이하라면 65~67일차 훈련 문장을 한 번 더 읽어주세요. 이때 외우거나 개념을 이해하기보다는 반복적으로 소리 내어 발화량을 늘려주세요.

1 I hate people who are selfish.

2 We're hiring someone who has a lot of experience.

3 I am preparing for my presentation, which is in 30 minutes.

4 This is the burger which I had for lunch.

5 That actor is the one whom I like the most.

6 Those are the clothes you used to wear as a child.

7 Jenny is a singer whose talent I admire.

8 I got a dog whose previous owner abandoned it.

9 I talked to a guy whose sister is a musician.

B. 분사, 관계 부사, 의문사 표현

68~70일차까지 각 날짜별로 3개씩의 예시문을 뽑았어요. 해석을 보고 떠오른 문장을 오른쪽의 모범 답안과 비교하여 맞히면 이해도에 체크하세요.

이해도

1 난 종종 영어로 쓰여진 책을 읽어.

2 이건 잘 알려진 유튜버가 만든 비디오야.

3 많은 사람들이 줄에서 기다리고 있어.

4 오늘은 새 학기가 시작하는 날이야.

5 너 내가 어디서 머리 잘랐는지 아니?

6 이게 네가 크게 좌절한 이유일 수 있을까?

7 어떤 게 네 거니?

8 어젯밤 무슨 일이 일어났던 거야?

9 너희 중 누가 시작한 거야?

B. 분사, 관계 부사, 의문사 표현 : 모범 답안

이해도가 6개 이하라면 68~70일차 훈련 문장을 한 번 더 읽어주세요. 이때 외우거나 개념을 이해하기보다는 반복적으로 소리 내어 발화량을 늘려주세요.

1 I often read books written in English.

2 This is a video created by a well-known YouTuber.

3 There are many people waiting in line.

4 Today is the day when the new semester begins.

5 Do you know where I got my hair cut?

6 Could this be the reason why you were so frustrated?

7 Which one is yours?

8 What happened last night?

9 Which one of you started it?

⊘ / 12

C. to부정사

72~75일차까지 각 날짜별로 3개씩의 예시문을 뽑았어요. 해석을 보고 떠오른 문장을 오른쪽의 모범 답안과 비교하여 맞히면 이해도에 체크하세요.

이해도

○ 1 난 영화 보러 가려고 제니에게 문자했어.

○ 2 난 이해하려고 노력 중이야.

○ 3 오늘 당신을 여기 초청해서 감격스러워요.

○ 4 난 해결할 문제가 있어.

○ 5 너 누군가 말할 사람이라도 있니?

○ 6 뉴질랜드에 볼 것들이 많이 있어?

○ 7 여기서의 나의 일은 네게 영어를 가르치는 것이야.

○ 8 왜 이 직장에 지원할 것을 결심했나요?

○ 9 여기서 수영하는 것은 금지되어 있어.

○ 10 나 지금 할 게 너무 많아.

○ 11 나는 시험에 통과하는 것을 실패했어.

○ 12 그는 너무 아파서 일하러 못 와.

C. to부정사 : 모범 답안

이해도가 8개 이하라면 72~75일차 훈련 문장을 한 번 더 읽어주세요. 이때 외우거나 개념을 이해하기보다는 반복적으로 소리 내어 발화량을 늘려주세요.

1 I texted Jenny to go to the movies.

2 I'm trying to understand.

3 We're thrilled to have you here today.

4 I've got a problem to solve.

5 Do you have anyone to talk to?

6 Are there many things to see in New Zealand?

7 My job here is to teach you English.

8 Why did you decide to apply for this job?

9 It is prohibited to swim here.

10 I have so many things to do right now.

11 He failed to pass the test.

12 He's too sick to come to work.

D. to부정사와 동명사

76~77일차까지 각 날짜별로 3개씩의 예시문을 뽑았어요. 해석을 보고 떠오른 문장을 오른쪽의 모범 답안과 비교하여 맞히면 이해도에 체크하세요.

이해도

1 구글 같은 대기업에서 일하는 것이 그녀의 꿈이야.

2 난 비가 올 때 침대에 누워 있는 것을 좋아해.

3 그녀는 더 이상 실수하는 것이 두렵지 않아.

4 난 프랑스어 배우는 것을 결심했어. / 난 프랑스어 배우는 것을 즐겨.

5 난 여행 가는 것을 계획했어. / 난 여행 가는 것을 상상했어.

6 난 그것을 살 것을 잊었어. / 난 그것을 사는 것을 잊었어.

E. 이유와 양보의 부사절

78~79일차까지 각 날짜별로 3개씩의 예시문을 뽑았어요. 해석을 보고 떠오른 문장을 오른쪽의 모범 답안과 비교하여 맞히면 이해도에 체크하세요.

이해도

1 사람들은 금요일이어서 술 마시러 나갔어.

2 난 기차를 놓쳐서 직장까지 걸어갔어야 했어.

3 출퇴근 시간 혼잡 때문에 존슨 씨는 늦게 왔어.

4 비록 시간이 많이 걸릴 지라도, 난 할 거야.

5 비록 여기 오는 데 몇 시간씩 걸렸지만, 가치 있었어.

6 비록 네가 무슨 말하는지는 알겠지만, 미안하지만 네 견해는 부정확해.

D. to부정사와 동명사 : 모범 답안

이해도가 4개 이하라면 76~77일차 훈련 문장을 한 번 더 읽어주세요. 이때 외우거나 개념을 이해하기보다는 반복적으로 소리 내어 발화량을 늘려주세요.

1 Working at a large company like Google is her dream.

2 I love lying in bed when it's raining.

3 She is not afraid of making mistakes anymore.

4 I decided to learn French. / I enjoy learning French.

5 I planned to go on a trip. / I imagined going on a trip.

6 I forgot to buy it. / I forgot buying it.

E. 이유와 양보의 부사절 : 모범 답안

이해도가 4개 이하라면 78~79일차 훈련 문장을 한 번 더 읽어주세요. 이때 외우거나 개념을 이해하기보다는 반복적으로 소리 내어 발화량을 늘려주세요.

1 People went out drinking since it was Friday.

2 I had to walk to work because I missed my train.

3 Mr. Johnson came in late due to the rush hour traffic.

4 Even if it takes a lot of time, I will do it.

5 Even though it took me hours to get here, it was worth it.

6 I'm afraid your views are incorrect although I know what you're saying.

Always be excited for what's next.

Celine Dion

I don't want to be a product.

I am an artist, and I want to be respected as such.

I don't want to be an icon. I want to be an artist.

I want to be remembered for my work, not for what I look like.

I'm not a perfectionist.

But I'm not also someone who's afraid of taking risks.

I'm not a woman who's ashamed of her past. I'm a woman who's proud of her future.

Believe in yourself. Believe in your abilities.

Never stop fighting for what you truly want in life.

미래를 기대하세요.

셀린 디온

전 하나의 상품이 되고 싶지 않습니다.
전 아티스트로서, 그에 맞는 대우를 받고 싶습니다.

전 어떤 하나의 아이콘이 되고 싶지 않습니다. 아티스트가 되고 싶습니다.
제 외모가 아니라, 저의 노래로 기억되고 싶습니다.

전 완벽주의자가 아닙니다.
하지만 도전을 두려워하는 사람도 아닙니다.
전 과거의 치부를 두려워하는 여성이 아니라, 미래를 기대하는 여성입니다.

여러분도 본인을 믿으세요. 여러분의 능력을 믿으세요.
여러분이 원하는 것을 위해서, 싸우는 것을 멈추지 마세요.

내용 해석이 어려웠나요? 걱정하지 마세요! 아직 이해할 필요 없어요.
교재를 완독하고 다시 돌아와서 읽어 보면, 영어 → 한국어 해석이 아니라, 영어가 영어로 읽히는 마법이 일어날 거예요.

keep in mind

즉각 튀어 나오도록 영어 실력을 끌어올리고 싶나요?

패러프레이징
Paraphrasing

"좋았어! 이제 1,000문장 가까이 외웠으니 앞으로 상황에 맞게 꺼내 쓰면 되겠군!" 시중의 유명 교재의 문장을 모두 암기한 후 자신감에 차서 외운 문장을 쓸 상황이 오기를 기다렸죠. 그런데 내가 외운 문장과 100% 일치하는 상황은 좀처럼 오지 않았어요. 외운 문장들은 딱 맞는 상황에 맞닥뜨려도 이를 떠올리는 데 급급해서 발화의 즉흥성이 현저히 떨어졌어요. 그런데 우리말도 같은 내용을 다 제 각각으로 말하는데 영어도 마찬가지겠다 싶었죠.

Q: Are you sure you're going to adopt a cat? 너 고양이 입양할 것이란 거, 진심이야?

A1: I'm not really sure. 완전 확실하진 않아.

A2: I guess. Probably. 글쎄. 아마도?

A3: Well, I don't know. I'm thinking about it. 글쎄, 몰라. 생각 중이야.

내가 표현하고 싶은 정확한 뉘앙스가 아니어도 우선 나에게 익숙한 문장이 있다면 내 방식대로 바꾸어서 말하는 거예요. 이것이 학습한 내용과 즉흥성을 연결 짓는 비결이었어요. 이를 바꾸어 말하기(Paraphrasing)이라고 해요. 놀라운 점은 나만의 방법으로 바꾸어 말하는 과정이 익숙해 질수록 덩달아 유창성도 올라간다는 것인데요. 신호를 받아서 이를 의미 있는 전류 형태로 바꾸어 내보내는 송신기처럼요. 낯선 표현도 익숙한 표현으로 자신 있게 바꾸어 말해 보세요!

COURSE

교포처럼 말하는 훈련

'내 말이', '바로 그거야!', '뭐, 그런 거 있잖아!'처럼
내용을 딱딱하지 않고 자연스럽게 말하는 데에는 노하우가 필요해요.
말하는 데 시간 벌기, 못 들은 말 다시 물어보기, 애매한 말 설명하기 등
원어민과 같이 유창성을 끌어올릴
자연스러운 대화의 노하우를 전수해 드릴게요!

REALIZE

나 ______________ 는/은 9일 후인 ______ 월 ______ 일까지, 이 코스를 완독한다.
그로 인해 배운 문장을 자연스럽게 말하며 성취감을 느낄 것이다.
내가 설정한 목표는 반드시 이룬다!

영크릿 쌤의 핵심 강의입니다.
QR 코드를 찍어 확인해보세요.

연음을 살려 말해봅니다

- 지역과 문화에 따라 영어의 악센트는 큰 차이가 있어요. 규칙으로 정해진 단 하나의 표준 미국식 악센트는 없지만 이 책에서는 General American Accent(대중적인 미국 악센트)가 사용되었어요.

- General American Accent에서는 흔히 축약과 연음이 발생해요.
축약과 연음을 익히는 가장 좋은 방법은 노래처럼 습득하는 거예요. 노래를 익힐 때 가사에 밑줄 긋고 음의 높낮이나, 축약/연음, 발음을 외우지 않는 것처럼 수 많은 발음 규칙을 모두 외우려고 하지 마세요. 소리를 잘 듣고 관찰하고(청취), 이와 비슷한 사운드를 만들어 내는(발화) 일련의 과정을 반복하는 것으로 숙련할 수 있어요.

- 발음 규칙은 그 양이 방대하여 모든 예시를 한번에 다루기가 어렵지만 차차 노출을 늘리며 연습해 볼게요. 다음의 사용 빈도가 높은 축약과 연음부터 충분히 발화하여 익혀 두세요. 청취에 큰 도움이 됩니다.

자주 쓰는 축약/연음 모음

- I don't know. → I dunno.
- I want to do it. → I wanna do it.
- I used to do it. → I useta do it.
- I have to do it. → I hafta do it.
- I've got to do it. → I gotta do it.
- I need to do it. → I neeta/needa do it.

- I kind of like it. → I kinda like it.
- I sort of like it. → I sorta like it.

- Let's get out of here. → Let's get outta here.
- Let me do it. → Lemme do it.
- Give me that. → Gimme that.
- It would be nice. → It'd be nice.

- What do you mean? → Whaddya mean?
- What do you want to do? → Whaddya wanna do?
- What are you doing? → Whaddya doin'? / Watcha doin'?

- What did you do? → Wha-juh-do?
- How did you do it? → How-juh-do it?
- How are you doing? → How-ya-doin'?
- I'm going to go to the mall. → I'm gonna go to the mall. → Imma go-do the mall.

- 연음 훈련을 마지막 코스에 배정한 이유는 충분히 발화 연습을 하여 관련된 입 주변근이 활성화된 상태에서 이를 정확한 발음으로 축약 및 연결 짓는 것이 보다 효율적인 순서이기 때문입니다. 익힌 연음 규칙을 이어지는 1000문장에서 적극 적용해 보세요.

항상 모든 발음을 축약/연음 지을 필요는 없어요!
1000문장 발화 연습을 충분히 한 이후에도 만족스럽지 않은 발음이 있다면
유튜브에 해당 발음을 검색하면, 아주 친절한 설명이 나온답니다.
(ex) How to pronounce + 단어
더 이상 발음 기호에는 스트레스 받지 마세요. 필자도 발음 기호를 보지 않습니다.

필러를 사용해봅니다 1

- 학습한 문장들을 대화체로 바꾸기 위해 필러 워즈를 학습해요. 필러 워즈(filler words)란 내용을 구성하는 꼭 필요한 부분은 아니지만 자연스럽고 유창하게 말하기 위해 사용되는 요소를 말해요.

- 공식적인 자리에선 필러 워즈 사용을 피하는 것이 좋으나 실제 대화 시에는 말하고자 하는 내용의 부연 설명 및 뉘앙스 전달에 유용한 도구로써 청취에 있어서도 중요하므로 반드시 학습해야 해요.

- 주로 문장의 앞에 사용되는 필러

문장 시작	You see,	있지,	생각, 표현	I think,	내 생각엔,
	You know,	있지,		I mean,	내 말은,
	You know what?	그거 알아?		For me,	나는,
	I don't know	몰라. / 글쎄,		In my opinion,	내 생각엔,
	The thing is	문제는, / 근데,		From my point of view,	내가 보기엔,
	Well,	음,		As far as I'm concerned,	내가 생각하는 한,
	So,	그래서, /자,		At the end of the day,	결론적으론,
설명	Like,	뭐랄까,	사실	Actually,	사실,
	It's like,	뭐랄까,		In fact,	사실은,
	It's just,	그냥,		Honestly,	솔직히,
	It's because,	그건 왜냐면,		To be honest,	솔직히 말해서,
	Basically,	기본적으로,	화제 전환	Okay, so,	자, 그래서,
	Like I said,	말한 것처럼,		anyway(s),	그건 그렇고,
	Let me put it this way	이렇게 보자.		by the way,	그런데,

- 학습한 필러들이 어떻게 사용되는지는, 대화문을 통하여 익히는 것이 좋은데요. 각각의 필러는 억양에 따라 다른 의미가 될 수도 있으니, 딱 의미를 정해두지 말고 열린 마음으로 맥락을 살펴 보세요.

감정 상태, 때로는 돌려 말하기 〈모든 일에는 이유가 있는 법〉

Derek Hey, Jim. How's it going?

Jim Hey, Derek. I don't know. I've been feeling a little down lately.

Derek Seriously? You've been promoted recently. You got a nice new car. **I mean,** what's going on?

Jim I don't know. **Honestly,** I'm not sure if this is the kind of job I want to be doing for the rest of my life.

Derek Come on. You can't be serious.

Jim No, I mean it. **It's just, it's like** there's something missing in my life.

Derek So, basically you're saying that you're not content with being a lawyer, and just feeling bad about yourself for no reason?

Jim Yeah, **like** I said before, **it feels like** I'm missing out on something important.

Derek Wait a minute. You got dumped by Jenny last week, didn't you?

Jim …Anyway, do you want to go out and eat something?

데릭 이봐, 짐. 잘 지내?

짐 응, 데릭. 글쎄. 최근에 조금 우울해.

데릭 진심이야? 너 최근에 승진했잖아. 멋진 새 차도 샀고. **아니,** 무슨 일 있는 거야?

짐 모르겠어. **솔직히,** 이 일이 죽을 때까지 하고 싶은 그런 일인지를 모르겠어.

데릭 에이. 진심은 아니겠지.

짐 아니, 진짜야. **그냥 뭐랄까,** 내 인생에서 무언가 놓치고 있는 **것만 같아.**

데릭 자, 기본적으로 네 말은 변호사인 것도 만족하지 못 하겠고, 그냥 아무런 이유 없이 본인이 가여운 거야?

짐 그래, **뭐랄까** 아까 말한 것처럼, 뭔가 중요한 것을 놓치고 있는 것만 **같은 기분이야.**

데릭 잠깐만. 너 지난주에 제니한테 차였었지, 아니야?

짐 …그건 그렇고, 우리 나가서 뭣 좀 먹을까?

단어 예습 feel down 우울한 for the rest of one's life 죽을 때까지 be content with ~에 만족하다 feel bad about oneself 자신을 가엽게 여기다 for no reason 이유 없이 miss out on ~를 놓치다

941 I mean, I'm not sure. 내 말은, 확실하진 않아.

942 In fact, that's not true. 사실, 그건 사실이 아니야.

943 I don't know. I'll probably do it later. 몰라. 아마 이따가 할 것 같은데.

944 At the end of the day, you've got to do it.
결국에는, 넌 그걸 해야만 해.

945 It's just, it wasn't as good as I had expected.
그냥, 그건 내가 기대했었던 만큼 좋지 않았어.

946 You know what? It's not the first time I've heard about this. 그거 알아? 나 이 얘기 처음 들은 게 아니야.

947 Anyway, let's not think about it anymore.
그건 그렇고, 그것에 대해 더 이상 생각하지 말자.

948 By the way, that's a nice shirt. 그건 그렇고, 그거 멋진 셔츠다.

949 To be honest, I don't want to do it. 솔직히, 나 그거 하기 싫어.

950 You know, that's a great idea. 있지, 그거 좋은 아이디어다.

영크릿 쌤의 핵심 강의입니다.
QR 코드를 찍어 확인해보세요.

필러를 사용해봅니다 2

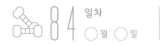

- 문장의 중간이나 끝에 주로 사용되어 문장의 디테일을 추가해 주는 역할의 필러를 학습해 보세요.

문장 중간	kind of,	약간, 뭐랄까	문장 끝	to be exact	정확히는
	sort of,	약간, 뭐랄까		to be precise	엄밀히는
	kind of like,	약간, 뭐 같달까		right?	그렇지?
	sort of like,	약간, 뭐 같달까		you know what I mean?	무슨 뜻인지 알지?
	a little	약간, 조금		you know what I'm saying?	무슨 말하는지 알지?
	a little bit	약간, (아주) 조금		or something	뭐 그런 거(있잖아)
수 표현	One of the things	~중 하나		or something like that	뭐, 그런 것
	Some of the things	~중 일부		and stuff	뭐, ~같은 거
	One of the most	가장 ~것 중 하나		and stuff like that	뭐, ~같은 것
	Some of the most	가장 ~것 중 일부		and things like that	뭐, 그런 거 같은 것
	One of those	~것 중 하나	시간 표현	The other day	일전에
그 외 표현	be supposed to	~기로 되어 있다		The last time	지난번 번에
	as long as	~하는 한		way back	한참 전에
	as soon as	~하는 대로		Looking back	돌이켜 보면

• 필러는 말하는 방식에 따라 의미가 바뀌는 경우가 많으므로, 상황별 톤과 맥락을 파악하세요. 다음 스몰 토크에서 필러 사용을 익혀보세요.

친구 사이, 가벼운 대화 〈등잔 밑이 어둡다〉

Jim Hi. I'd like a Big Mac and fries and a number 8, please. And you?

Derek Me? I'm not even hungry. **I'm kind** of just here for you.

Jim Thanks, man. Anyway, as I was saying, **the other day,** I saw Jenny with another guy at the mall.

Derek So what? You're not supposed to be obsessing over her. It's done between you and Jenny.

Jim I know. But looking back, one of the things that makes me sad is that I could've treated her better. **You know what I mean?**

Derek Yeah, yeah. I know what you mean. Oh, there's your burger.

Jim Thanks, man. **By the way,** those are nice shoes.

Derek Thanks. I got them at the mall a few days ago.

Jim That's weird. Those are the exact same kind of shoes that the guy who was with Jenny was wearing.

짐 안녕하세요. 빅맥이랑 감자튀김, 그리고 8번 하나 주세요. 너는?

데릭 나? 난 배고프지도 않아. **난 그냥** 여기 널 위해 온 거야.

짐 고맙다, 친구야. 그건 그렇고, 아까 말했던 것처럼, **일전에** 제니가 다른 남자랑 쇼핑몰에 있더라니까.

데릭 그래서 뭐? 그녀에게 집착하면 안 되지. 너랑 제니 사이는 끝났잖아.

짐 알아. 그런데 돌아 보면 날 슬프게 하는 것 중 하나는, 내가 제니에게 더 잘 대해 줄 수 있었단 거야. **무슨 말인지 알지?**

데릭 그래, 그래. 무슨 말인지 알겠다. 어, 저기 버거 나왔네.

짐 고맙다 야. **그건 그렇고,** 신발 멋지다.

데릭 고마워. 며칠 전에 쇼핑몰에서 샀어.

짐 이상하네. 정확히 그런 종류의 신발을 제니와 있던 남자가 신고 있었는데.

등장 인물의 감정을 실어서, 목소리의 톤도 조절해 가며 연기하듯 발화해 주세요.

단어 예습 be here for someone ~를 위해 있어 주다 obsess over 집착하다 treat 대하다 exact 정확한

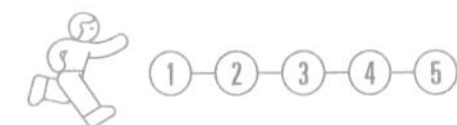

951 I kind of like it. 나 그거 약간 좋아.

952 This is sort of like a vacation. 이거 약간 휴가 같은데.

953 I think it's a little too short. 내 생각엔 그거 조금 너무 짧은 것 같은데.

954 I'm not supposed to tell you this. 나 이거 너한테 말하면 안 되는데.

955 Normally, I'm supposed to be at work right now.
보통은, 나 지금 직장에 있어야 하는데.

956 I like watching Netflix, YouTube, and things like that.
난 넷플릭스, 유튜브 뭐 그런 거 보는 거 좋아해.

957 One of the things I like about remote working is that I don't have to see my boss.
원격 근무가 좋은 이유 중 하나는 내 상사 얼굴을 안 봐도 되는 것이야.

958 Do you want to get some coffee or something?
너 커피나 뭐 좀 마실래?

959 I already had an energy drink, green tea and stuff.
나 이미 에너지 드링크, 녹차 같은 거 마셨어.

960 As long as it's okay with you, that'd be cool.
너만 괜찮으면, 그거 좋겠다.

동사와 전치사 조합을 말해봅니다 1

- 주로 동사와 전치사와 짝지어 새로운 뜻을 만들어 내는 구동사(phrasal verb)를 정리해 볼게요. 한 단어를 외우는 것과 같이 입에 붙이되, 각 동사와 전치사의 뉘앙스를 연결 지어 보세요.

- 자주 쓰는 구동사 50선 - 1 (동사 중심)

get	get in 들어가다	go	go ahead 앞서가다
	get out 나오다		go on 계속 가다
	get over 극복하다		go over 점검하다
	get away 벗어나다		go out with 데이트, 교제하다
	get along 잘 지내다	look	look up 올려보다, 찾아보다
	get by 그럭저럭 지내다		look down 내려보다, 깔보다
	get back to 회신하다	give	give up 포기하다
	get back at 복수하다		give away 나눠 줘버리다
	get rid of 제거하다		give out 나눠 내주다
take	take in 받아들이다	hang	hang out 놀다
	take down 끌어내리다, 치우다		hang on 꽉 붙잡다
	take off 이륙하다, 벗다		hang up 전화를 끊다
	take back 취소하다	make	make up 만들어 내다
	take care 돌보다		make out (신체적) 사랑을 나누다
put	put in 집어넣다	come	come across 마주치다
	put on 입다		come up with 떠올리다
	put out 내놓다	break	break up 헤어지다
	put up with 견디다		break down 분석하다

- 맥락에 따라 비슷한 뉘앙스를 가진 다른 뜻이 될 수 있으니, 열린 마음으로 학습하세요. 회화에서 구동사의 사용 비중이 얼마나 큰지, 다음 스몰 토크에서 느끼며 학습해 보세요.

언제 어디서나, 스몰 토크 〈멜린다, 심리 테스트 신봉자〉

Melinda Hey, Robert. Do you believe in the MBTI personality test?

Robert What is that? Is it something you **came up with**?

Melinda I know it's hard for you to believe, but this is an accurate test of your personality.

Robert I can't **put up** with any more of your nonsense, Melinda. First, it is not scientific. And second, MBTI? It sounds like you're just **making** things **up**.

Melinda Please just take the test, and let me know what your type is. I bet it's INTP.

Robert Okay, I **give up**. You're so weird. **Go ahead**. What does INTP mean?

Melinda Let me **break** it **down** for you. It means you're supposed to be determined, logical, and charismatic but also often pessimistic and skeptical.

Robert Hmm, that actually sounds like me! **Go on**.

Melinda **Look** it **up** yourself online! And never call me weird again.

멜린다 이봐요, 로버트. MBTI 성격 테스트 믿어요?

로버트 그건 뭐죠? 당신이 또 뭔가 **만들어 낸 건가요**?

멜린다 받아들이기 어려울 순 있단 건 알지만, 이거 성격에 대한 믿을만한 테스트라고요.

로버트 당신의 터무니없는 생각을 더 이상 견디기 힘들군요, 멜린다. 첫째, 과학적이지 않고, 둘째, MBTI? 그냥 당신이 **만들어 내는** 것 같이 들린다고요.

멜린다 제발요. 그냥 테스트 해 보고 무슨 타입인지 알려 줘요. 분명 INTP 타입일 거예요.

로버트 좋아요, 내가 **졌네요**. 당신 정말 이상해요. 어서요. INTP가 무슨 뜻이죠?

멜린다 제가 **해석해 드릴게요**. 결단력 있고 논리적이고 카리스마 넘치지만, 가끔씩 비관적이고 회의적인 사람일 수 있단 뜻이에요.

로버트 흠, 그거 사실 나 같은데! **더 해 보세요**.

멜린다 인터넷에 본인이 직접 **찾아보세요**! 그리고 다시는 절 이상하다고 부르지 마세요.

단어 예습 MBTI(Myers-Briggs Type Indicator) 성격 유형 테스트 accurate 정확한 nonsense 상식 밖의 scientific 과학적인 bet 확실하다, ~에 건다 determined 결단력 있는 logical 논리적인 pessimistic 비관적인 skeptical 의심이 많은

절차기억화를 위한 훈련 영상입니다.
소리내어 5번씩 따라하세요.

961 Come on. Get in the car. 어서. 차에 타.

962 Can you get rid of this? 이거 없애 줄 수 있어?

963 I will get back to you soon. 내가 곧 회신 줄게.

964 Could you take down that poster? 저 포스터 좀 거둬 줄 수 있을까?

965 It's a little too much for me to take in. 나에겐 받아들이기가 약간 어려워.

966 Please go ahead. 네, 계속하세요.

967 I'm running out of things to say. 나 할 말이 없어진다.

968 Where did you guys hang out last night? 너희들 어젯밤 어디서 놀았니?

969 I don't know why he hung up like that. 왜 그가 전화를 그렇게 끊었는지 모르겠어.

970 I came across this crazy video. Watch this. 나 이 대박인 영상 발견했거든. 봐봐.

영크릿 쌤의 핵심 강의입니다.
QR 코드를 찍어 확인해보세요.

동사와 전치사 조합을 말해봅니다 2

- 추가적으로 회화에서 빈도 높게 쓰이는 구동사를 정리해 볼게요. 책에서는 사용 빈도가 높은 구동사를 주로 다뤄요.

- 자주 쓰는 구동사 50선 - 2 (전치사 중심)

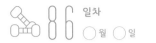

out	find out 알아내다	up	end up 결국 ~가 되다
	figure out 생각해 내다		show up 나타나다
	freak out 놀라 자빠지다		pick up 줍다, 데려오다
	pass out 쓰러지다	down	calm down 진정하다
	drop out 떨어져 나가다		turn down 거절하다
off	show off 자랑하다	on	carry on 계속해 나가다
	piss off 열받다	into	bump into ~와 마주치다

- 회화에서 구동사의 사용 비중이 얼마나 큰지 스몰 토크에서 느끼며 학습해 보세요.

직장 생활, 눈 코 뜰새 없이 바쁠 때 〈워라밸을 지키는 비법〉

Jane What's up, Mr. Gordon? You look tired. Is everything okay?

Gordon Hey, Jane. I'm about to **pass out**. I just have too much on my plate right now.

Jane You mean your upcoming presentation at the conference and things like that?

Gordon Exactly. It's just so hard to **find out** the way to balance work and life.

Jane Hey, you'll **figure** it **out**.

Gordon I mean, I wonder how everyone **shows up** at work smiling all the time.

Jane That's because you're being a good boss to them. Hey, would you like to know what my secret is?

Gordon Wait. Are those earphones? Oh, my goodness. Have you been listening to music at work all this time?

Jane Hey, don't **freak out**. It's not just me. Everyone's listening to music.

제인 고든 씨, 안녕하세요? 피곤해 보여요. 괜찮으세요?

고든 아, 제인. **기절** 직전**이에요**. 그냥 지금 당장 할 일이 너무 많네요.

제인 다가오는 컨퍼런스 발표 같은 것들 말씀이시죠?

고든 맞아요. 일과 생활의 균형을 맞추는 방법을 **찾는 게** 정말 힘드네요.

제인 힘내요. 방법을 **찾아 내실 거예요**.

고든 내 말은, 어떻게 모두가 **출근해서** 항상 웃고 있을 수 있는 거죠?

제인 고든 씨가 저희에게 좋은 상사가 되어 주셔서 그렇죠. 아, 제 비결이 궁금하세요?

고든 잠깐. 그거 이어폰인가요? 오, 세상에. 지금껏 직장에서 음악 듣고 있었던 건가요?

제인 저기, 그렇게 **충격 받지** 마세요. 저뿐만이 아니에요. 모두가 음악 듣고 있다고요.

관심, 좌절, 격려, 놀람, 변명. 이 모두가 톤의 높낮이와 억양에 크게 달려 있는게 느껴지나요?

단어 예습 be about to 막 ~하려고 하다 have too much on one's plate 너무 많은 일이 있다 upcoming 다가오는 balance 균형 잡다 wonder 궁금하다 oh my goodness 세상에

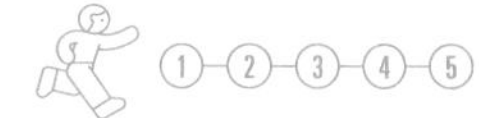

971 I found out that the store was closed.
난 가게가 닫은 것을 알아냈어.

972 Why are you freaking out?
왜 그리 놀라는 거야?

973 I'm about to pass out.
나 기절하기 직전이야.

974 I was showing off my new car.
난 내 새 차를 자랑하고 있었어.

975 He was so pissed off that he didn't see me after a while.
그는 너무 화나서 날 한동안 보지 않았어.

976 Could you please calm down for a second?
제발 좀 잠깐 진정해 볼 수 있을까?

977 I can pick you up if you want.
나 네가 원하면 데리러 갈 수 있어.

978 I ended up spending too much money.
난 결국 돈을 너무 많이 쓰게 됐어.

979 Keep calm and carry on.
침착하고 계속해.

980 I bumped into him last week.
나 지난주에 그와 마주쳤어.

영크릿 쌤의 핵심 강의입니다.
QR 코드를 찍어 확인해보세요.

속어/은어를 알아봅니다

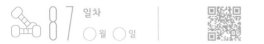

- 슬랭(slang)은 속어/은어를 말하는데요. 언어 학습에 있어서 역시 중요한 요소예요. 대개 문화와 시대적 특성을 반영하며 슬랭은 지금도 계속해서 변형되고 새롭게 생겨나고 있어요.

- 실제 사용보다는 청취 및 이해에 초점을 맞춰 눈과 귀로 충분히 익숙하게 만드는 것을 목표로 합니다.

- 회화 시 청취에 도움이 되는 슬랭 60선

느낌	low-key 약간 snatched 멋진 whip 차 corny/cheesy 느끼, 진부한 savage (남을 신경 쓰지 않는) 멋진 fishy 수상한 no biggie 별 일 아니다 cringe 오그라드는 hangry 화날 정도로 배고픈
퀄리티	lit 굉장히 멋진 dope 굉장히 멋진 topnotch 최고의 epic 역대급 최고 sick 끝내주게 멋진 legit 진짜로, 찐
상태	I'm beat 엄청 피곤하다 salty 씁쓸한, 삐진 chill 여유 있는
동감/동의	I feel you 이해해 I'm down (참여)할래
로맨스	getting hitched 결혼하다 a turnoff (관심을) 깨는
술	booze 술 wasted/hammered 만취한
잘못/실수	screw up 망치다 goof up 바보 같이 실수하다
성격/인물	couch potato 게으름뱅이 party animal 파티광 bookworm 책벌레 chicken 겁쟁이 boujee 부티 나는, 속물의 flaky 변덕 심한 sus 수상한 woke 깨어있는 shook 충격 받은
관계	guys 얘들아 bae 자기 fam 친한 친구(들) squad 친한 친구 그룹 stan 찐 팬
기대/실망	hype 매우 큰 기대, 열풍 hits different 다르게 와닿는 bummer 실망스러운 sucks 매우 안 좋은
떠남/피함	bail 두고 떠나다 ditch 버리고 떠나다 ghost 무시하다

사과	my bad 내 잘못이다
조언	lighten up 긴장 풀다
뜻이 상이	shady 수상하다 throw shade 깎아 내리다 rip-off (주로 금전적인) 사기 ripped 근육이 좋은, 갈라진
성공	slay 끝내주게 해내다 nail 잘 해내다 flex (주로 금전을) 자랑하다 gucci 좋다
공부	airhead 멍청이 whiz 천재 cram 벼락치기

- 예문에서 살펴볼게요.

1 You're such a **bookworm**. 넌 정말 **책벌레**라니깐.

2 Which K-pop group do you **stan**? 어떤 K-팝 그룹의 **팬**이야?

3 It sucks I got a ticket for $200. It's a complete **rip-off**. 티켓을 200달러에 사다니. 완전 **사기**야.

4 That's a **bummer**. 그거 **실망**스럽네.

5 Despite all the **hype** around them, not many showed up at the concert. 그들을 둘러싼 **높은 열풍**에도 불구하고, 그리 많은 사람들이 콘서트에 나타나진 않았다.

단어 예습 torture 고문, 심한 고통 too much 너무 많이 midterm 중간고사

981 I low-key love this book. 나 약간 이 책 좋아.

982 You're looking snatched today. 너 오늘 엄청 멋져 보인다.

983 That's so cringe. 그거 너무 오그라든다.

984 The concert was lit. I wish you were there.
콘서트는 대박이었어. 네가 거기 있었으면 했어.

985 You nailed it! That's so sick. 너 해냈잖아! 그거 끝내준다.

986 I'm beat, man. Listening to him was torture.
나 완전 피곤해, 야. 그의 말을 듣고 있는 게 고문이었어.

987 I feel you. He was wasted and talking too much.
완전 공감해. 그는 만취해서 말을 너무 많이 했어.

- 가벼운 공감의 표현으로 사용할 땐, you를 ya정도로 발음해 보세요.

988 What's your biggest turnoff when dating a guy?
넌 남자와 데이트할 때 뭐가 제일 깨?

- 연애에 대해 말할 때, 관심을 끄게 만드는 즉, '깨는(정 떨어지는)' 것을 의미해요.

989 I used to be a couch potato, playing video games all the time.
난 항상 비디오게임만 하는 게으름뱅이이곤 했어.

990 Ditch the midterm. Let's hang out. 중간고사 버려. 놀자.

슬랭 표현은 친한 사이라도 사용하기 부적절한 경우가 있을 수 있고,
맥락 상 다른 뜻이 될 수 있으므로 학습 초기에는 사용을 삼가는 것이 좋아요.
대신, 드라마나 원어민이 자주 쓰니 청취 및 이해에 초점을 두고 학습해 보세요.

약어를 알아봅니다

- 주로 SNS/ 인터넷/ 텍스트 상에서 자주 쓰이는 약어 및 표현들을 알아볼게요.
- 이러한 약어들은 일반적으로 텍스트 상에서 주로 쓰이지만, 회화에서 사용하기도 합니다.
- 텍스트, 댓글, 온라인 상에서 도움이 되는 약어 및 표현 30선

	lmao 크게 웃긴 laugh my ass off		hbu 넌 어때? How about you
	btw 그건 그렇고 by the way		irl 실제로 in real life
	smh 그건 좀 아니다 shaking my head		lol 크게 웃긴 laugh out loud
	wth 이게 무슨 what the heck		ikr 내 말이, 그치? I know, right?
흔한 인터넷 약어	nbd 별 일 아니다 no big deal	SNS/메시지/ 약어	idk 몰라 I don't know
	tbh 솔직히 to be honest		bc 왜냐면 because
	FOMO 뒤쳐지고 싶지 않은 심리 fear of missing out		omw 가는 중 on my way
	YOLO 한번 뿐인 인생 You only live once		HMU 연락/전화해, 만나자 hit me up
	OMG 세상에, 대박 Oh my god		BF/GF 남친/여친 boyfriend/girlfriend

	TMI 지나친 정보 too much information		OOTD 오늘의 착장 outfit of the day
비즈니스 약어	ASAP 가능한 빨리 as soon as possible		DM (SNS) 다이렉트 메시지 direct message
비즈니스 약어	EOD 오늘까지 end of the day	그 외 표현	left on read 읽고 씹다
비즈니스 약어	TBA 공지 예정인 to be announced	그 외 표현	bruh 와, 야, 헐.
비즈니스 약어	TBD 아직 미결인 to be determined	그 외 표현	tea 흥미로운 가십거리
비즈니스 약어	FYI 참고로 for your information		
비즈니스 약어	DIY 셀프/혼자 하다 do it yourself		

주로 기술적인 용어일수록 대문자를, 가벼운 용어 및 대화일수록 소문자를 사용하는 편이지만 맥락에 따른 예외도 있어요.

- 친한 친구와의 문자 메시지에서 약어를 확인해 보세요.

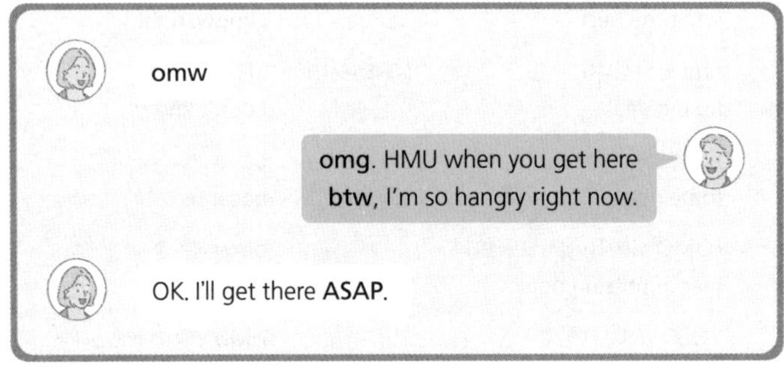

정답 1. **나 지금 가는 중.** 2. **대박.** 여기 도착하면 나한테 연락해. 3. **그건 그렇고,** 지금 완전 배고파서 화날 정도임. 4. 알겠어. **최대한 빨리** 글루 갈게.

절차기억화를 위한 훈련 영상입니다.
소리내어 5번씩 따라하세요.

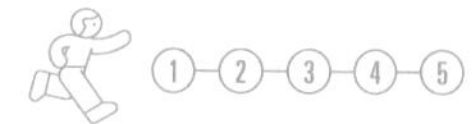

991 OMG, he left me on read again. 세상에, 그가 나를 또 읽고 씹었어.

992 Bruh, you know what they say. YOLO!
야, 그 말 있잖아. 욜로! (한번 뿐인 인생 마음 내키는 대로 살자)

993 Uh, that's TMI. 어, 그건 좀 지나친 정보야.

994 Brian, can you do this ASAP? 브라이언, 이거 가능한 빨리 할 수 있어?

995 Please make sure to send the quotation by EOD.
오늘 안으로 견적서 보내는 거 잊지 마.

996 I'm going to DIY my own furniture. 난 나만의 가구를 직접 만들 거야.

997 Please DM me on Instagram. 내게 인스타그램에서 다이렉트 메시지 보내.

998 Let's hang out. HMU when you're free.
놀자. 너 시간 될 때 연락해.

999 You have any tea? Spill some tea!
재미있는 소식 없어? 얘기 좀 꺼내 봐!

1000 I sent him a selfie, and he replied, "wth lol."
내가 그에게 셀카를 보냈더니, 그가 답장하길, "이게 뭐야 ㅋㅋㅋ"

89 일차 ◯월 ◯일

Inbody Checks

A. 필러 워즈

83~84일차까지 각 날짜별로 3개씩의 예시문을 뽑았어요. 해석을 보고 떠오른 문장을 오른쪽의 모범 답안과 비교하여 맞히면 이해도에 체크하세요.

이해도

◯ 1 사실, 그건 사실이 아니야.

◯ 2 그건 그렇고, 그거 멋진 셔츠다.

◯ 3 있지, 그거 좋은 아이디어다.

◯ 4 이거 약간 휴가 같은데.

◯ 5 보통은, 나 지금 직장에 있어야 하는데.

◯ 6 너 커피나 뭐 좀 마실래?

A. 필러 워즈 : 모범 답안

이해도가 4개 이하라면 83~84일차 훈련 문장을 한 번 더 읽어주세요. 이때 외우거나 개념을 이해하기보다는 반복적으로 소리 내어 발화량을 늘려주세요.

1 In fact, that's not true.

2 By the way, that's a nice shirt.

3 You know, that's a great idea.

4 This is sort of like a vacation.

5 Normally, I'm supposed to be at work right now.

6 Do you want to get some coffee or something?

* 필러는 말하는 톤에 따라 다른 뜻이 될 수 있으니, 책의 예문과 여러분의 답이 정확히 일치하지 않아도 괜찮아요.
(여러분의 필러 표현이 맥락에 맞는 지 궁금하다면 352쪽을 참고하여 ChatGPT를 이용해서 첨삭 받아 보세요.)

/ 12

B. 구동사, 슬랭, 약어

85~88일차까지 각 날짜별로 3개씩의 예시문을 뽑았어요. 해석을 보고 떠오른 문장을 오른쪽의 모범 답안과 비교하여 맞히면 이해도에 체크하세요.

이해도

1 어서. 차에 타.

2 저 포스터 좀 거둬 줄 수 있을까?

3 나 할 말이 없어진다.

4 왜 그리 놀라는 거야?

5 난 내 새 차를 자랑하고 있었어.

6 침착하고 계속해.

7 너 오늘 엄청 멋져 보인다.

8 너 해냈잖아! 그거 끝내준다.

9 완전 공감해. 그는 만취해서 말을 너무 많이 했어.

10 브라이언, 이거 가능한 빨리 할 수 있어?

11 오늘 안으로 견적서 보내는 거 잊지 마.

12 내가 그에게 셀카를 보냈더니, 그가 답장하길, “이게 뭐야 ㅋㅋㅋ”

B. 구동사, 슬랭, 약어 : 모범 답안

이해도가 8개 이하라면 85~88일차 훈련 문장을 한 번 더 읽어주세요. 이때 외우거나 개념을 이해하기보다는 반복적으로 소리 내어 발화량을 늘려주세요.

1 Come on. Get in the car.

2 Could you take down that poster?

3 I'm running out of things to say.

4 Why are you freaking out?

5 I was showing off my new car.

6 Keep calm and carry on.

7 You're looking snatched today.

8 You nailed it! That's so sick.

9 I feel you. He was wasted and talking too much.

10 Brian, can you do this ASAP?

11 Please make sure to send the quotation by EOD.

12 I sent him a selfie, and he replied, "wth lol."

* 슬랭은 말하는 톤과 맥락에 따라 다른 뜻이 될 수 있으니, 책의 예문과 여러분의 답이 정확히 일치하지 않아도 괜찮아요. (여러분의 필러 표현이 맥락에 맞는 지 궁금하다면 352쪽을 참고하여 ChatGPT를 이용해서 첨삭 받아 보세요.)

90 일차 ◯월 ◯일

Final Checks

Step 1 우리말을 읽어보고 정확히 기억나는 문장이라면 ◯, 그렇지 않다면 V 표시를 합니다.

Step 2 ◯ 표시 문장과, V 표시 문장 모두 빈칸에 해당하는 영어 작문을 적어보세요.
V의 경우, 의미가 통하는 선에서 가능한 만큼 다른 방식으로 작문해 봅니다.

Step 3 점검표를 이용하여 최종 학습 숙련도를 평가하고 추가적인 학습 지시를 따르세요.

☞ 코스 1. 상태를 자유자재로 말하기

◯ 표시한 문장 개수 (　) V 표시한 문장 개수 (　)

1 나는 행복해. ______________. ☐

2 그는 피곤하고 배고파. ______________. ☐

3 그녀의 스웨터는 너무 작아. ______________. ☐

4 안녕. 난 사라야. 여긴 제니고. ______________. ☐

5 조용히 해. 너는 너무 시끄러워. ______________. ☐

6 나는 어렸어. ______________. ☐

7 너 지금 시간 돼? ______________? ☐

8 그게 정말 가능해? ______________? ☐

9 안녕하세요. 전 사라예요. 존 있어요? ______________? ☐

10 그녀의 반응은 꽤 좋았어. ______________. ☐

끝까지 오신 여러분 정말 대단해요. 이 책을 마친 후 영어에 큰 자신감이 생길 거라고 확신해요.
코스 1~8(1~89일차)의 숙련도를 테스트해 보도록 할게요. 아래 단계에 따라 테스트해보세요.

☞ 코스 2. 동작을 자유자재로 말하기

○ 표시한 문장 개수 (　　) V 표시한 문장 개수 (　　)

1 난 영어를 공부해. ____________________. ☐

2 그녀는 영어를 유창하게 해. ____________________. ☐

3 이 커피숍은 항상 5시에 열어. ____________________. ☐

4 제니는 운동을 규칙적으로 하니? ____________________? ☐

5 난 잤어. ____________________. ☐

6 넌 내게 예쁜 인형을 줬어. ____________________. ☐

7 내가 네게 말했나? ____________________? ☐

8 이 소포들이 같이 왔니? ____________________? ☐

9 너 성공하고 싶었니? ____________________? ☐

10 엄마, 우리 곧 떠나야 돼요? ____________________? ☐

11 난 휴식을 취했어. ____________________. ☐

12 난 오늘 아침 택시를 탔어. ____________________. ☐

13 난 그가 뛰는 것을 봤어. ____________________. ☐

14 난 누군가 소리 지르는 것을 들었어. ____________________. ☐

15 좋은 생각처럼 들려. ____________________. ☐

16 나는 뛰는 중이야. ____________________. ☐

17 그녀는 다음 주에 교회에 갈 거니? ____________________? ☐

☞ 코스 3. 문장을 자유자재로 늘리기

○ 표시한 문장 개수 ( ) V 표시한 문장 개수 ( )

1 난 피곤하고 지금 잠자리에 들어야 해. ______. ☐

2 난 네가 잘하고 있다고 생각해. ______. ☐

3 너 제니가 가수인 걸 알았니? ______? ☐

4 너 이게 좋은 생각이라고 생각했니? ______? ☐

5 난 학생이야. ______. ☐

6 난 오늘 오후에 사과를 한 개 먹었어. ______. ☐

7 제니는 사무실을 떠나서 음식점에 갔어. ______. ☐

8 난 내 상사에게 이메일을 보내고 있어. ______. ☐

9 네 뒤를 봐. ______. ☐

10 짐과 나는 강을 따라 멋진 산책을 하고 있어.
______. ☐

11 너 지금 그의 농담에 웃고 있었니? ______? ☐

12 너희들 콘서트를 기다리고 있니? ______? ☐

13 내 생각에 제니가 네게 그것에 대해 거짓말한 것 같아.
______. ☐

14 면접관이 제니의 이력서를 검토하고 있었어.
______. ☐

15 다행히도, 내 딸이 결국에는 시험을 통과했어.
______. ☐

16 우린 메뉴의 가격들이 갑자기 올라간 걸 알아챘어.
______. ☐

17 그녀가 사랑스럽지 않니? ______? ☐

☞ 코스 4. 시간 순서대로 말하기

○ 표시한 문장 개수 ( ) V 표시한 문장 개수 ( )

1 그거 내가 이따가 할게. ______________________. ☐

2 제니는 다음 학기에 미국에 갈 거야. ______________________. ☐

3 너 미국의 대학에 지원할 거니? ______________________? ☐

4 너 오늘 교회 가는 거니? ______________________? ☐

5 괜찮을 거야. 모든 게 괜찮아질 거야. ______________________. ☐

6 그녀는 네가 말하기 전에 말할 거야. ______________________. ☐

7 너 네가 떠날 때 문 잠궜니? ______________________? ☐

8 내 가족은 내가 8살 때 한국으로 이사했어.
______________________. ☐

9 난 그가 내게 사과하면 용서할 거야. ______________________. ☐

10 우리 오후 2시까지는 떠나야 해. ______________________. ☐

11 그들은 자정까지 거기에 머물러야 됐어.
______________________. ☐

12 난 항상 자정 전에 잠자리에 들어. ______________________. ☐

13 가끔씩, 나는 음악을 들어. 일주일에 두 번 듣는 것 같아.
______________________. ☐

14 난 대개 햄버거를 감자튀김과 같이 먹어.
______________________. ☐

15 제이크는 보통 일주일에 40시간 일해. ______________________. ☐

☞ 코스 5. 시점 자세하게 표현하기

○ 표시한 문장 개수 ( ) V 표시한 문장 개수 ( )

1 이 책은 그에 의해 쓰여졌어. ______________________. ☐

2 난 네가 걱정돼. ______________________. ☐

3 넌 반드시 가야만 돼. ______________________. ☐

4 너 결과들에 만족했니? ______________________? ☐

5 주문하시겠어요? ______________________? ☐

6 너 부산에 살곤 했니? ______________________? ☐

7 난 예전에 축구를 하곤 했어. ______________________. ☐

8 이 장소는 팬데믹 전에 엄청나게 붐비곤 했어.

______________________. ☐

9 너 오늘 뭐라도 배웠니? ______________________? ☐

10 너 전에 태국 음식 먹어 본 적 있니? ______________________? ☐

11 나 그 TV시리즈 이미 세 번이나 본 적 있어.

______________________. ☐

12 난 파리에 두 번 가 본 적 있어. ______________________. ☐

13 난 2시간 동안 공부하고 있는 중이야. ______________________. ☐

14 너 최근에 운동하고 있니? ______________________? ☐

15 그녀가 전화한 이래로 한 달이 지났어. ______________________. ☐

16 너 수요일 전에 네 소포를 받았었니? ______________________? ☐

17 난 그를 미팅 전에 만났었어. ______________________. ☐

☞ 코스 6. 비교하고, 과장하고, 가정하기

○ 표시한 문장 개수 (   ) V 표시한 문장 개수 (   )

1 난 너보다 키가 더 커. ________________. ☐

2 이 차는 내 차보다 더 빨라. ________________. ☐

3 그는 그의 아들보다 훨씬 더 신나 보여. ________________. ☐

4 내가 가능한 만큼 빨리 회신 줄게. ________________. ☐

5 오늘은 어제만큼 추워. ________________. ☐

6 내가 제일 똑똑해. ________________. ☐

7 그는 세상에서 제일 부자인 배우야. ________________. ☐

8 제니가 그 교실에서 제일 키 큰 사람이니?

________________? ☐

9 나 네게 전화했어야 됐는데. ________________. ☐

10 그는 그걸 절대 말했으면 안 됐는데. ________________. ☐

11 너 내게 말해 줄 수도 있었잖아. ________________. ☐

12 미안해. 아무래도 내가 약간 실수했던 걸지도 몰라.

________________. ☐

13 난 아침을 먹으면, 쉽게 배고파지지 않아.

________________. ☐

14 내가 공부를 더 열심히 했으면, 시험을 통과할 텐데.

________________. ☐

15 내가 돈이 있으면, 새 카디건을 살 수 있을 텐데.

________________. ☐

16 내가 알았었으면, 네게 말했겠지. ________________. ☐

17 내가 대학에 갔었으면, 그 직장에 취업했을 텐데.

________________. ☐

☞ 코스 7. 영어식 어순 굳히기

○ 표시한 문장 개수 (　　) V 표시한 문장 개수 (　　)

1 저건 좋은 뷰를 가진 음식점이야. ________________. ☐

2 냉장고 안에 있던 그 도시락은, 내 것이었어. ________________. ☐

3 우린 우리 집 근처의 커피숍을 좋아해. ________________. ☐

4 이 햄버거가 내가 점심으로 먹은 거야. ________________. ☐

5 이게 네가 원하는 것이니? ________________? ☐

6 너 내가 만든 샌드위치를 먹었니? ________________? ☐

7 저 배우가 내가 가장 좋아하는 그 배우야. ________________. ☐

8 데릭이 내가 냉장고에 넣어 두었던, 내 간식을 먹었어. ________________. ☐

9 저 남자는 누구야? ________________? ☐

10 제이크, 어떻게 지내는 거야? ________________? ☐

11 너 사진 속에서 정말 젊어 보인다. 이게 언제였어? ________________? ☐

12 난 이해하려고 노력 중이야. ________________. ☐

13 너 부산 가는 표 구했니? ________________? ☐

14 난 내 마음을 바꾸기로 결심했어. ________________. ☐

15 너 계약서에 사인하기로 동의했니? ________________? ☐

16 난 여기 존슨 씨를 만나기 위해 왔어. ________________. ☐

17 그녀는 널 보면 기뻐할 거야. ________________. ☐

18 난 지금 할 것들이 너무 많아. ________________. ☐

19 난 일찍 잠들기로 결심했어. ________________.

20 뉴스 기자가 되는 것이 내 목표야. ________________.

21 난 내가 어디에 내 차 키를 두었는지 까먹었어.
________________.

22 난 네게 전화하는 것을 멈췄어. ________________.

23 난 기차를 놓쳐서 직장까지 걸어갔어야 했어.
________________.

24 비록 시간이 많이 걸릴 지라도, 난 할 거야.
________________.

☞ 코스 8. 배운 문장 자연스럽게 말하기

○ 표시한 문장 개수 ( ) V 표시한 문장 개수 ( )

1 그건 그렇고, 그거 멋진 셔츠다. ________________.

2 솔직히, 나 그거 하기 싫어. ________________.

3 난 넷플릭스, 유튜브 뭐 그런 거 보는 거 좋아해.
________________.

4 이거 없애 줄 수 있어? ________________?

5 나 지난주에 그와 마주쳤어. ________________.

6 그거 너무 오그라든다. ________________.

7 제발 좀 잠깐 진정해 볼 수 있을까? ________________?

8 중간고사 버려. 놀자. ________________.

9 왜 그리 놀라는 거야? ________________.

10 어, 그건 좀 지나친 정보야. ________________.

모범 답안

☞ 코스 1. 상태를 자유자재로 말하기 1. I'm happy. 2. He is tired and hungry. 3. Her sweater is too small. 4. Hello. I am Sarah. This is Jenny. 5. Be quiet, please. You are too loud. 6. I was young. 7. Do you have time right now? 8. Is it really possible? 9. Hello. I'm Sarah. Is John here? 10. Her reaction was pretty good. ☞ 코스 2. 동작을 자유자재로 말하기 1. I study English. 2. She speaks English fluently. 3. This coffeeshop always opens at 5:00. 4. Does Jenny exercise regularly? 5. I slept. 6. You gave me a pretty doll. 7. Did I tell you? 8. Did these packages come together? 9. Did you want to be successful? 10. Mom, do we have to leave soon? 11. I took a break. 12. I took a taxi this morning. 13. I saw him run/running. 14. I heard somebody shout/shouting. 15. It sounds like a good idea. 16. I am running. 17. Is she going to church next weekend? ☞ 코스 3. 문장을 자유자재로 늘리기 1. I am tired, and I have to go to bed now. 2. I think that you are doing great. 3. Did you know that Jenny is a singer? 4. Did you think that this was a great idea? 5. I am a student. 6. I ate an apple this afternoon. 7. Jenny left the office and went to a restaurant. 8. I am sending an email to my boss. 9. Look behind you. 10. Jim and I are having a nice walk along the river. 11. Were you just laughing at his joke? 12. Are you guys waiting for the concert? 13. I think Jenny lied to you about it. 14. The interviewer was going over Jenny's résumé. 15. Fortunately, my daughter eventually passed the exam. 16. We noticed that the prices on the menu suddenly went up. 17. Isn't she lovely? ☞ 코스 4. 시간 순서대로 말하기 1. I will do it later. 2. Jenny is going to go to the States next semester. 3. Are you going to apply to a university in the U.S.? 4. Are you going to church today? 5. It will be all right. Everything is going to be okay. 6. She is going to say it before you say it. 7. Did you lock the door when you left? 8. My family moved to Korea when I was 8 years old. 9. I will forgive him when he apologizes to me. 10. We need to leave by 2:00 p.m. 11. They had to stay there until midnight. 12. I always go to bed before midnight. 13. Sometimes, I listen to music. I guess I listen to it twice a week. 14. I usually eat burgers with fries. 15. Jake generally works forty hours a week. ☞ 코스 5. 시점 자세하게 표현하기 1. This book was written by him. 2. I am worried about you. 3. You must go. 4. Were you satisfied with the results? 5. Would you like to order? 6. Did you use to live in Busan? 7. I used to play soccer back then. 8. This place used to be super busy before the pandemic. 9. Have you learned anything today? 10. Have you ever tried Thai food before? 11. I've seen that TV series 3 times already. 12. I have visited Paris twice. 13. I have been studying for 2 hours. 14. Have you been working out lately? 15. It's been a month since she called. 16. Had you gotten your package before Wednesday? 17. I had met him before the meeting. ☞ 코스 6. 비교하고, 과장하고, 가정하기 1. I am taller than you. 2. This car is faster than my car. 3. He seems much more excited than his son. 4. I will get back to you as soon as possible. 5. Today is as cold as yesterday. 6. I am the smartest. 7. He is the richest actor in the world. 8. Is Jenny the tallest person in the class? 9. I should've called you. 10. He never should have said that. 11. You could've told me. 12. I'm sorry. I might have made a slight mistake. 13. If I eat breakfast, I don't get hungry easily. 14. If I studied harder, I would pass the exam. 15. If I had the money, I could buy a new cardigan. 16. If I had known, I would have told you. 17. If I had gone to college, I would've gotten that job. ☞ 코스 7. 영어 식 어순 굳히기 1. That is a restaurant which has a nice view. 2. That lunchbox, which was in the fridge, was mine. 3. We love the coffeeshop that is near our house. 4. This is the burger which I had for lunch. 5. Is this something you want? 6. Did you eat the sandwich that I made? 7. That actor is the one whom I like the most. 8. Derek ate my snack, which I put in the fridge. 9. Who is that guy? 10. Jake, how are you doing? 11. You look so young in the picture. When was this? 12. I'm trying to understand. 13. Did you get a ticket to go to Busan? 14. I decided to change my mind. 15. Did you agree to sign the contract? 16. I am here to meet Mr. Johnson. 17. She would be glad to see you. 18. I have so many things to do right now. 19. I decided to go to sleep early. 20. Becoming a news reporter is my goal. 21. I forgot where I put my car keys. 22. I stopped calling you. 23. I had to walk to work because I missed my train. 24. Even if it takes a lot of time, I will do it. ☞ 코스 8. 배운 문장 자연스럽게 말하기 1. By the way, that's a nice shirt. 2. To be honest, I don't want to do it. 3. I like watching Netflix, YouTube, and things like that. 4. Can you get rid of this? 5. I bumped into him last week. 6. That's so cringe. 7. Could you please calm down for a second? 8. Ditch the midterm. Let's hang out. 9. Why are you freaking out? 10. Uh, that's TMI.

- 작문한 문장들의 정답을 확인하고, 다음의 표에 기입하세요.

	◯ 표시한 문장 개수 / 정답 개수	V 표시한 문장 개수 / 정답 개수
☞ 코스 1	% PASS : 70%	% PASS : 60%
☞ 코스 2	% PASS : 70%	% PASS : 60%
☞ 코스 3	% PASS : 70%	% PASS : 60%
☞ 코스 4	% PASS : 70%	% PASS : 60%
☞ 코스 5	% PASS : 70%	% PASS : 60%
☞ 코스 6	% PASS : 70%	% PASS : 60%
☞ 코스 7	% PASS : 70%	% PASS : 60%
☞ 코스 8	% PASS : 70%	% PASS : 60%
합산	%	%

- 코스별로 ◯ 표시한 문장들의 정답률이 70% 미만이면 부족한 코스를 복습합니다
- 코스별로 V 표시한 문장들의 정답률이 60% 미만이면 부족한 코스를 복습합니다.

▶ 내가 직접 만든 문장들(V)은, 352쪽을 참고하여 ChatGPT를 이용하여 올바른지를 점검하고, 첨삭 받을 수 있습니다.

나만의 영어 말하기 레시피로 평생을 써먹어 봅니다.

- 축하합니다! 쉽지 않은 도전이었지만, 끝까지 완독한 독자들은 이미 영어 발화시 우리말을 할 때처럼 모국어를 다루는 뇌의 영역이 충분히 활성화가 되었을 거예요. 한번 사는 인생에서 나의 의견을 제2언어로 말해 본다는 것이 그 얼마나 멋진 일인가요!
  꾸준한 동기 부여로 끝까지 해낸 학생들은 본인들을 족히 상위 5%로 보아도 좋아요.

- 이렇게 회화 초급을 벗어난 학생들에게, 이후 '나만의 만능 스크립트'를 준비시킨 것이 유학생활 및 워킹 홀리데이, 인터뷰, 각종 말하기 시험에서도 큰 효과가 있었어요. 이 방법을 소개할게요.

- 다음의 지침을 따르세요

일반적인 주제에 관하여 아래의 지침을 따라 작문하세요. 모두 합쳐 15-20분 가량의 문장이 되도록 작문하며, 주제별 3분을 넘기지 않도록 하세요.

(Secret 1) 반드시 본인만의 독특한 경험에 기반한 내용이어야 해요.

(Secret 2) 대화문 학습에서 익숙해진 필러 워즈, 구동사를 적극 활용하여 작문하세요. (슬랭은 되도록 피하세요)

(Secret 3) 교재 전반에서 배워 익숙해진 문장과 표현들을 떠올리며 작문하세요.

(Secret 4) 원하는 정확한 뉘앙스가 떠오르지 않는다면, ChatGPT의 도움을 받아 주제별 단어 및 표현을 제안 받고, 이를 참고하여 작문하세요. (352쪽 참고)

(Secret 5) 완성된 문장은 ChatGPT를 이용하여 첨삭 받고, 더블 체크까지 완료하여 출력하세요.

(Secret 6) 출력한 문장은, 반복 발화를 통해 모두 통암기하세요. 이때 암기는, 머리로 단순히 외우는 것이 아닌 반복 발화를 통한 자연적인 체득을 의미해요. 발음 또한 녹음하여 점검해 보세요.

- 배운 내용을 활용해서, 나만의 경험과 연계된 스크립트를 작성하여 체득해 둔다면 그 어떤 대화도 막힘 없이 이어 나갈 수 있어요.

대화는 보통 가지 치듯 뻗어 나가기 때문에, 그것들을 이어 주는 본인만의 견고한 기둥을 세워 두는 것입니다.

- 작문 시 참고할 점
  - 같은 내용이라도 듣는 사람의 입장에서 흥미롭게 작문해야 해요. 공감을 유도하는 장치를 적극 사용하세요.
  - 스크립트는 최대한 긍정적인 내용이 좋으며, 이때 적극적으로 본인의 독특한 경험과 결부되도록 합니다.

나만의 영어 말하기 레시피

① 자기소개: ______________________________

② 나의 관심 분야: ______________________________

③ 인생에서 제일 흥미로운 경험 이야기하기: ______________________________

④ 나의 연애사 이야기하기: ______________________________

⑤ 재미있게 본 영화/TV시리즈 이야기하기: ______________________________

⑥ 나의 운동 루틴과 건강에 대하여: ______________________________

⑦ 내가 좋아하는 음식과 잘하는 요리에 대하여: ______________________________

⑧ 내가 생각하는 한국의 독창적인/특별한 문화에 대하여: ______________________________

⑨ 나의 인생에서 가장 가치를 두는 것에 대하여: ______________________________

- 앞선 주제 중에서 가장 관심있는 한 주제에 관하여 5분 가량의 본인의 생각을 추가로 작문해 보세요.

- 이렇게 체득한 문장들은 ① 지금까지 배운 학습 내용과 연계되며 ② 본인의 경험과 결부되어 장기적으로 기억할 수 있고 ③ 대화 상대방의 긍정적인 감정(흥미)을 이끌어 내어 매우 실용적이고, 효과적으로 사용할 수 있어요.

- 실제 대화에서 스크립트의 일부 문장을 수 차례 사용하기만 해도, 대화가 '자동적'으로 나오는 신기한 경험이 펼쳐져요.

제일 관심 있는 주제와 나의 5분 스크립트

We have the power to imagine better.

J.K. Rowling

"What we achieve inwardly will change outer reality."

This is an astonishing statement, yet it's proven thousands of times in every day of our lives.

It expresses the fact that we touch other people's lives simply by existing.
Your intelligence and your capacity for hard work give you unique status and responsibilities.

If you choose to use your unique status and influence for those who have no voice, we do not need magic to transform our world.

We carry all the power we need inside ourselves already.
We have the power to imagine better.

우리에겐 더 나은 상상을 할 힘이 있습니다.

J.K. 롤링

“우리가 내면에서 성취한 것은, 외부의 현실을 바꾼다.”

이것은 놀라운 말이지만, 우리의 일상에서 무수히 증명된 말이기도 합니다,

우리가 단순히 존재하는 것만으로도 다른 사람들의 삶에 영향을 미치는 사실을 뜻하지요.
당신의 지능, 어려운 일을 해내는 능력은, 당신에게 특별한 위치와 책임을 부여합니다.

당신의 특별한 위치와 영향력을, 불행한 사람들을 위하여 사용하기로 선택한다면
우린 세상을 변화시키기 위해 마법이 필요하지 않습니다.

우리는 이미 우리 자신의 내면에 모든 힘을 지니고 있습니다.
더 나은 것을 상상할 힘이 있는 것입니다.

내용 해석이 어려웠나요? 걱정하지 마세요! 아직 이해할 필요 없어요.
교재를 완독하고 다시 돌아와서 읽어 보면, 영어 → 한국어 해석이 아니라, 영어가 영어로 읽히는 마법이 일어날 거예요.

keep in mind

ChatGPT 를 원어민 과외 쌤으로 활용해보세요.

AI 챗봇, ChatGPT가 논문도 써 주고, 변호도 해 준다고요?

2023년, 화제가 되고 있는 ChatGPT때문에 앞으로 많은 산업의 패러다임을 바꿀 것으로 전망되는 가운데 이를 잘 활용하면, 둘도 없는 훌륭한 나만의 개인 원어민 선생님을 둘 수 있는데요. 앞으로도 AI기술이 발전하며 기능이 추가 되겠지만, 가장 본질적이고 강력한 기능인 '문장 첨삭 받고, 문장 만들기' 기능을 소개 드려요.

1. ChatGPT사이트에서(무료), 구글 계정으로 로그인합니다. (https://openai.com/blog/chatgpt/)
2. 내가 작문한 영어 문장을 입력하고, 다음의 명령어를 입력합니다. 질문만 할 수도 있습니다.
   - 문장 첨삭: Check if the sentences are grammatically correct and sound natural. 이 문장이 문법적으로 정확한지, 자연스럽게 들리는지 체크해 줘.
   - 문장 설명 요청: Explain [문장] as if I were a child.
     (쉽게)
     아이에게 설명하듯 [문장]을 설명해 줘.
     Explain [문장] from a different angle.
     (다른 방식으로)
     다른 방식으로 [문장]을 설명해 줘.
     What is the difference between [A] and [B]?
     (차이 질문)
     [A]와 [B]의 차이가 뭐야?
   - 표현/예문 요청: Give me commonly used expressions on [주제]
     [주제]에 자주 쓰이는 표현 알려 줘.
     Give me example sentences.
     예문 보여 줘.

3. 원하는 작문 분위기에 따라서, 첨삭 및 제안을 요청합니다.
   - 일상 회화 스타일: Correct [문장] in a casual setting / Correct [문장] in a daily life conversation style
     가벼운 대화에서 / 일상 대화 스타일로
   - 포멀한 작문 스타일: Correct [문장] in a formal setting / Correct [문장] in a business setting
     격식 적인 대화에서 / 비즈니스 대화에서
4. 답변 확인 후, 이해가 가지 않는 부분은 다음의 명령어를 입력합니다..
   - 쉬운 설명 재요청: I don't understand the explanation. Can you make it easy to understand? 설명이 이해 안 돼. 이해하기 쉽게 설명해 줘.
   - 자세한 설명 요청: Elaborate with more details and example sentences.
     상세한 설명과 예문으로 자세히 설명해 줘.
5. 만족할 답변이 나올 때까지, 추가적인 질문을 할 수 있습니다.
   - 답변 재확인: Are you sure about that? Can you double-check?
     확실해? 다시 재확인해 볼 수 있어?

답변이 항상 정확하지 않을 수 있음을 인지하고, 구글 검색 및 네이버 영어사전 예문 검색으로 항상 내용을 재확인 하는 것을 습관화합니다.
중요한 것은, ChatGPT가 문장을 첨삭해 주고 만들어 줄 수는 있지만, 그러한 문장들이 실제로 내가 말할 수 있는 문장이 되지 않는다는 것이죠. 좋은 도구로서 원어민 과외 선생님 정도로 생각하면 되겠죠?

이 외에도 기능의 발전에 따라, '상황 별로 유용한 명령어 모음, 대화문 도출하기, 어휘 배우기' 등의 자료는 영상 자료 및 카페 게시 글로 업데이트 예정이니, 아래의 주소를 참고하세요. (https://cafe.naver.com/youngcret)

90일간의 여정을 마치며...

The best way to predict your future is to create it.

Abraham Lincoln

에이. 그거 뭐, 해 봐야 되겠어? 지금 하는 거나 잘해. 내가 해 봤는데, 어차피 해도 안 된다니까? 또 뭐 하고 있니? 넌 맨날 말도 안 되는 목표만 세우냐? 헛소리 하지 마. 안 돼. 안 돼. 안 돼.

어떠신가요? 어디서 많이 들어본 말 아닌가요? 영어 외에도 그 어떤 꿈과 목표를 가지면, 직장 상사의 목소리로, 경쟁자의 목소리로, 주변 친구의 목소리로 항상 듣게 되는 말이죠.

제가 처음 영어 공부한다고 주변에 선언했을 때, 몇 달 지나서 까지도 줄곧 듣던 말들인데요. 수 년이 지난 지금 돌아보니, 그때 저 말들을 듣지 않아 얼마나 다행인지 모릅니다.

물은 100℃가 되기까지 끓지 않고, 로켓 발사체는 36,000km 상공을 뚫기 까지가 고비이며, 어떤 대나무는 땅을 뚫고 자라나는 데까지 7년간 물을 줘야 합니다.

여러분의 영어로의 여정은 현재 끓는점을 지나 성층권을 뚫고 궤도에 올랐습니다. 거친 땅을 뚫고 나오기까지 시간이 걸렸지만, 그 동안 성장이 멈춰 있던 것이 아닙니다. 물을 주는 인고의 지난 수 개월 동안 계속해서 땅 속에서 자라나고 있었던 것입니다.

정말 수고 많으셨습니다. 이제부터는 영어를 즐기며, 천천히 시간을 두고 다듬어 주세요. 오늘도 미래를 스스로 만들어 가는 여러분의 열정을 응원합니다.

미래의 운명을 점치는 최고의 방법은, 직접 만드는 것이다. - 영크릿. 2023년 7월

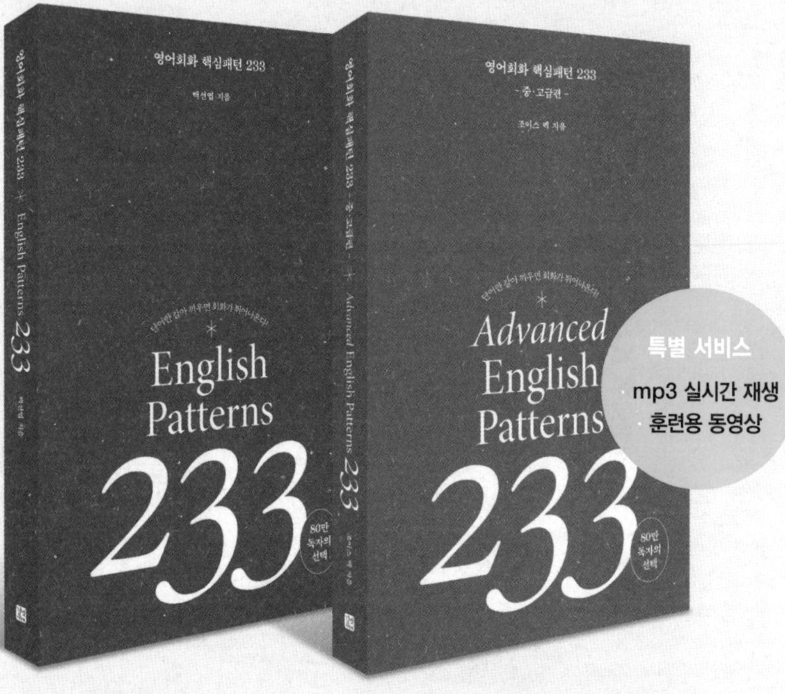